COLLECTION
DES MÉMOIRES

RELATIFS

A L'HISTOIRE DE FRANCE.

HISTOIRE DES CROISADES,
PAR JACQUES DE VITRY.

PARIS, IMPRIMERIE DE LEBEL,
Imprimeur du Roi, rue d'Erfurth, n. 1.

COLLECTION
DES MÉMOIRES

RELATIFS

A L'HISTOIRE DE FRANCE,

DEPUIS LA FONDATION DE LA MONARCHIE FRANÇAISE JUSQU'AU 13ᵉ SIÈCLE ;

AVEC UNE INTRODUCTION, DES SUPPLÉMENS, DES NOTICES
ET DES NOTES ;

Par M. GUIZOT,

PROFESSEUR D'HISTOIRE MODERNE A L'ACADÉMIE DE PARIS.

A PARIS,

CHEZ J.-L.-J.-BRIÈRE, LIBRAIRE,

RUE SAINT-ANDRÉ-DES-ARTS, Nº 68.

1825.

HISTOIRE
DES CROISADES,

Par JACQUES DE VITRY.

NOTICE

SUR

JACQUES DE VITRY.

Le lieu et l'époque précise de la naissance de Jacques de Vitry sont incertains; quelques-uns le font originaire d'Argenteuil, près Paris; d'autres prétendent qu'il y fut seulement curé, circonstance que d'autres révoquent en doute. Je suis porté à croire que son nom indique sa patrie, et qu'il était de Vitry, près Paris. Quant à la date de sa naissance, il n'y a aucun moyen de la fixer; il mourut en 1244 [1], et rien ne fait supposer qu'il eût atteint un âge très-avancé; c'est donc vers la fin du douzième siècle, probablement entre 1170 et 1190, qu'il faut la placer. Quoi qu'il en soit, après avoir rempli quelque temps, aux environs de Paris, des fonctions ecclésiastiques, il passa en Belgique, attiré par la réputation de Marie de Nivelle, depuis béatifiée, et devint chanoine régulier

[1] Et non en 1224 comme le dit la Bibliographie des Croisades de M. Michaud (tom. 1, pag. 110), peut-être par une faute d'impression.

au monastère d'Oignies, dans l'évêché de Liége. Vers l'an 1210, le bruit de son éloquence et de ses succès dans la prédication le fit désigner, par le pape Innocent III, pour prêcher la croisade contre les Albigeois, alors flagrante. Il s'acquitta de cette mission avec zèle, et suivit en Languedoc les croisés. Il y devint bientôt assez fameux pour que son nom passât les mers et que les chanoines de Saint-Jean-d'Acre, dont le siége se trouvait vacant, le demandassent pour évêque; il accepta et vécut plusieurs années en Palestine, prenant aux affaires du pays une part très-active, écrivant sans cesse au pape ou aux princes d'Occident, pour réclamer leur secours en faveur du royaume de Jérusalem, et s'associant de sa personne aux expéditions de ses derniers rois contre les Infidèles. Il fit même un voyage à Rome, pour rendre plus efficaces ses sollicitations. Mais le temps de la ferveur des croisades était passé; les prédications des évêques et des moines, les exhortations des papes, les promesses d'indulgences n'excitaient plus l'enthousiasme populaire, seul capable de suffire à ces gigantesques entreprises. Las de tant d'efforts inutiles, des désordres et des désastres auxquels il assistait en Orient, Jacques de Vitry abandonna la Terre-Sainte, se fit décharger par le pape Honorius III de son évêché de Saint-Jean-d'Acre, et rentra dans le monastère d'Oignies. Il s'en éloigna, vers l'an 1230, pour aller à Rome visiter son ancien ami, Ugolin, évêque d'Ostie, devenu pape sous le nom de Grégoire IX. Le pape le retint auprès de lui, le fit évêque de Tusculum, puis cardinal; et, à partir de cette époque, Jacques de Vitry ne quitta plus l'Italie, où il mourut en 1244, sans que rien indique que, pendant cette dernière partie de sa vie, il ait renouvelé ses démarches pour servir les Chrétiens d'Orient, dont il s'était séparé.

C'était en Orient, et après la prise de Damiette [1] par le roi de Jérusalem, Jean de Brienne, qu'il avait entrepris d'écrire son *Histoire des croisades* [2]. Il expose lui-même dans sa préface les motifs qui l'y portèrent et le plan qu'il a suivi. Les modernes s'accordent à considérer son ouvrage, après celui de Guillaume de Tyr, comme le plus exact et le plus important de ceux qui nous restent sur ce grand événement. Quant aux faits, la narration de Jacques de Vitry est très-rapide et incomplète pour

---

[1] Nous rectifions ici une erreur qui s'est glissée dans une note sur la première page de la préface de l'auteur. (Pag. 1, note 1.) La prise de Damiette y est indiquée comme ayant eu lieu en 1249; c'est la prise de Damiette par saint Louis qui se rapporte à cette époque; le siége de cette ville par le roi de Jérusalem, Jean de Brienne, eut lieu en 1219; et c'est de celui-là qu'il s'agit.

[2] Elle a pour titre *Historia hierosolymitana*, ou *Historia hierosolymitana abbreviata*.

les temps antérieurs à son arrivée dans la Terre-Sainte, et les historiens que nous avons déjà publiés offrent, sur cette première époque, beaucoup plus de détails et d'intérêt. Mais en revanche aucun d'eux ne nous a transmis, sur les divers peuples de l'Orient, chrétiens ou infidèles, sur leurs mœurs, leurs croyances, sur l'état matériel et l'histoire naturelle du pays, tant et de si curieux renseignemens. Il est même évident que Jacques de Vitry se proposa bien moins de raconter les croisades que de faire connaître l'Orient et tout ce qu'il en avait vu ou appris. C'est là le caractère particulier du livre 1er de son ouvrage; l'historien y tient bien moins de place que le voyageur; et malgré l'ignorante crédulité de celui-ci, malgré les fables qu'il répète, le nombre et la variété des récits et des faits qu'il a recueillis, son exactitude à les rapporter, tels du moins qu'ils sont parvenus à ses oreilles, donnent à son travail une haute importance. L'idée seule d'étudier et de décrire une contrée, non dans un but spécial et borné, mais sous tous les rapports et dans un intérêt scientifique, est, au treizième siècle, un mérite très-peu commun.

Le second livre est encore moins de l'histoire, et pourtant ne manque pas non plus d'intérêt. L'auteur y peint avec douleur le déplorable état de l'Occident et la corruption inouie des rois, des grands, du peuple, des prêtres, des moines, de tous les Chrétiens. Un tel tableau, même à cette époque, ne saurait être pris à la lettre; c'est le propre des écrivains ecclésiastiques de représenter toujours le monde comme à la veille de sa fin et universellement en proie au péché. Cependant il y a beaucoup de faits dans les déclamations du pieux évêque; et ils nous donnent, il faut en convenir, une effroyable idée de cette Europe qui s'était naguère élancée, avec un noble enthousiasme et une foi sincère, à la conquête des lieux saints. Bongars a retranché ce livre de son édition de Jacques de Vitry, dans les *Gesta Dei per Francos;* nous avons rétabli textuellement dans notre traduction les dix premiers chapitres [1], les seuls qui traitent de l'état et des mœurs générales de l'Occident. Les derniers, exclusivement relatifs à quelques Ordres religieux ou à des controverses théologiques, sont dépourvus de tout intérêt et ne pouvaient prendre place dans notre collection.

Le troisième livre traite des événemens auxquels Jacques de Vitry avait participé pendant son séjour en Orient. On a douté qu'il fût son ouvrage, soit parce que les manuscrits ne portent

---

[1] D'après l'édition des deux premiers livres de l'Histoire de Jacques de Vitry, donnée à Douai en 1592, in-12, par François Mosch, de Nivelle.

pas son nom, soit parce qu'on n'y trouve pas tout ce que Jacques de Vitry, dans sa *Préface*, avait annoncé l'intention d'y insérer; mais cette préface mentionne expressément un troisième livre; celui que nous donnons est placé dans les manuscrits à la suite des deux autres; il contient, en partie du moins, le récit des faits auxquels Jacques de Vitry avait assisté; enfin il est conforme, quelquefois même textuellement, à la lettre qu'il écrivit en Flandre à ses amis après la prise de Damiette. On peut donc raisonnablement le lui attribuer, et nous l'avons traduit tout entier.

Il reste encore de Jacques de Vitry quelques lettres et une Vie de sainte Marie de Nivelle ou d'Oignies. Ce dernier ouvrage nous est complétement étranger; quant aux lettres, nous donnons, à la suite de son Histoire, celle qu'il écrivit en Flandre après la prise de Damiette, la seule qui contienne quelques faits importans.

F. G.

HISTOIRE
DES CROISADES.

PRÉFACE.

Lorsque le Seigneur qui s'est offert en sacrifice propitiatoire, regardant dans sa clémente commisération la longanimité et la patience de l'armée chrétienne, et prenant compassion de ses longues souffrances, eut brisé devant elle les portes de l'Égypte, et réduit en son pouvoir la célèbre ville de Damiette [1], nous demeurâmes long-temps « assis sur les bords des « fleuves qui arrosent l'empire de Babylone, et nous « y répandions des larmes au souvenir de Sion [2], » ne pouvant, à raison de notre petit nombre, marcher en avant contre beaucoup plus d'ennemis, et n'osant abandonner la ville. Plusieurs des nôtres, desséchant et languissant d'ennui en ces jours-là, apprirent par leur propre expérience combien sont vraies ces paroles de Salomon : « Les desirs tuent le paresseux, « car ses mains ne veulent rien faire [3]; » et celles du prophète Jérémie : « Ses ennemis l'ont vue (Jérusa-

---

[1] En 1249. — [2] David, ps. 136, v. 1. — [3] Prov., ch. 21, v. 25.

« lem), et ils se sont moqués de ses jours de repos ¹. »
Mais moi, considérant combien est fâcheuse la perte
du temps, selon les paroles du Sage, qui a dit : « La
« torture et le châtiment à l'esclave malicieux; en-
« voyez-le au travail, de peur qu'il ne soit oisif, car
« l'oisiveté enseigne beaucoup de mal ², » je me suis
appliqué, par la méditation des divines Ecritures, à
contenir mon esprit, toujours enclin comme, l'esclave
malicieux, aux choses vaines et inutiles, et dont
les pensées, tourmentant sans cesse mon cœur, ont
été très-souvent renversées ³, afin qu'enchaîné en
quelque sorte par les liens d'une lecture assidue, il
ne s'égarât pas dans ses imaginations. Ainsi cherchant à me distraire, et animé du desir d'apprendre
des choses nouvelles et qui me fussent inconnues,
je trouvai des livres divers dans les armoires des
Latins, des Grecs et des Arabes; et les histoires des
rois de l'Orient, de leurs combats et de leurs actions,
tombèrent par hasard entre mes mains. Ces auteurs
intéressans, exaltant vainement dans leurs pompeux
éloges les hommes dont je viens de parler, et confiant soigneusement à leurs écrits le récit de leurs
combats, de leurs triomphes, de leurs richesses, de
leur puissance, et de leur gloire passée, ont laissé
à leur postérité des monumens mémorables. J'en
vins ensuite à m'animer vivement, à m'affliger et à
m'attrister, et j'accusais la négligence et la paresse des
nôtres, car « les enfans de ce siècle sont plus pru-
« dens dans leur génération que les enfans de lu-
« mière ⁴, en voyant que les premiers ont mis tant de

---

¹ Lament. de Jérém., ch. 1, v. 7. — ² Ecclésiastique, ch. 33, v. 28
et 29. — ³ Job., ch. 17, v. 11. — ⁴ Évang. selon saint Luc, ch. 16, v. 8

zèle et d'activité à décrire les faits périssables de tant d'hommes réprouvés. De nos jours, au contraire, il ne s'est trouvé personne, ou du moins s'est-il trouvé bien peu d'hommes qui aient entrepris de rapporter et de mettre en écrit les combats, les triomphes glorieux et les faits admirables du roi éternel, pour la louange et la gloire de celui qui seul est digne de louange et comblé de gloire dans tous les siècles. En effet, comme on lit dans Tobie : « Il est de l'intérêt du prince que le « secret du prince soit tenu caché, et il est aussi de « la gloire de Dieu que les œuvres de Dieu soient ré- « vélées et publiées [1], » les anciens et les saints Pères, ayant toujours devant les yeux la crainte du Seigneur, à cause du talent qui leur avait été confié, ont mis tous leurs soins et toute leur application à écrire, tant pour la louange du Seigneur que pour l'instruction des hommes de leur temps et de leur postérité, les œuvres admirables de Jésus-Christ, tant celles qu'il a daigné faire lui-même en personne, que celles qu'il a faites par le ministère de ses saints. Ainsi, dans leurs nombreux volumes, les saints évangélistes ont raconté les œuvres même du Christ, Luc les actes des apôtres, d'autres hommes religieux les faits et gestes tant des martyrs que des confesseurs, Jérôme les vies des Pères de l'Orient, Grégoire les vies des Pères de l'Occident, Eusèbe d'Alexandrie l'histoire ecclésiastique, d'autres hommes sages *l'historia tripartita*, et les autres événemens qui sont arrivés dès le commencement dans l'Église de Dieu. Mais la paresse des modernes s'est refusée à recueillir

---

[1] Tobie, ch. 12, v. 7.

avec les apôtres les débris de la table du Seigneur, et a gardé un silence presque absolu. Et cependant, de nos jours, le Seigneur a fait des œuvres admirables, dignes d'être célébrées et de vivre dans la mémoire des hommes, soit en Espagne contre les Maures, en Provence contre les hérétiques, en Grèce contre les schismatiques, en Syrie contre ...... [1], en Egypte contre les Agariens [2], dans les pays les plus reculés de l'Orient contre les Perses, les Assyriens, les Chaldéens et les Turcs. Je ne veux donc point ensevelir dans l'oubli ces nombreux et ces admirables combats de notre roi, et les glorieux triomphes qu'il a remportés sur ses ennemis, de peur d'être accusé d'ingratitude. J'aime mieux, comme la pauvre veuve [3], déposer trois ou quatre pièces dans le tronc du Seigneur, et annoncer ses louanges en balbutiant, que demeurer en silence et m'abstenir de le célébrer. Puisque jadis, lors de la construction du tabernacle, les uns offrirent de l'or, d'autres de l'argent, d'autres de l'airain, ceux-ci de la laine de couleur d'hyacinthe, de la pourpre, de l'écarlate teinte deux fois, du fin lin, ceux-là des poils de chèvres et des peaux de moutons [4], chacun selon ses moyens, je me confie en celui qui regarde plus à l'intention qu'à l'effet, qui considère plus avec quoi l'on fait que combien on fait, et qui saura bien excuser mon insuffisance, si je lui offre en sacrifice, sinon ce que je voudrais, du moins ce que je puis.

[1] Le mot manque.

[2] L'auteur désigne par là les Sarrasins.

[3] Évang. selon saint Marc, ch. 12, v. 42. — [4] Exode, ch. 25, v. 4 et suiv., et ch. 35, v. 5 et suiv.

J'ai donc divisé en trois livres le sujet que je veux traiter dans cet ouvrage.

Dans le premier livre, après avoir retracé sommairement l'histoire de Jérusalem, j'ai rapporté en détail les œuvres que le Seigneur a daigné faire en sa miséricorde dans les pays de l'Orient; j'ai décrit les races des habitans, les villes et les autres lieux dont j'ai reconnu qu'il était fait mention plus fréquemment dans les diverses Écritures, et cela m'a paru convenable pour la plus grande intelligence des choses qu'elles contiennent; et afin d'étendre davantage mon travail, j'y ai joint des détails sur les nombreuses et diverses particularités de cette terre.

Dans le second livre, parcourant rapidement l'histoire des modernes Orientaux, j'ai passé de là au récit des choses que le Seigneur a faites de nos jours dans les pays de l'Occident; j'ai traité principalement des divers ordres, tant réguliers que séculiers, et à la fin de ce livre, j'ai écrit une dissertation complète sur l'ordre et la religion des croisés, et sur l'utilité de leur pèlerinage.

Dans le troisième livre, retournant d'Occident en Orient, j'ai commencé à traiter des choses que j'ai vues de mes propres yeux, et que le Seigneur a daigné faire, après le concile général de Latran, dans son peuple et dans l'armée des Chrétiens, jusqu'à la prise de Damiette. Que le Seigneur m'accorde de pouvoir achever ce livre par la reprise de la Terre-Sainte, par la conversion ou la destruction des Sarrasins, et la restauration de l'église d'Orient. Le lecteur attentif pourra reconnaître clairement combien le présent traité sera de bon exemple pour ceux qui combattent sous la bannière du Christ, combien il pourra être utile pour amener l'affermissement de la foi, la réforme des mœurs, la réfutation des infidèles, la confusion des impies, enfin pour célébrer les louanges des hommes de bien, et porter les autres à suivre leurs traces.

LIVRE PREMIER.

Plus la sainte terre de promission, agréable à Dieu, vénérable aux saints anges, admirable pour le monde entier, élue et désignée à l'avance par Dieu même comme devant être visiblement illustrée par sa présence, afin qu'il rachetât le genre humain, en y accomplissant le sacrement de notre délivrance, plus, dis-je, cette terre a été tendrement chérie par le Seigneur, et plus elle a été fréquemment châtiée, en punition des péchés de ses habitans, exposée à toutes sortes de chances par celui qui défend de « donner des choses « saintes aux chiens, et de jeter les perles devant les « pourceaux [1], » et livrée à divers possesseurs, se remplaçant successivement les uns les autres, presque tous « ne faisant point de discernement entre les choses « sainte sou profanes [2], méprisant la terre la plus dé- « sirable [3], la terre où coulent le lait et le miel [4], » souillant de toutes sortes d'immondices la patrie de notre Seigneur Jésus-Christ, des saints patriarches, des prophètes et des apôtres, en sorte qu'on a vu s'accomplir en elle ce que le Seigneur a dit par le prophète : « Celui qui vous touche, touche la pru- « nelle de mon œil [5]. » Or la prunelle est, de toutes les parties du corps, celle que nous chérissons avec la

---

[1] Évang. selon saint Matth., ch. 7, v. 6. — [2] Ezéch., ch. 22, v. 26. — [3] Dav. ps. 105, v. 24. — [4] Exode, ch. 3, v. 8. — [5] Zachar., ch. 2, v. 8.

plus tendre affection, en sorte que lorsqu'une ordure quelconque tombe dans l'intérieur de notre œil, nous nous hâtons aussitôt de l'en retirer, autant du moins qu'il nous est possible. De même notre Rédempteur, éloignant les souillures et les ordures des péchés de cette terre sainte, à laquelle il a conféré plus qu'à toutes les autres le privilége de son amour, afflige, châtie et rejette les pécheurs qui y habitent. Mais lorsqu'ils se repentent et reviennent à lui du fond du cœur, il la leur restitue, car « l'abîme appelle l'a- « bîme, » c'est-à-dire qu'un abîme de misères appelle un abîme de miséricordes.

Nous allons reprendre plus haut notre récit, pour établir ce que nous venons de dire par des exemples évidens.

Melchisédech, prêtre du Dieu Très-Haut, fut, ainsi qu'on le voit dans la Genèse [1], roi de Salem, ville qui fut dans la suite, selon l'opinion de beaucoup de personnes, appelée Jérusalem. Ensuite les rois jébuséens possédèrent cette même ville jusques aux temps de David [2]. Mais leurs iniquités étant accomplies et comblées jusques au sommet, le Seigneur livra la cité sainte entre les mains des enfans d'Israel, et se consacra spécialement un lieu, afin que ceux-ci le servissent là, et lui offrissent divers sacrifices propres à figurer à l'avance un sacrifice souverain et ineffable. Ensuite cependant les péchés des habitans s'étant multipliés comme le sable de la mer, au temps du roi Sédécias et du prophète Jérémie, elle tomba pendant soixante-dix années aux mains

---

[1] Genèse, ch. 14, v. 18. — [2] Rois, liv. II, ch. 5.

des Babyloniens. En punition des péchés des Juifs, « la vigne réprouvée, qui devait produire du raisin, « produisit des grappes sauvages; la muraille qui « l'environnait fut détruite, et tous ceux qui passè- « rent sur la route la vendangèrent¹. »

Aux jours de Melchisédech, Abraham sortant, par l'ordre et la volonté du Seigneur, de sa terre, de sa famille et de la maison de son père², alla dans la terre de promission, et y habita de longs jours, offrant au Seigneur son fils sur la montagne de la vision³, savoir sur le mont Moriah, sur lequel est située Jérusalem, la cité sainte, pareillement appelée Béthel et Luz. C'est pourquoi quelques-uns disent que le lieu où Jacob, s'étant endormi la tête posée sur une pierre, vit une échelle dressée jusques au ciel, et le Seigneur appuyé sur le haut de l'échelle, et des anges montant et descendant le long de l'échelle, et s'étant éveillé, s'écria : « C'est ici véritablement la mai- « son de Dieu et la porte du ciel⁴, » que ce lieu, dis-je, qui est appelé dans la Genèse Luz et Béthel, est le même où plus tard le temple du Seigneur fut construit par Salomon. Abraham donc habitant jusqu'à sa mort la sainte terre de promission, s'y choisit une sépulture convenable dans le lieu saint appelé Hébron et Cariatharbé, parce que quatre patriarches y ont été ensevelis dans une double grotte, savoir : Adam avec Ève, sa femme, Abraham, Isaac et Jacob; car quoique celui-ci fût mort en Égypte, il voulut cependant et ordonna à ses enfans d'ensevelir son corps dans la terre sainte avec ceux de ses pères. Cette

¹ Isaïe, ch. 5. — ² Genèse, ch. 12, v. 1. — ³ Ibid., ch. 22. — ⁴ Ibid., ch. 28, v. 11, 16, 17.

terre cependant fut durant long-temps, et par la volonté de Dieu, habitée par des nations très-mauvaises, abominables et odieuses à Dieu, savoir, les sept nations que le Seigneur rejeta de la face des enfans d'Israel et de la terre qui dévore ses habitans. Et comme les enfans d'Israel se mêlèrent parmi ces nations, ils apprirent à imiter leurs œuvres, se rendirent impurs par leurs propres imitations [1], et souillèrent l'héritage du Seigneur; le Seigneur les livra aux mains de leurs ennemis, et ils furent dominés par ceux qui les avaient en haine. Aussi les dix tribus qui adoraient des veaux d'or à Dan et à Béthel [2] provoquèrent la colère du Seigneur, en sorte qu'il les condamna à un exil perpétuel, et qu'elles furent rejetées de la terre sainte par le ministère du roi d'Assyrie, et emmenées au loin [3], et le Seigneur foula aux pieds comme la boue des rues [4] ceux qui, dans la dureté de leur esprit et dans leur cœur incirconcis, refusaient d'être soumis à la loi de Dieu. Après cela, comme la mer qui rejette les morts et ne peut conserver les cadavres, Dieu repoussa les restes du peuple, savoir les tribus de Juda et de Benjamin, ainsi que je l'ai déjà dit, jusque dans Babylone. Tout ce qu'elles eurent à souffrir de tribulations et de persécutions (lorsqu'elles furent reparties de Babylone, et que les maux se multiplièrent sur la terre) de la part d'Antiochus l'Illustre, qui renversa les murailles de la cité sainte, et plaça dans le temple du Seigneur l'abomination de la désolation, c'est-à-dire l'idole abominable [5], comme ensuite de la part de ses successeurs, c'est ce que

---

[1] Ps. 105. — [2] Rois, liv. 3, ch. 12, v. 28 et 29. — [3] Ibid., liv. 4, ch. 17. — [4] Ps. 17, v. 43. — [5] Machab., liv. 1, ch. 1.

sait très-bien quiconque connaît les actions des rois Antiochus, les combats et l'histoire des Machabées.

Pompée étant entré à Jérusalem avec une armée de Romains, opprima ses habitans de toutes sortes de manières, jusque là qu'il fit mettre ses propres chevaux dans le vestibule du temple du Seigneur, et traita avec la même irrévérence les lieux saints et vénérables. Lorsque le royaume des Juifs et la Terre-Sainte furent tombés d'abord entre les mains d'Hérode l'étranger et de ses enfans, et ensuite des Romains, on vit s'accomplir sur ces mêmes Juifs ce que le Psalmiste avait dès long-temps prophétisé à leur égard, disant : « O Dieu ! les nations sont entrées dans votre « héritage, elles ont profané votre temple saint [1]. » Et en un autre passage : « Ils seront livrés au tran- « chant de l'épée, ils deviendront la proie des re- « nards [2]. » Or, le Seigneur, dans l'Évangile, a appelé Hérode un renard, lorsqu'il a dit : « Allez, dites à ce « renard [3]. » C'est pourquoi « les enfans du siècle qui « sont prudens dans leur génération [4], » remplis de ruse et puants dans leurs péchés, sont aussi appelés renards à juste titre.

Après que les Juifs eurent crucifié Notre-Seigneur, que le Seigneur eut attendu quarante-deux ans avant de les châtier, et qu'eux-mêmes, aveuglés dans leurs péchés, « eurent refusé la bénédiction qui fut « éloignée d'eux [5], » les Romains vinrent à eux, s'emparèrent de leur pays sous Titus et Vespasien, incendièrent la ville, la renversèrent jusque dans ses fondemens, de manière qu'il n'y demeura pas pierre

---

[1] Ps. 78, v. 1. — [2] Ps. 62, v. 11. — [3] Évang. selon saint Luc, ch. 13, v. 32. — [4] Ibid., ch. 16, v. 8. — [5] Ps. 108, v. 17.

sur pierre; les Juifs moururent, les uns de faim, les autres masssacrés par le glaive, d'autres vendus à prix d'argent et dispersés à tous les vents, comme on le trouve clairement énoncé dans les livres de Josèphe et les autres histoires; et, comme le prophète l'avait prédit long-temps à l'avance : « Le sanglier de « la forêt la ravage et elle sert de pâture aux bêtes fa- « rouches[1], » prévoyant qu'ils serviraient de pâture à la bête farouche, savoir au chef cruel et à la race cruelle des Romains.

Au temps des Chrétiens, la charité d'un grand nombre d'entre eux s'étant refroidie, principalement celle des Grecs et des Syriens, qui habitaient dans la Terre-Sainte à l'époque d'Héraclius, empereur des Romains, et comme déjà le sang du Christ, qui auparavant, et lorsqu'il venait d'être versé tout récemment, avait bouillonné dans les cœurs des fidèles, commençait à s'attiédir presque dans le monde entier, Chosroès, tyran et roi des Perses, étant entré dans la Terre-Sainte avec une armée d'infidèles, ravagea la ville, renversa les églises et accabla le peuple entier de maux de toute espèce; il fit périr les uns par le glaive, emmena les autres captifs dans la Perse; il n'épargna point la cité sainte; ayant renversé ses murailles, il y entra de vive force; chien immonde, ayant pénétré dans les lieux saints et dans le porche où les pieds du Seigneur avaient posé, il profana le sanctuaire du Seigneur, détruisit l'église sacrée, et osa transporter avec lui en Perse le bois du Seigneur, sur lequel avait été attachée la véritable victime du monde. Mais le Seigneur irrité se souvint de sa miséricorde,

[1] Ps. 79, v. 14.

« et fit fondre les foudres en pluie [1] : » l'impie tyran fut mis à mort par Héraclius l'empereur, qui rendit la sainte croix du Seigneur à la ville agréable à Dieu, et elle fut glorieusement ramenée en triomphe avec beaucoup de dévotion, au milieu des hymnes et des chants à la louange du ciel.

L'empereur avait donné l'ordre de relever les églises que le très-méchant Chosroès avait renversées, et de les réparer à ses propres frais; mais aussitôt après son départ, un prince arabe, nommé Omar, traînant à sa suite une multitude en furie, entra en ennemi dans la Terre-Sainte, et déployant sa puissance et sa force, en peu de temps, non seulement il prévalut contre les Chrétiens qui habitaient le royaume de Jérusalem, mais, semblable à une bête en fureur, il parvint, en versant des torrens de sang, à s'emparer de toutes les villes qu'on trouve depuis Laodicée de Syrie jusqu'en Egypte, de Damas, et de beaucoup d'autres villes encore. Cet Omar, très-impie, était disciple du perfide et très-scélérat Mahomet, et son troisième successeur comme roi.

Mahomet en effet, aussitôt après les temps du bienheureux Grégoire et peu avant ceux de l'empereur Héraclius, avait répandu son abominable doctrine, d'abord en Arabie, d'où il était originaire, et ensuite chez un peuple brut comme les animaux, dans les pays environnans, tantôt prêchant devant des hommes grossiers et ignorans, tantôt employant la violence et la terreur pour faire adopter ses erreurs à ceux qui s'y refusaient. Ses successeurs furent embrasés d'une telle rage et d'une ferveur si diabolique, que non-

[1] Jérém., ch. 10, v. 13.

seulement leurs paroles et leurs exhortations entraînèrent des peuples insensés à embrasser la doctrine empestée de leur maître, mais qu'ensuite la force, la crainte et le glaive subjuguèrent misérablement, tant les Arabes que les autres peuples de l'Orient. Ce séducteur, qui fut appelé Mahomet, tel qu'un autre Antechrist, et le premier né de Satan, s'étant, comme Satan, « déguisé en ange de lumière [1], » soutenu par la grande colère et l'extrême indignation de Dieu, et assisté de la coopération de l'ennemi du genre humain, pervertit et entraîna dans son erreur plus de peuples qu'aucun autre hérétique avant lui n'en a jamais détourné, selon ce qu'on peut lire, ou qu'aucun saint n'en a converti au Seigneur par sa prédication ou ses miracles. Sa doctrine empestée, « rongeant « comme la gangrène [2], » infecta mortellement non seulement les Arabes et les Syriens, les Mèdes et les Perses, les Egyptiens et les Ethiopiens et tous les autres peuples de l'Orient, mais en outre, corrompant l'Afrique et plusieurs contrées de l'Occident, elle s'insinua jusques en Espagne. Je ne pense pas que depuis l'enfance de la primitive Eglise jusqu'à sa vieillesse et sa décrépitude, c'est-à-dire jusqu'au temps du fils de perdition, « l'abomination de la désolation » ait été, ou doive jamais être plus grande, ou que la sainte Eglise de Dieu ait jamais été opprimée par un plus grand fléau que le venin empesté de cette erreur exécrable, que l'antique serpent a vomi, il y a environ six cents ans, au milieu d'une si grande multitude de peuples, par la bouche de ce faux prophète et de

---

[1] Ép. de saint Paul aux Corint. IIe Ép., ch. 11, v. 14. — [2] IIe Ép. de saint Paul à Timot., ch. 2, v. 17.

ses successeurs. « Seigneur, si je dispute avec vous, « je sais que vous êtes juste; mais permettez-moi de « vous proposer une question touchant vos juge- « mens [1]; pourquoi avez-vous tellement lâché les « rênes à une bête si cruelle? » Pourquoi, comme un homme puissant qui est abattu par le vin, comme un homme fort qui ne peut se sauver, vous êtes-vous tu si long-temps, tandis que l'impie foulait aux pieds et dévastait votre vigne, et vous enlevait tant de milliers d'ames pour lesquelles vous avez répandu votre sang? Pourquoi, « en homme fort et bien armé, » votre en- nemi a-t-il si long-temps « gardé en paix l'entrée de « sa maison [2], » et pourquoi n'en est-il pas survenu un plus fort que lui, qui l'ait vaincu, lui ait enlevé ses armes, arrachant le faible des mains des plus forts, l'indigent et le pauvre de ceux qui l'ont enlevé? « O profondeur des richesses, et de la sa- « gesse et de la connaissance de Dieu? Que ses ju- « gemens sont impénétrables, et que ses voies sont « incompréhensibles! Qui est-ce qui a connu les vo- « lontés de Dieu, ou qui a été son conseiller? Mais « plutôt, toi, ô homme, qui es-tu pour contester « avec Dieu? Le vase d'argile dira-t-il à celui qui « l'a formé : Pourquoi m'as-tu fait ainsi? Un potier « n'a-t-il pas le pouvoir de faire d'une même masse « de terre un vaisseau pour des usages honorables, « et un autre vaisseau pour des usages vils [3]? » Les jugemens de Dieu sont un grand abîme; car nous sa- vons que, quoique notre antique adversaire ne puisse rien qu'autant que Dieu l'a permis, nos péchés ce-

---

[1] Jérém., ch. 12, v. 1. — [2] S. Luc, ch. 11, v. 21 et 22. — [3] Ép. de saint Paul aux Rom., ch. 9, v. 20 et 21.

pendant l'ont rendu tellement puissant contre nous, que Dieu, par un jugement juste mais secret, a permis à ce même ennemi de se livrer jusqu'en notre temps à ses fureurs insensées, par cet enfant de perdition, le perfide Mahomet.

Mahomet était Ismaélite, et de la race d'Agar, servante d'Abraham et mère d'Ismael, « homme fier et « sauvage, qui levait la main contre tous, et tous le- « vaient la main contre lui [1]. » Les Sarrasins se sont appelés de ce nom, en attribuant faussement et vainement leur origine à Sara, parce qu'elle était une femme libre; et ils devraient, pour plus de vérité, être appelés *Agariens,* du nom d'Agar, qui fut la concubine d'Abraham. Mahomet étant encore enfant, perdit son père Abdimeneph et sa mère ; et étant demeuré pauvre et orphelin, il fut recueilli par un homme gentil et idolâtre, qui l'éleva dans un lieu de l'Arabie appelé *Sabingue* dans la langue des habitans du pays. Parvenu à l'adolescence, devenu ensuite jeune homme, et pouvant alors, comme les pauvres, gagner péniblement sa vie en travaillant de sa propre personne, Mahomet entra au service d'une certaine femme veuve; et gardant un âne qui lui appartenait, et sur lequel il transportait des voyageurs, en les accompagnant, dans les divers pays de l'Asie, il recevait ensuite le prix de ces courses pour le compte de sa maîtresse. Plus tard, elle lui confia aussi ses chameaux. Alors devenu négociant, Mahomet transporta des marchandises dans les villes voisines et les bourgs environnans. Il réussit par ses services et par des opérations de commerce à gagner la bienveillance et à

---

[1] Genèse, ch 16, v. 12.

pénétrer dans la familiarité de la veuve. Tous deux, enflammés des mêmes desirs, formèrent une liaison d'abord secrète et criminelle, mais ensuite cette femme se maria publiquement avec lui, et lui donna ainsi beaucoup d'argent. Mahomet, qui jusque là avait toujours mené une vie pauvre et misérable, enrichi subitement et comme par un accident fortuit et inopiné, commença à s'exalter à ses propres yeux, à se glorifier dans sa vanité, méditant en lui-même, et recherchant par toutes sortes de moyens comment il pourrait dominer ses tribus et devenir grand parmi les hommes, au milieu de ces races qui n'avaient point de roi. D'abord il rassembla des hommes pauvres, dénués de toute ressource, accablés de dettes, des profanes, des voleurs, des brigands, des homicides et des larrons, afin de pouvoir, avec leur secours, amasser beaucoup d'argent par violence et par rapine, se faire ainsi un nom, et devenir pour tous un objet de terreur. Lorsqu'il eut réuni un nombre assez considérable de ces hommes pervers et réduits au désespoir, vrais enfans de Bélial, il les plaça en embuscade et dans des lieux cachés, aux environs des grandes routes, pour dépouiller sans miséricorde les négocians venant d'Asie pour les affaires de leur commerce. Un jour il envoya trente de ces brigands attaquer ainsi des marchands qui devaient passer dans les environs. Un homme puissant de ce pays, à qui Mahomet avait enlevé son chameau, marcha avec trois cents hommes à la rencontre de ses associés, les mit en fuite, et délivra les marchands des mains de ces brigands. Une autre fois, Mahomet expédia soixante des siens pour enlever du butin, mais ils furent taillés en pièces par d'autres hommes qui s'étaient placés en embuscade, tellement que pas un d'entre eux ne revint auprès de son seigneur. Une troisième fois il envoya un grand nombre de ses compagnons en un certain lieu, afin qu'ils enlevassent un grand convoi d'ânes qui devaient passer en cet endroit, chargés de toutes sortes de marchandises ; mais avant que ces voleurs fussent arrivés en ce lieu, et dès le jour précédent, les marchands y avaient passé avec leurs ânes. Le prophète menteur n'avait pu prévoir cet événement, ni prendre aucune précaution dans les rencontres que je viens de décrire, pour lui non plus que pour ses associés. Les misérables Sarrasins mentent donc lorsqu'ils attestent méchamment que Mahomet fut le souverain pontife du Seigneur.

Une fois Mahomet, fuyant du milieu d'un combat, eut plusieurs dents cassées, et ne s'échappa qu'avec beaucoup de peine. Dans plusieurs engagemens de ce genre, il fut vaincu et mis en fuite avec son armée, sans pouvoir prêter le moindre secours ni à lui ni aux siens. Souvent il envoyait ses compagnons égorger dans leur propre maison, et durant la nuit, les hommes qui lui avaient opposé de la résistance. Il faisait aussi tuer secrètement et traîtreusement ceux de ses voisins qu'il détestait, et principalement les Juifs, contre lesquels il avait une haine particulière. Très-fréquemment ses impies et criminels complices entraient tout-à-coup dans les maisons de campagne et les casals, massacraient à l'improviste et sans choix les hommes, les enfans et les femmes, et rapportaient ensuite une partie du butin à leur maître, qui leur prêtait l'appui de son autorité et de sa protection. Il arrivait souvent que ceux qu'il envoyait ainsi commettre des brigandages étaient mis à mort par ceux qu'ils voulaient dépouiller. Dans un de ces combats, Mahomet eut les dents du côté droit brisées, la lèvre supérieure fendue, les joues et le visage honteusement déchirés, et ne s'échappa qu'à grand'peine. L'un de ses compagnons ayant élevé le bras au dessus de lui pour le défendre, eut un doigt coupé, et ne parvint que difficilement à le sauver.

Voilà comment furent déçus et enveloppés dans d'épaisses ténèbres ces misérables Sarrasins qui affirment frauduleusement que Mahomet fut doué plus que tous les prophètes de l'esprit de prophétie, et qu'il eut de tout temps avec lui dix anges qui le protégeaient et le gardaient. Ils disent encore qu'avant que Dieu eût au commencement créé le ciel et la terre [1], le nom de Mahomet était connu devant Dieu, et que si Mahomet lui-même n'eût dû être, il n'y eût eu ni ciel, ni terre, ni enfer, ni paradis. Lui-même ayant eu souvent de mauvaises rencontres, et étant souvent revenu couvert de confusion, après avoir été vaincu et mis en fuite dans les combats, disait alors pour son excuse qu'il avait été envoyé de Dieu, non pour faire des miracles, comme les autres prophètes qui l'avaient précédé, mais pour annoncer et exposer au monde les lois données par Moïse, et aux Chrétiens par le Christ, et pour reprendre et éclairer ceux qui entendaient mal les préceptes de la loi, en sorte que si quelqu'un refusait d'accepter ses commandemens, il fût mis à mort par le glaive, ou contraint de payer

[1] Genèse, ch. 1, v. 1.

tribut pour prix de son incrédulité; que si donc quelques-uns refusaient de croire à sa loi, ou prêchaient contre elle, on eût à leur livrer sans cesse combat, et qu'après les avoir mis à mort, on réduisît, s'il était possible, leurs femmes et leurs enfans en éternelle servitude. Aussi jurait-il « de ne tenir ni parole ni « promesse aux ennemis de la loi, et de les tromper « par tous les moyens possibles. » Lui-même donc ayant avoué qu'il n'avait pas le don de faire des miracles, il est certain que ces miracles que les Sarrasins ont publiés fièrement sur son compte sont faux, et qu'eux-mêmes, trompés et entièrement aveuglés, ignorent la vérité.

Ils racontent cependant qu'un jour Mahomet ayant rencontré un loup sur le chemin où il se promenait, leva trois doigts contre lui, et qu'aussitôt le loup effrayé prit la fuite. Ils affirment encore, ces hommes semblables aux bêtes brutes, qu'un bœuf parla une fois à Mahomet, et qu'un figuier, s'étant à sa voix et à son commandement incliné jusqu'à terre, s'avança vers lui avec humilité. Ils disent de plus, que la lune étant descendue vers lui, il la recueillit dans son sein, et que cette même lune s'étant séparée en plusieurs parties, il les rassembla de nouveau. Ils affirment en outre que, comme on lui eut offert une fois du poison enfermé dans de la viande d'agneau, l'agneau lui parla, disant : « Je porte du poison en moi, « garde-toi de me manger; » et ils ajoutent que son compagnon, qui était à table avec lui, en ayant mangé, périt empoisonné. Toutefois, dix-huit ans après ce jour, Mahomet mourut par un poison qui lui fut secrètement administré, et le faux prophète ne put prévoir sa mort. Frappé lui-même d'un jugement divin, et travaillé du mal caduc, il tombait quelquefois sur la terre, couvert d'écume. Sa femme, toute honteuse, et ayant cette maladie en abomination, voulut le renvoyer. Mais il dit à celle-ci que l'ange du Seigneur, Gabriel, lui parlait, l'instruisait lui-même de la loi qu'il donnait aux hommes, et lui transmettait directement les ordres de Dieu; qu'il ne pouvait supporter corporellement la présence de la Divinité, mais que son esprit, alors ravi en extase, entendait la voix de l'ange et retenait fermement ses préceptes. Cette femme le crut dans sa simplicité, et demeura unie en mariage avec lui.

Mahomet était voluptueux et brûlé de l'ardeur des sens plus que tout autre homme du pays de l'Orient; il s'en glorifiait même beaucoup, se vantant d'avoir, par un don divin, plus de force procréatrice que quarante autres hommes, et d'avoir, sous ce rapport, reçu de Dieu une puissance extraordinaire. Aussi épousa-t-il quinze femmes, sans compter ses servantes et ses concubines, que, dans l'emportement de sa jalousie, il tenait tellement renfermées que jamais elles ne pouvaient sortir, et que nul homme n'avait la faculté de les voir ni d'approcher d'elles d'une manière quelconque. Aussi et aujourd'hui encore les Sarrasins et presque tous les Orientaux sont-ils dans l'usage de tenir leurs femmes dans une telle réclusion, qu'elles peuvent à peine voir un rayon du soleil et qu'elles sont absolument privées de tout entretien, même avec leurs parens les plus proches. Leurs jeunes filles se cachent le visage devant les hommes, et se couvrent le cou et les mains de voiles, en sorte que la plupart du temps un homme épouse une femme sans avoir vu sa face avant de l'emmener avec lui.

En une occasion, Mahomet, irrité contre l'une de ses femmes, jura de ne pas se rendre auprès d'elle pendant un mois; mais entraîné par ses honteuses passions, il méprisa ses sermens, et alla la revoir avant l'expiration de ce délai. Il donna à l'une de ses femmes, à titre de dot ou de donation pour cause de noces, une cuirasse faite avec des morceaux de cornes, et deux gâteaux, avec deux serre-têtes ronds, tressés en feuilles de palmier. Quoiqu'il eût tant de femmes, cet homme impudique ne s'abstenait point de celles des étrangers, et souillait d'adultère toutes celles qui lui plaisaient et qu'il pouvait séduire; et comme il était, à cause de cela, noté d'infamie, accusé par beaucoup de gens et réprimandé particulièrement par ceux qui avaient adopté ses erreurs et s'étaient associés à ses méfaits, à tel point que déjà ses prédications n'étaient plus accueillies par beaucoup de personnes, à cause de la turpitude de sa conduite, voulant lui-même se justifier et calmer l'indignation du peuple, il promulgua une loi, qui aujourd'hui encore est sévèrement observée par les Sarrasins, « sur la punition à infliger aux adultères, et par suite de laquelle la femme adultère est mise à mort chez ce peuple. Toutefois il ajouta que le Seigneur, selon ce que lui avait annoncé l'ange Gabriel, lui accordait spécialement et à lui seul le privilége d'approcher des femmes des autres, et de mettre au monde des prophètes et des enfans de vertu, pour assurer le culte de Dieu.

Mahomet avait auprès de lui un serviteur qui,

ayant une femme très-belle, se méfiait beaucoup des passions désordonnées de son maître, et qui, en conséquence, défendit à cette femme de se laisser jamais voir à lui ou de lui jamais parler. Un jour cependant elle parla à Mahomet, et le serviteur, indigné et transporté de colère, la répudia aussitôt et la rejeta loin de lui. Le maître rappela celle qui était rejetée et la mit au nombre de ses femmes. Craignant cependant d'être accusé du crime d'adultère, il feignait d'avoir reçu du ciel une lettre envoyée de Dieu, dans laquelle le Seigneur lui prescrivait de promulguer dans sa nation une loi portant que, si quelqu'un répudiait une femme, et si un autre voulait la recevoir, elle eût à devenir la femme de celui qui la recevrait; et aujourd'hui encore cette loi est en vigueur chez les Sarrasins. Si une femme ne peut être convaincue d'adultère par son mari, et si pourtant il l'a répudiée par suite de ses soupçons, ou pour quelque souillure, ou pour tout autre motif, et si ensuite, touché de repentir, il veut la rappeler dans son lit, la femme ne peut retourner auprès de son mari qu'après l'avoir accablé de confusion, et s'être livrée à un homme étranger sous les yeux même de son époux, ces misérables pensant que la femme est purgée de l'accusation par une prostitution semblable, et devient digne alors de retourner auprès de son mari. Ce pourceau, ce chien immonde, entraîné par la fureur de ses passions, accorda en outre aux autres hommes les honteuses licences auxquelles il se livrait lui-même avec les femmes, lorsqu'il dit dans son livre qu'il appela Alcoran : « Si vous avez des femmes ou des servantes, dispo- « sez-en à votre gré et selon votre volonté; » paroles exécrables, pour lesquelles il eût dû être aussitôt brûlé vif, car ce fut par là que cet ennemi de la nature introduisit secrètement chez son peuple un vice abominable. Aussi les Sarrasins, se livrant presque tous à leurs passions déréglées, non seulement envers l'un et l'autre sexe, mais même envers les animaux, sont-ils devenus « semblables au cheval et au mulet qui « n'ont point d'intelligence [1]. » Ils disent à ce sujet, donnant une excuse criminelle, qu'il est permis de se servir, selon sa volonté et son plaisir, d'une chose que l'on possède en toute propriété. Qu'il nous suffise d'avoir dit sur la vie méchante et abominable de cet homme ce petit nombre de détails et des moindres, recueillis dans un bien plus grand nombre de faits bien plus graves, et ajoutons-y maintenant quelques renseignemens sur son exécrable loi, ou plutôt sur ses erreurs.

Un jour, Mahomet étant sorti de la ville de la Mecque, et ayant rencontré un chameau sur son chemin, l'enleva et le ramena à la ville; le chameau y fut enseveli, et aujourd'hui encore il y est adoré par ces peuples impies et séduits. Tandis que dans cette même ville il rendait témoignage de lui-même, se déclarant prophète et envoyé de Dieu pour le salut du peuple, les habitans ne voulurent point le recevoir ni accueillir ses faux et vains discours, et le rejetèrent de leur ville, comme faussaire, voleur de grands chemins et brigand. Il s'enfuit donc avec ses compagnons, tout confus et expulsé, dans une certaine ville presque abandonnée, où se trouvaient des hommes, les uns Juifs, d'autres gentils, idolâtres, grossiers et

[1] Ps. 31, v. 9.

ignorans, qui n'avaient jamais, ou du moins très-rarement entendu prêcher la vérité. Voyant que ces hommes pauvres et dépourvus de lumières seraient faciles à séduire, il construisit dans cette ville un temple, pour annoncer ses inventions et ses faux enseignemens à des hommes vains et idiots. Et parce qu'il devait être à l'avenir le grand lacet du diable et la fosse profonde de perdition, et comme il était lui-même grossier et illettré, l'ennemi de la religion chrétienne lui fournit, dans ses innombrables artifices, des compagnons et des coopérateurs à ses erreurs, qui pussent l'assister comme des instrumens d'impiété, l'instruire frauduleusement et le réchauffer dans sa perversité.

Un moine, homme apostat et hérétique, enfant de Bélial, et nommé Sosius, après avoir été publiquement convaincu à Rome d'une exécrable hérésie, condamné et enchaîné dans les liens de l'excommunication, chassé hors de toute église de Dieu et expulsé formellement de toute société des fidèles, s'enfuit dans les contrées de l'Arabie, desirant se venger sur les Chrétiens des affronts qu'il en avait reçus. Ayant trouvé Mahomet déjà en possession de quelque prééminence au milieu de son peuple, sans que cependant beaucoup de gens voulussent encore le tenir pour prophète, le moine entreprit, de concert avec un certain Juif, qui s'était également attaché à Mahomet, de diriger celui-ci, lui représentant que, de même que Moïse et le Christ avaient donné une loi à leur peuple, par où ils avaient été reconnus grands aux yeux de tous les hommes, de même lui aussi, pour acquérir un grand nom et être estimé souverain pro-

phète, devait, d'après leurs conseils et leurs enseignemens (savoir du moine et du Juif), donner une loi à ce peuple, dont la majeure partie adorait les idoles et se laisserait aisément amener à sa doctrine. Mahomet, cédant à leurs insinuations perverses et voulant donner à sa loi un plus grand caractère d'autorité, ajouta aux propres inventions qu'il tira du fond de son cœur, par les suggestions du diable, quelques emprunts qu'il fit à l'ancien et au nouveau Testament, pour accréditer ses erreurs, et cela, en suivant les instructions du moine hérétique et du Juif. Ainsi, et en conformité du rit des Juifs, les Sarrasins sont circoncis et ne mangent point de viande de porc : ayant voulu assigner un motif à cette interdiction, Mahomet déclara que le porc avait été créé, à la suite du déluge, avec la fiente du chameau, et qu'étant par conséquent né d'immondices, il ne devait point être mangé par un peuple pur. En outre, les Sarrasins, de même que les Juifs, ne mangent point de poissons sans écailles. Ils s'accordent avec les Chrétiens en ce point, qu'ils croient aussi en un seul Dieu tout-puissant et créateur de toutes choses; mais ils n'admettent point la Trinité, et se moquent de nous comme adorant trois dieux, car ils n'adoptent point l'ineffable génération du Fils par le Père, n'entendant toute génération que dans le sens de la chair, etc. « C'est la chair et le sang
« qui leur ont révélé cela, et non notre Père qui est
« dans les cieux [1]. L'homme animal ne comprend
« point les choses qui sont de l'esprit de Dieu [2]. »

[1] L'auteur retourne ici les paroles de l'Évang. selon saint Matth., ch. 16, v. 17.

[2] Ire Ep. de saint Paul aux Corint., ch. 2, v. 14.

Entremêlant ses faussetés de quelques vérités, le faux prophète affirma qu'avant son temps, Moïse avait été un grand prophète, mais le Christ un prophète plus grand et le souverain prophète, qu'il était né de Marie, vierge avant, pendant et après son accouchement, et la plus sainte de toutes les femmes; qu'elle avait conçu par la vertu de Dieu, sans aucune intervention de la chair : puis ajoutant à cela le poison de l'infidélité, il annonça que lui-même était un homme pur, et que de même les autres prophètes avaient été, non des dieux, mais des hommes purs. Ne se doutant pas de la vertu d'humilité, et ignorant le mystère de la sainte croix, il affirma, comme les Manichéens, que le Christ n'avait point été véritablement crucifié, qu'il n'avait point véritablement souffert, que dans la réalité il n'avait été ni mort ni enseveli et n'était point ressuscité le troisième jour, mais qu'un autre homme, semblable à lui, avait été crucifié pour lui, et que, comme le Christ était venu de Dieu, de même il était retourné à Dieu, vivant et sans avoir souffert la passion de la mort, et était remonté aux cieux, auprès de Dieu qui l'avait envoyé. De là vient que le temple du Seigneur, autrement dit de Salomon, dans lequel le Seigneur fut présenté par la bienheureuse Vierge, et quelques autres lieux où le Christ se reposa, dit-on, avec Joseph et Marie lorsqu'ils passèrent en Égypte, sont en grande vénération auprès des Sarrasins ; qu'ils honorent aussi en beaucoup de lieux les églises de la bienheureuse Marie, qu'ils témoignent un grand respect pour le « buisson que Moïse vit brûler sans qu'il « fût consumé [1], » et pour les autres lieux sur la monta-

[1] Exod., ch. 3, v. 2.

gne et autour de la montagne de Sinaï, où le Seigneur apparut à Moïse. En même temps cependant ils se rient de la croix du Seigneur et du lieu où il fut enseveli, disant qu'un si grand prophète n'aurait jamais voulu supporter une mort si ignominieuse puisqu'il pouvait s'y soustraire.

Les Sarrasins poursuivent les Juifs d'une haine très-vive, et leur reprochent de n'avoir pas voulu recevoir le très-saint prophète Christ, et de lui avoir fait subir toutes sortes de persécutions. Mahomet, dans son Alcoran, se plaint amèrement des Juifs, principalement parce qu'ils avaient la tête dure, et refusaient d'obéir à ses commandemens. Quant aux Chrétiens, il dit qu'ils sont bien plus pieux, parce qu'ils écoutent sa loi, et qu'ils pleurent. Il lui arrive très-fréquemment d'appeler, tant les Juifs que les Chrétiens, *les hommes de la loi;* et il y a dans son traité tant de confusion et de si fréquentes contradictions avec lui-même, que quelquefois il affirme que tout homme peut être sauvé dans sa propre loi, et d'autres fois il déclare que tous seront damnés, excepté les Sarrasins; et que quant à ceux-ci, si mal qu'ils se conduisent, tous seront sauvés en vertu de ses prières, parce que Dieu l'exaucera en toutes choses. Par ces paroles, il dégagea son peuple séduit de la crainte du péché; et excitant ainsi les siens à toutes les turpitudes et à toutes les impiétés, il leur assura la sécurité au milieu de leurs iniquités. Et comme les Sarrasins apprirent que d'après l'Évangile de Jésus-Christ, le Christ lui-même avait été baptisé par le bienheureux Jean [1], ils ont celui-ci en très-grande

---

[1] Saint Matth., ch. 3, v. 13-16.

vénération; et au lieu de baptême, à la suite de toutes les souillures auxquelles ils se livrent, surtout lorsqu'ils doivent s'approcher de leur oratoire, ils se lavent le corps dans l'eau toute simple, pensant se purifier ainsi de leurs immondices. Aussi, séduits très-fréquemment et à tout hasard par cette tromperie, ils se souillent de toutes sortes de voluptés obscènes et abusives, et vont ensuite, comme je l'ai dit, faire leurs ablutions dans l'eau; quelquefois aussi ils font baptiser leurs enfans par des prêtres chrétiens, sans espérer autre chose du baptême si ce n'est qu'il pourra faire vivre leurs enfans plus longtemps et les délivrer plus aisément des infirmités du corps.

Ces peuples admettent le Pentateuque de Moïse et tous les livres des prophètes et des apôtres, ne niant point que Dieu leur ait parlé, et qu'ils aient été des hommes saints. Ils reconnaissent aussi le Psautier et la traduction de tout l'ancien Testament selon la version des Septante. Mais, semblables aux Juifs, ou bien ils n'entendent les Écritures que selon la lettre, ou bien ils les expliquent souvent avec perversité. Quant aux évangiles de notre Seigneur Jésus-Christ, ils les lisent et ne les comprennent point, confessant cependant la vérité de tout ce que Jésus-Christ a dit. Ils reconnaissent pareillement les apôtres qui se sont entretenus avec le Christ, et que Mahomet appelle dans son livre *les hommes vêtus de blanc*, et acceptent leurs écrits. Mais tous ceux qui n'ont pas vécu avec le Christ pendant son séjour sur la terre, ils les rejettent comme des faussaires qui ont ignoré la vérité de l'Évangile, et dédaignent leur personne aussi bien que

leurs livres. Ainsi ils ont en abomination le bienheureux apôtre Paul, ainsi que ses livres et tous les autres qui après Paul ont écrit d'autres ouvrages, et ils blasphèment contre leur doctrine. Quand il se trouve dans les livres des évangiles du Christ ou des saints apôtres, ou même dans l'ancien Testament, quelques passages qui semblent en contradiction avec leur loi, s'ils ne peuvent s'en tirer autrement, ils disent que nos livres ont été gâtés par des faussaires qui en ont soustrait certaines choses pour en substituer d'autres à leur gré : tel est leur dernier et misérable refuge. Comme tout idiot peut faire la même réponse, nul ne pourrait jamais rien prouver ni eux par leurs propres livres, ni les Juifs par l'ancien Testament, ni tout autre par les écrits des anciens, à moins que ce ne fût par la voie de l'autorité; combien est absurde et frivole une pareille réponse, c'est ce qui est évidemment démontré par cette considération que les saints qui sont venus après les temps de Jésus-Christ ont fait, par la puissance du Christ, les mêmes miracles que le Christ a faits, et même de plus grands. Tout ce qu'ils ont écrit dans leurs livres, ils l'ont trouvé dans le nouveau et dans l'ancien Testament; et jugeant de la même manière et écrivant avec une parfaite concordance, « ils ont tiré de leur trésor des choses nou-
« velles et des choses vieilles [1]. » Or il est bien connu que les saints évangiles, les livres des apôtres et les autres ouvrages de la loi des Chrétiens ont été écrits avec une grande concordance et sans aucune contradiction d'opinions en diverses parties du monde, en diverses langues, par divers écrivains et en divers

---

[1] Évang. selon saint Matth., ch. 13, v. 52.

temps, et qu'ils ont été successivement et jusques à nos temps adoptés par toute la race des hommes; en sorte que leur uniformité prouve évidemment qu'ils n'ont pu en aucune manière être falsifiés, car comment tant de faussaires, tellement séparés par la différence de leurs idiomes et la distance des lieux, auraient-ils pu s'accorder ainsi en un seul point?

Quelques-uns de ces Sarrasins cependant, plus sages que les autres, doués d'un esprit naturel, éclairés, tant par les livres des philosophes gentils, qui sont en contradiction absolue avec la loi de Mahomet, que par les nôtres, lisant les évangiles du Christ, et comparant la pureté de notre foi aux erreurs de leur impie séducteur, venaient fréquemment se réfugier dans la grâce du baptême de Jésus-Christ; et il en serait venu un bien plus grand nombre si, enchaînés par les amorces de la chair et par les habitudes d'une vie déréglée, regardant comme trop gênantes la pauvreté et la vie des Chrétiens, ils ne considéraient le joug si aisé du Christ [1] comme trop dur et presque insupportable. Ce fut là le principal motif pour lequel on vit les perverses traditions de ce séducteur et ses folies mensongères adoptées par un plus grand nombre de sectateurs que n'en ont eu les leçons de tout autre hérésiarque. La loi de l'Évangile déteste l'avarice, les desirs terrestres et les voluptés de la chair; elle interdit et exècre les convoitises honteuses comme les ennemies de l'ame. En conséquence, elle ordonne de réprimer le torrent des desirs de la chair, de contenir les mouvemens illicites, « de n'avoir pas soin de la chair « pour satisfaire ses convoitises [2], » de soumettre le

[1] Saint Matth., ch 11, v. 30. — [2] Saint Paul aux Rom., ch. 13, v. 14.

corps à l'esprit, de ne « point s'amasser des trésors
« sur la terre ¹, » de dédaigner toutes les choses qui
sont de ce monde et qui passent, d'aimer ses ennemis, de ne rendre à personne le mal pour le mal, de
prier pour ses persécuteurs ; et elle prescrit encore
beaucoup d'autres choses semblables qui, bien qu'im-
possibles à l'homme, sont cependant faciles à Dieu,
qui en fournit le pouvoir. Aussi, avec l'appui et la coopération de la grâce divine, sont-elles accomplies par
les fidèles du Christ non seulement avec facilité,
mais encore avec une joie et une satisfaction toute
spirituelle. Les Sarrasins, charnels à la fois et imprudens, pensent au contraire que les trésors de la
terre, les desirs terrestres, les délices de la vie présente ne font aucun obstacle à la béatitude future.
Aussi poursuivant, tels que les animaux, les convoitises de la chair, enfoncés, morts et ensevelis dans la
fange d'une obscène volupté, ne savent-ils résister à
aucun vice ; misérablement soumis aux passions de la
chair, le plus souvent même sans être provoqués par
les desirs, ils croient que c'est une œuvre méritoire
d'exciter les appétits les plus honteux. Il est résulté
de là que dans les contrées de l'Orient, et principalement dans les régions chaudes, les hommes, semblables aux brutes, et pleins de luxure, à qui l'austérité de la religion chrétienne semblait intolérable et
insupportable, quittant « la voie étroite qui mène à
« la vie et la porte étroite ², » sont entrés facilement
dans la voie large et spacieuse qui mène à la mort, et
enchaînés par les séductions de la chair, se sont multipliés à l'infini.

¹ Évang. selon saint Matth., ch. 6., v. 19. — ² Ibid., ch. 7, v. 13 et 14

Et tandis que des hommes saints, embrasés du zèle de la justice et du feu de l'amour divin, résistèrent vigoureusement aux autres hérésies, prêchant, disputant et raisonnant d'après les divines Écritures, et parvinrent ainsi à retirer de la gueule du Léviathan la plupart de ceux qui tombaient en hérésie, cet homme entièrement perdu, pour mettre le comble à sa scélératesse, se méfiant de la vérité ou même de la probabilité du succès de sa secte, ordonna à sa nation séduite « de ne point admettre de prédica« teur contre sa loi, voulant, si quelqu'un entrepre« nait de la contredire, qu'il fût sur-le-champ frappé « du glaive; et que quiconque renierait Mahomet « lui-même fût aussitôt mis à mort. » Il disait souvent à ses auditeurs : « Prenez garde à n'être pas « trompés. Nul n'a été prophète, que son peuple ne « l'ait accusé de mensonge. Ainsi donc, gardez« vous de croire ce que les hommes diront de moi. Je « crains que ma race, après que je serai mort, ne « dise des mensonges sur moi, et ne m'impute des « choses fausses. Ne croyez pas aux détracteurs, mais « croyez seulement de moi les choses que vous trou« verez dans le livre de la loi que je vous donnerai. « Si quelqu'un parle contre elle et blasphème, qu'il « soit mis à mort. » Et comme cet homme débauché avait eu un grand nombre de femmes et de concubines, il permit à chacun, en proclamant même que ce serait une œuvre méritoire, d'avoir autant de femmes et de concubines qu'il pourrait en entretenir, en pourvoyant à tous leurs besoins. Aujourd'hui les Sarrasins épousent à la fois trois ou quatre femmes, qui sont toutes libres, et pas davantage; mais ils peuvent avoir autant qu'ils en veulent des concubines et des esclaves qu'ils achètent. Celui qui peut en obtenir le plus grand nombre d'enfans est jugé le plus religieux. Ils laissent à leur gré leurs propriétés et leur héritage par égales portions aux enfans de leurs concubines et aux enfans de leurs femmes, en sorte que le fils de l'esclave hérite comme les enfans de la femme libre. Souvent même, mettant de côté les enfans de leurs femmes, les hommes nobles instituent héritiers de leurs états les enfans de leurs concubines pour lesquels ils ont de la prédilection, en sorte qu'il est fréquemment arrivé que de puissans Sarrasins, enfans de femmes chrétiennes, sont devenus les amis des nôtres, et se sont montrés bons et bienveillans pour les Chrétiens qui habitaient sur leurs propres terres. En beaucoup de points, Mahomet fut favorable aux femmes; et dans l'entraînement de ses passions effrénées, il montra pour elles une grande tendresse. Ainsi il promulgua une loi selon laquelle, lorsqu'une esclave était enceinte des œuvres d'un Sarrasin, elle devait tout aussitôt devenir libre; et lorsqu'un enfant était né, quelle que fût la loi que suivît la mère, il était permis à celle-ci de s'en aller en toute liberté; l'enfant cependant ne pouvait suivre sa mère, et devait demeurer auprès du père, et s'attacher inviolablement à la loi de celui-ci. Afin d'attirer plus aisément dans sa détestable secte non seulement les gentils et les idolâtres, mais même les Chrétiens ignorans, et comme pour célébrer les louanges de notre Seigneur Jésus-Christ, Mahomet rapporta dans le livre de sa loi, que l'on appelle Alcoran, quelques miracles de l'enfance du Sauveur, que l'on trouve racontés dans des livres apocryphes, disant « que le Christ, lors-« qu'il était enfant, avait créé les oiseaux du limon « de la terre; » et il attribua également au Christ quelques autres miracles, qui ne sont point rapportés dans les Évangiles, et que l'Église ne reconnaît point. Quant aux véritables miracles que le Christ a faits très-certainement, tels que nous les lisons dans l'Évangile, Mahomet s'en tut, et n'en fit aucune mention. En outre, afin de mettre la fausseté et les institutions déraisonnables de sa doctrine perverse à l'abri de toute attaque, en les enveloppant de quelques préceptes honnêtes et religieux, et en donnant ainsi à ses erreurs une teinte de religion, il recommanda beaucoup les aumônes et les prières; mais par dessus tout, il ordonna « de combattre vigoureusement pour « la défense de sa loi, jusqu'à verser son sang et « braver la mort, établissant en dogme que c'était « l'œuvre la plus méritoire. » Il disait à ce sujet que la mort n'est point redoutable, puisque Dieu a prévu le dernier jour et la fin de chacun, à laquelle nul ne peut échapper, et qu'il n'y a pour personne aucune espèce de moyen de reculer ou d'avancer ce terme, que Dieu a fixé infailliblement.

Comme les Chrétiens se tournent vers l'orient pour prier et les Juifs vers l'occident, Mahomet, voulant éviter de passer pour un imitateur des autres, et cherchant à se distinguer et à élever son autorité au dessus de toute autre, inventa un nouveau mode de prier et prescrivit de se tourner vers le midi. Les Sarrasins ne rendent pas de dîmes, ne font point de sacrifices, ne demandent aucune bénédiction à l'occasion de leurs mariages et s'unissent comme des chiens. Ils désignent une nuit quelconque pour faire proclamer la loi de Mahomet, par un individu qui se place sur un lieu élevé. Après que celui-ci a publié en présence de tous les assistans que la loi de Mahomet est sainte et juste et qu'il est le souverain prophète que Dieu a envoyé, tous les autres lui répondent, affirmant qu'il en est ainsi, et cette déclaration suffit à leurs yeux pour le salut. Ayant remarqué que les Juifs, conformément à leur loi, célébraient chaque semaine un jour de repos, celui du sabbat, que les Chrétiens célébraient aussi chaque semaine le jour du dimanche en l'honneur de la résurrection du Seigneur, et voulant que sa nation demeurât toujours distincte des autres et n'en imitât aucune, Mahomet ordonna de célébrer solennellement chaque semaine le sixième jour, c'est-à-dire le vendredi. Il institua aussi un jeûne, une fois par an et durant un mois entier, et c'est ce que nous appelons *le carême des païens.* Les Sarrasins jeûnent alors toute la journée et demeurent sans manger ni boire; mais la nuit, ils mangent et boivent autant qu'ils veulent et ne s'abstiennent d'aucune des voluptés de la chair. Ainsi, durant toute la nuit, semblables à des animaux, ils se remplissent l'estomac de toutes sortes de nourriture, jusqu'à amener la satiété et le vomissement, regagnant ainsi pendant ce temps ce qu'ils ont perdu durant le jour. Dans les temps de jeûne cependant il ne leur est pas permis de boire du vin. Le reste du temps la plupart des Sarrasins se sont accoutumés à s'abstenir aussi de vin, et principalement ceux qui veulent passer pour véritablement religieux et ceux qui se font pèlerins de Mahomet et vont visiter son corps à la Mecque. Mahomet parla fort mal du vin, parce que l'homme, emporté par sa gourmandise, ne sait pas se modérer dans le vin, rejetant ainsi sur la boisson les excès de celui qui boit, afin de lui préparer une excuse. Voici cependant le motif le plus positif et le plus évident pour lequel les Sarrasins ont reçu ordre de s'abstenir de vin. Ces hommes goulus et qui ne sont retenus dans la sobriété par aucun frein, presque toutes les fois qu'ils boivent du vin, perdent l'usage de la raison et s'enivrent à tel point que, semblables aux cochons, tantôt il se jettent et se roulent dans la fange, tantôt marchent en chancelant dans les rues et les places de la ville, se prennent de rixe entre eux et se tuent les uns les autres. Comme les œuvres de l'amour et les passions des sens sont réputées méritoires parmi eux, dans les temps de jeûne ils se rapprochent plus fréquemment de leurs concubines et de leurs femmes, soit pour satisfaire leurs désirs, soit pour mettre au monde un plus grand nombre de défenseurs de leur loi.

De même qu'on voit dans les divines Écritures la distinction de deux villes, unies de corps, mais divisées d'esprit, l'une de Dieu, l'autre du diable, l'une nommée Jérusalem, l'autre Babylone, de même Mahomet déclara, selon la lettre, qu'il y avait d'une part deux villes de Dieu, villes saintes et dignes de toute vénération, savoir, la Mecque et Jérusalem, et d'autre part deux villes du diable, savoir, Antioche et Rome, villes très-mauvaises et exécrables. Aussi les Sarrasins ne se bornent-ils point à aller visiter en pèlerinage la ville de la Mecque, où est enseveli le corps de Mahomet, pour y faire leurs prières, ils vont aussi dans la ville de Jérusalem avec de grands témoi-

guages de vénération ; et même lorsqu'elle était occupée par les Chrétiens, ils venaient des pays éloignés au temple du Seigneur, qu'ils appellent eux-mêmes la roche ou le temple de Salomon, présenter leurs prières et leurs offrandes. Mais comme ce peuple charnel, qui ignore les choses de l'esprit, ne pouvait être facilement mené que par des pensées charnelles, le maître de l'erreur leur prêcha que tous ceux qui croiraient en lui auraient, après la résurrection des corps, dans un paradis de volupté, des vierges très-belles et des femmes également belles avec de grands yeux, lesquelles leur donneraient autant d'enfans qu'ils en voudraient avoir ; et cependant le Seigneur a dit dans l'Évangile : « Après la résurrection, les hom-
« mes ne prendront point de femmes, ni les femmes
« de maris ; mais ils seront comme les anges de Dieu[1]. »
Et ailleurs : « C'est ici la vie éternelle de vous con-
« naître pour le vrai Dieu et Jésus-Christ que vous
« avez envoyé. » Au contraire, cet Antechrist établit son dogme, disant : « C'est ici la vie éternelle dans le
« paradis après la mort, que vous buviez et mangiez
« autant de choses que vous voudrez : tout ce que vous
« aurez demandé vous sera sur-le-champ envoyé du
« ciel. Vous nagerez dans toutes les voluptés, vous
« serez toujours joyeux, nul ne vous choquera et nul
« ne vous nuira. » Le séducteur ajouta encore qu'ils auraient dans le paradis trois fleuves, savoir, de lait, de miel et de vin excellent et aromatisé, et qu'ils pourraient en user, dans les transports de leur joie, aussi souvent qu'ils le desireraient ; qu'ils verraient aussi les anges de Dieu, beaux et grands, tellement grands

[1] Évang. selon saint Matth., ch. 22, v. 30.

que d'un œil à l'autre d'un ange il y a l'espace d'une journée de marche. Cet homme illettré, qui n'ayant jamais rien appris n'avait jamais fait, comme je l'ai dit, que garder les ânes et les chameaux, ajouta encore beaucoup d'autres choses aussi vaines et frivoles : aussi un grand nombre de Sarrasins qui connaissent les arts libéraux et ont lu les livres des philosophes, se moquent-ils de la doctrine de leur maître; et cependant, cédant à leur goût pour les voluptés de la chair, ils imitent sa vie, et craignant les autres Sarrasins, ils vénèrent à l'extérieur la loi de Mahomet.

Après avoir pendant quarante ans ainsi prolongé sa misérable existence, à l'approche de la mort et se sentant accablé par le poison, Mahomet dit à ses parens et à ses amis : « Quand vous me verrez mort, « gardez-vous d'ensevelir mon corps, car je sais « qu'au bout de trois jours il sera transporté dans le « ciel. » Lorsqu'il eut terminé son indigne vie par une mort digne de lui, ses disciples et ses compagnons gardèrent son corps, non seulement pendant trois jours, mais pendant douze jours, attendant qu'il fût transporté au ciel. Enfin voyant la vanité des paroles de leur maître, qui n'étaient suivies d'aucun effet, comme déjà le cadavre répandait une puanteur insupportable, ils le cachèrent sous la terre, sans même le laver avec de l'eau. Les plus sages d'entre eux, ayant reconnu la fausseté de ce séducteur et jugeant que toutes les paroles qu'il avait dites étaient également mensongères et vaines, abandonnèrent sa loi; et comme presque tous les autres voulaient suivre cet exemple, les parens et les associés de Mahomet, qui auparavant étaient fort honorés et respectés du peuple et qui tiraient de grands profits de sa loi, tristes et confus, employèrent toutes sortes de caresses et de promesses pour attirer à eux les hommes simples et les disposer en faveur de leur secte. Ils élurent, pour remplacer Mahomet, un de ses disciples qu'ils appelèrent *calife,* comme qui dirait héritier ou successeur, afin qu'il y eût un héritier de la dignité et de la domination de Mahomet. Celui-ci ayant donc reçu la dignité et la puissance, parvint, en employant tantôt les caresses, tantôt les menaces et la crainte, à rappeler les peuples à lui et à rassembler une grande multitude d'hommes. Un beau-père de Mahomet, nommé Cuhali, rempli de haine et de colère contre ce calife, entraîné par son avidité et par l'ambition des dignités du monde, employa par lui et par les siens tous les moyens qu'il put imaginer pour lui résister, et l'attaqua de toutes sortes de manières, jusqu'à ce qu'enfin il l'eût dépouillé de son empire.

Après celui-ci, un cousin-germain de Mahomet, nommé Ali, étant parvenu au pouvoir, ne tarda pas à s'indigner vivement de se voir appeler successeur de Mahomet, se tenant pour plus grand que Mahomet lui-même, et voulant être aux yeux de tous le prophète par excellence, à qui le Seigneur avait parlé plus familièrement qu'à Mahomet. Cet homme donc et ses complices insultaient hautement à la loi de Mahomet, proféraient contre lui-même mille malédictions, et enseignaient des rits, des institutions et une manière de prier qui différaient de la doctrine de Mahomet. Ceux qui voulurent demeurer fidèles à la loi de celui-ci, instituèrent dans les contrées de l'Orient. Le calife de Bagdad, qui est tellement honoré et respecté par les siens, que nul homme, pour si noble ou puissant qu'il soit, ne peut être appelé *soudan* que par son ordre et de son autorité, et que tous ses sujets, tant rois qu'autres hommes, se prosternent devant lui avec respect et lui baisent les pieds. Les successeurs de cet Ali, dont nous avons parlé ci-dessus, élevèrent leur trône dans le pays d'Égypte, contre le calife unique de l'Orient, et vécurent dans les délices, au milieu de richesses infinies. Dès ce moment il y eut de grandes querelles et une haine implacable entre les Égyptiens et les autres peuples d'Orient; la loi devint un sujet de discordes et de controverse, et les peuples sarrasins se trouvèrent divisés en deux partis, les uns se rattachant à Ali et à ses successeurs, les autres, toujours en majorité, demeurant fidèles à Mahomet. Lorsque Saladin fut parvenu au gouvernement temporel de l'Égypte, sous son seigneur le calife égyptien, craignant pour lui-même, parce qu'il était, non sans motif, devenu suspect au calife, auprès duquel beaucoup de gens l'accusaient, et voulant n'avoir sous aucun rapport aucun supérieur et être à lui-même son soudan et son calife, Saladin s'avança vers son seigneur, le calife d'Égypte, comme pour lui offrir les témoignages de respect qu'il lui devait et qu'il avait coutume de lui rendre, et le frappant à l'improviste d'une massue garnie de fer qu'il tenait dans ses mains, il le renversa par terre et le tua ainsi par trahison. Ensuite il ordonna de mettre à mort tous ses enfans, ses parens et ses amis particuliers, ou les condamna à une prison perpétuelle. Depuis lors le soudan de Bagdad devint le seul monarque souverain, tant des Égyptiens que de tous les autres peuples d'Orient, et Saladin contraignit les Égyptiens à lui obéir d'un commun accord, les empêchant de créer un autre calife et les forçant de se conformer aux rites que suivaient les autres Orientaux.

Cependant le prince le plus puissant de tous les Sarrasins occidentaux qui suivent la loi de Mahomet, avait établi la capitale de son empire et le trône de son royaume dans la ville de Maroc, que l'on appelait anciennement Carthage, et qui dominait non seulement en Éthiopie et en Afrique, mais encore dans une grande partie de l'Espagne; il refusa, ainsi que tout son peuple, de se soumettre au calife d'Orient, et se tenant lui-même pour roi et calife, il donna ordre qu'on l'appelât lui et tous ses successeurs à l'avenir, *miramummelin*[1], c'est-à-dire *roi des croyans*, car dans la langue des habitans de ce pays, le mot de *mira* est le même que celui de *roi*, et *mummelin* veut dire *des croyans*. De là naquirent entre les Sarrasins d'Orient et ceux d'Occident une grande scission, et des querelles qui furent très-utiles aux Chrétiens, parce que les uns refusèrent de secourir les autres contre nous dans leurs guerres et leurs expéditions, et que leur empire se trouva ainsi divisé en lui-même, et de toutes parts en dissolution.

Toutefois une très-grande multitude de gentils et d'idolâtres, et principalement ceux qui habitent les environs du Palus-Méotides, dans les pays de Bulgarie et de Comanie, et jusqu'aux frontières de Hongrie, et ceux encore qui sont établis sur les confins du royaume de Dacie et dans d'autres pays voisins, refusèrent d'adopter la loi de Mahomet. Et comme

---

[1] *Miramolin*, selon le langage des vieilles chroniques.

ils sont extrêmement éloignés des autres Sarrasins d'Orient et d'Occident, on ne put employer la terreur ni la violence pour les y contraindre. Aujourd'hui donc encore quelques-uns de ces peuples, persévérant dans leurs antiques erreurs, servent, vénèrent et adorent des idoles; d'autres, tels que des animaux, n'ayant ni loi, ni écrits, ni aucune civilisation, prenant pour dieu les arbres, les arbustes, les bestiaux, et généralement la première chose que le hasard leur fait rencontrer dès le matin, la servent et l'adorent durant toute la journée. Quelques-uns d'entre eux, confessant qu'ils ne connaissent point le Dieu véritable et souverain, et croyant cependant apaiser un Dieu inconnu par quelques sacrifices, et lui témoigner leur vénération par leur empressement, jettent en l'air de la viande, du pain, ou tout autre objet du même genre, en l'honneur de celui qui est Dieu et qui habite dans les hauts lieux, poussant alors des cris, et disant : « Que ceci soit notre offrande « à celui qui est au dessus de tous et qui occupe « entre tous les autres le rang de la Divinité su- « prême. »

C'est de ces Sarrasins du septentrion, appelés Comans, que ceux que l'on appelle Turcomans, et qui habitent sur le territoire des Turcs, tirent, à ce qu'on croit, leur première origine, d'où vient qu'on leur a donné le nom de Turcomans, qui a été composé des noms des Turcs et des Comans. Quant aux Turcs, nous savons d'une manière certaine par les anciennes histoires des Orientaux, que, venus des contrées septentrionales, ils arrivèrent sur les frontières de la Perse, et s'emparèrent à main armée et de vive force, non seulement de cette contrée, mais de presque toutes les provinces de l'Orient. Dès ce moment, cette race, d'abord grossière et ignorante, qui n'avait point de demeure fixe et allait toujours errant çà et là, traînant à sa suite ses femmes, ses enfans et ses troupeaux, et cherchant partout de bons pâturages, se donna un roi, en vint bientôt à habiter des villes et des lieux fermés, s'occupa d'agriculture, après n'avoir vécu long-temps que du produit de ses troupeaux, et se créa des droits civils. Ceux qui, persistant dans leur grossièreté primitive, ne voulurent pas renoncer à leurs premières habitudes, furent appelés Turcomans. En beaucoup de choses ceux qu'on appelle Bédouins imitent les Sarrasins, dont ils diffèrent cependant par l'origine et par quelques-unes de leurs habitudes de vie.

Les Bédouins tirent plus particulièrement leur origine de la race des Arabes, dont ils disent que Mahomet était descendant. Établissant en dogme qu'ils ne peuvent ni avancer ni retarder le jour de la mort, que Dieu, disent-ils, a déterminé à l'avance, les Bédouins ne sont jamais armés lorsqu'ils vont au combat; ils ne portent que des chemises et enveloppent leurs têtes de voiles, comme les femmes; ils ne se servent que de lances et de glaives, et dédaignent de combattre avec des arcs et des flèches, comme font les autres Sarrasins. Quoiqu'ils soient très-facilement mis en fuite, et se sauvent avec légèreté, ils traitent cependant les autres Sarrasins d'hommes timides et lâches, parce qu'ils lancent de loin des flèches et des dards. Ils sont traîtres non seulement envers les Chrétiens, mais même envers les Sarrasins; menteurs et inconstans, courtisans de la fortune, ils s'avancent toujours par un double chemin, et s'attachent volontiers à ceux qu'ils voient prendre le dessus. Ils portent sur leurs têtes des bonnets rouges garnis de broderies, habitent sous des tentes faites de peaux d'animaux, et la plupart d'entre eux ont pour vêtemens des peaux de chèvres et de moutons. N'ayant aucune résidence fixe, marchant en tribus et par bandes, ils habitent çà et là dans les plaines et au milieu des prairies, cherchant toujours les meilleurs pâturages, parcourant diverses contrées, vivant de lait, et traînant à leur suite de nombreux troupeaux. Les hommes, complétement oisifs, abandonnent à leurs femmes le soin de leurs chevaux et de leurs bestiaux. Quelques-uns des Orientaux qui suivent la loi de Mahomet, si ce n'est qu'à la manière des Chrétiens, ils font leurs prières au lever du soleil, parce que leurs pères, qui étaient chrétiens, leur ont laissé la tradition de cette manière de prier sont considérés par ces Sarrasins-Bédouins comme hérétiques et profanes. Parmi ces mêmes Orientaux il en est quelques-uns qui regardent le soleil lui-même comme le Dieu suprême, parce qu'entre toutes les créatures visibles il se distingue par une beauté supérieure.

Il y a en outre dans les montagnes quelques hommes misérables, qui habitent auprès de la chaîne du Liban et dans le pays de Tripoli, et qui, bien qu'ils suivent en grande partie la loi de Mahomet, disent qu'ils possèdent de plus une certaine loi occulte qu'il ne leur est permis de révéler à personne, si ce n'est à leurs fils, lorsqu'ils sont parvenus à l'adolescence, afin qu'ils ne puissent dévoiler puérilement leurs secrets, ou bien encore lorsqu'à l'article de la mort, et réduit à la dernière extrémité, un père ne conserve aucun autre espoir de se sauver. Leurs femmes et leurs filles, qui ignorent complétement cette loi, disent cependant qu'elles ont foi en la loi de leurs maris et de leurs pères. S'il arrivait par hasard qu'un fils révélât imprudemment à sa mère le secret de cette loi, qu'ils nomment la loi occulte, la femme serait mise à mort par son mari, le fils par son père, sans aucun moyen de rémission. Contre l'usage des autres païens, ceux-ci boivent du vin, mangent de la viande de porc, et sont tenus pour hérétiques par tous les autres Sarrasins. Comme ils se livrent en secret à des actions honteuses, méchantes, abominables, et contraires aux intérêts des femmes, selon ce qu'on a appris par les récits de ceux qui ont abandonné leur société, ils ont craint que leurs femmes ne voulussent les quitter ou n'eussent un grand mépris pour eux, si elles venaient à connaître les rites exécrables et les souillures de cette secte infiniment pervertie.

Dans la province de Phénicie, auprès du territoire de la ville d'Antarados, aujourd'hui vulgairement appelée Tortose, habite un peuple de tous côtés entouré de rochers et de montagnes, possédant dix châteaux très-forts et inexpugnables à cause de l'étroite dimension des chemins et des roches inaccessibles qui les environnent, avec des vallons situés au pied de ces châteaux, produisant en grande abondance toutes sortes de fruits et de grains et présentant des sites très-agréables. Ces hommes, que l'on nomme Assissins, forment, dit-on, une population de plus de quarante mille individus. Ils se donnent un capitaine, non par droit de succession héréditaire, mais par privilége de mérite, et le nomment *l'ancien* ou le *vieux*, moins à raison de son âge avancé, que pour désigner la prééminence de sa sagesse et de sa dignité. Le premier et suprême abbé de leur cruelle religion, et le lieu d'où ils tirent leur origine et d'où.... ¹ .... ils vinrent en Syrie, est situé dans les pays reculés de l'Orient, du côté de la ville de Bagdad et aux environs de la province de Perse. Ces hommes *ne fendant point la corne* ² et ne discernant point le sacré du profane, pensent qu'une obéisssance absolue et sans aucune réserve à leurs supérieurs est pour eux le titre le plus méritoire à la vie éternelle. Ils s'engagent donc envers leur maître, qu'ils appellent *le vieux*, par un lien de soumission et d'obéissance tellement fort, qu'il n'est rien de si difficile et de si périlleux qu'ils ne soient prêts à l'entreprendre et à l'accomplir sur l'ordre de leur seigneur, en toute gaîté de cœur et avec une volonté très-ferme et très-animée. Le *vieux*, leur seigneur, fait élever les petits garçons de ce peuple dans des retraites solitaires, au milieu de toutes sortes d'agrémens, leur fait apprendre avec soin diverses langues, puis il leur remet des poignards, les envoie en divers pays, en leur ordonnant de mettre à mort des hommes puissans chez les Chrétiens comme chez les Sarrasins, soit parce qu'il nourrit contre eux quelque motif de haine, soit parce que ses amis l'en ont prié, soit parce qu'il a reçu pour prix de ces assassinats des sommes considérables; et en expédiant ainsi ses émissaires, il leur promet que

---

¹ Il y a ici une lacune.
² Lévit. ch. 11, v. 3.

l'accomplissement de ses ordres leur fera obtenir après leur mort, dans le paradis, des délices sans fin, bien supérieures à celles au milieu desquelles ils ont été élevés. S'il arrive qu'ils trouvent la mort dans une entreprise de ce genre, ils sont réputés martyrs par les leurs et rangés parmi les saints; ils deviennent l'objet des plus profonds respects de tout le peuple. En même temps leurs parens sont comblés de présens et enrichis par le maître ou *le vieux*, et, entre autres choses, s'ils étaient esclaves auparavant, ils deviennent aussitôt libres. Ainsi séduits, ces misérables jeunes gens, envoyés du milieu de leurs frères dans les diverses parties du monde, reçoivent leur commission de mort avec tant de joie et d'empressement, l'accomplissent avec une telle activité et tant de sollicitude, se déguisant sous toutes sortes de formes, empruntant les usages et les costumes des autres nations, se cachant tantôt sous l'apparence de marchands, tantôt sous celle de clercs ou de moines, ou de mille autres manières, qu'il est difficile de trouver dans le monde entier un homme assez avisé et assez bien sur ses gardes pour échapper à toutes leurs embuches. Ils dédaignent toute entreprise qui serait dirigée contre des personnes d'une condition inférieure : les puissans, auxquels ils s'attaquent toujours, ou rachètent leur vie à grand prix, ou marchent constamment armés, entourés de nombreux satellites, poursuivis de soupçons et craignant la mort à tout moment.

Les Assissins se distinguèrent parmi tous les autres Sarrasins, par leur zèle à observer dans toute leur sévérité la loi et les institutions de Mahomet, jusqu'au temps de l'un de leurs maîtres, qui, doué de beaucoup d'esprit naturel et s'étant appliqué à l'étude des diverses Écritures, entreprit aussi de lire et d'examiner avec le plus grand soin la loi des Chrétiens et les évangiles du Christ, et admira la puissance de ses miracles et la sainteté de sa doctrine. La comparaison qu'il fit alors le conduisit bientôt à avoir en abomination la doctrine frivole et déraisonnable de Mahomet, et enfin ayant connu la vérité, il s'appliqua peu à peu à détourner ses sujets des rites de cette loi de malédiction. En conséquence, il les invita d'abord et ensuite leur prescrivit de boire du vin avec modération et de manger de la viande de porc. A la suite de beaucoup d'enseignemens et des nombreuses prédications d'un docteur que le *vieux* employait, les Assissins consentirent enfin d'un commun accord à abandonner la loi perfide de Mahomet et à devenir chrétiens en recevant la grâce du baptême, de telle sorte toutefois qu'ils passeraient dans la condition et obtiendraient la liberté qui sont le partage des autres sujets de la loi chrétienne; car à cette époque ils étaient tributaires des frères chevaliers du Temple, et leur payaient annuellement deux mille bysantins, pour garantir la sécurité d'une portion de leur territoire située sur les confins du pays occupé par les frères, lesquels, à l'occasion du voisinage, leur avaient fait subir d'abord toutes sortes de vexations. Le maître des Assissins, dont je viens de parler, envoya donc au roi de Jérusalem un de ses familiers, homme éloquent, sage, vaillant, en qui il avait une entière confiance. Le roi, en apprenant les motifs de ce message, rendit grâces à Dieu de cette démarche d'un peuple si nombreux qui le venait visiter, et par où tant de millions d'ames allaient

4

être sauvées des griffes du diable. Il accueillit le député du *vieux* avec une extrême joie et en lui rendant les plus grands honneurs ; et lorsque celui-ci retourna dans son pays pour annoncer à son seigneur la bonne volonté et les vœux empressés du roi et des Chrétiens, le roi donna l'ordre de l'accompagner jusque sur les confins de son territoire. Il avait déjà dépassé Tripoli et était sur le point d'entrer dans son pays, lorsque l'un des nôtres, enfant de Bélial, homme inique, qui n'avait point devant les yeux la crainte de Dieu, frappa à l'improviste cet homme qui ne s'attendait à rien de semblable et s'avançait plein de confiance en l'escorte du roi et en la sincérité des Chrétiens, et le tua, au grand détriment de toute la chrétienté, et principalement de l'Église d'Orient. En effet, ce peuple qui, tel qu'une plante toute jeune, n'était pas encore pleinement enraciné dans la foi, rejetant notre doctrine avec une grande colère et une vive indignation, et tenant désormais pour suspecte toute relation avec les nôtres, renonça à ses saintes et honorables résolutions, et dès lors et jusqu'au temps présent il n'a cessé de haïr et de poursuivre les Chrétiens et l'Église de Dieu. Ainsi, par un seul homicide corporel, le traître dont j'ai parlé tua des ames en un nombre incalculable.

Tels furent les hommes et beaucoup d'autres encore également monstrueux, par lesquels les malheureuses contrées de l'Orient furent séduites ; beaucoup d'autres pays furent en outre infectés de ces pernicieux exemples et souillés par la contagion. Il ne se trouva point d'homme catholique qui pût, « élevant

« un mur pour la maison du Seigneur [1], » s'opposer aux progrès de cette peste, parce que les Sarrasins n'admettent personne à prêcher contre leur loi, mais principalement parce que, avant les temps de ce Mahomet maudit, une multitude infinie de perfides hérétiques avaient prévalu sur le petit nombre des fidèles et dévasté l'église d'Orient, et parce qu'il ne s'était trouvé dans ces pays que bien peu ou point de prélats qui entreprissent de « combattre les bêtes à Éphèse [2], » de prendre les petits renards qui détruisent les vignes du Seigneur des armées [3] et déchirent sa « robe sans « couture [4]. » Plus cette peste était nouvelle, plus elle se répandait avec fureur. Ainsi, comme nous l'avons déjà indiqué plus haut, Omar, prince très-puissant d'Arabie, ardent sectateur des erreurs de Mahomet et son troisième successeur, opprima la ville sainte et agréable à Dieu et le royaume entier de Jérusalem, au temps de l'empereur Héraclius, et les écrasa sous une tyrannie tellement cruelle, que non seulement il rendit tributaire le peuple chrétien qui habitait dans la ville, mais le réduisit par toutes sortes de persécutions aux dernières extrémités et le força de servir en esclave. Ainsi donc, et en punition de leurs péchés, les Chrétiens habitans de la cité sainte et des pays environnans eurent à supporter durant 490 ans le joug infiniment dur de leurs maîtres infidèles et cruels.

Dès son origine l'église d'Orient, semblable « à cette « reine, placée à la droite du roi, revêtue de l'or le

---

[1] Ezéch., ch. 13, v. 5. — [2] Ire Ép. de saint Paul aux Cor., ch. 15, v. 32. — [3] Cant. des cant., ch. 2, v. 15. — [4] Évang. selon saint Jean, ch. 19, v. 23.

« plus pur [1], » brilla avec éclat du privilége de la religion et transmit aux pays de l'Occident les rayons primitifs de sa lumière; mais depuis l'époque du perfide Mahomet et jusqu'à nos jours, tandis que le monde, vieillissant de plus en plus, tournait à son déclin, elle aussi, frappée d'une éclipse, tendit sans cesse vers sa chute et fut presque sur le point de disparaître. Celle qui, moulue des coups redoublés qu'on lui portait, mais incapable de céder et habile au combat, résista avec fermeté à la lance que son ennemi brandissait sans relâche, d'abord amollie par les insinuations mensongères du faux-prophète, misérablement enchaînée dans les séductions attrayantes des voluptés de la chair, s'affaissa sous le poids de ses profondes blessures, et celle qui avait été nourrie sur la pourpre se nourrit de fumier. Et à cause de cela, elle fut abandonnée par le Seigneur, « comme une loge de bran-
« chages dans une vigne, comme une cabane dans un
« champ de concombres [2]. » Elle, cependant, conservant quelques-uns de ses membres, comme il demeure quelques grappes après la vendange et quelques olives après qu'on a abattu les olives, telle que Job dans la terre de Hus [3] et Loth dans le pays de Sodome [4], ou telle qu'un lis au milieu des épines [5], persévérant encore entre le marteau et l'enclume, était forcée de s'écrier : « O vous tous, qui passez par ce chemin, ar-
« rêtez-vous et voyez s'il est une douleur comme ma
« douleur... J'ai nourri des enfans, je les ai élevés, et
« ils se sont révoltés contre moi [6]. » Ainsi l'or a été noirci, la plus belle couleur a été changée. « Ne m'ap-

---

[1] Ps. 44, v. 10. — [2] Isaïe, ch. 1, v. 8. — [3] Job, ch. 1, v. 1. — [4] Genèse, ch. 19. — [5] Cant. des cant., ch. 2, v. 2. — [6] Isaïe, ch. 1, v. 2.

« pelez plus Noémi, c'est-à-dire belle, mais appelez-
« moi Mara, c'est-à-dire amère, car le Tout-Puissant
« m'a remplie d'une extrême amertume [1]. »

Tandis que, par ces paroles et d'autres semblables, cette veuve pauvre et délaissée ne cessait de crier au milieu des orages de la tempête, fléchissant les genoux devant le Seigneur très-saint et frappant sans relâche à la porte de sa miséricorde, le Seigneur, voyant son affliction et son humiliation, inspira à un homme pauvre et religieux, originaire du pays de France, qui menait une vie d'ermite dans l'évêché d'Amiens, et que l'on appelait Pierre l'Ermite, le dessein de se rendre à Jérusalem, à travers les fatigues et les périls, pour visiter le sépulcre du Seigneur et les lieux vénérables consacrés par la religion. Il arriva donc à la porte de la ville, et après avoir donné une pièce d'or pour son entrée aux portiers qui percevaient le tribut sur les pèlerins, il vit les lieux saints traités avec irrévérence par les impies, et un homme vénérable, Siméon, patriarche de la ville, plongé, ainsi que ses sujets, comme de vils esclaves, dans la plus profonde abjection et accablés sous d'innombrables persécutions. Comme Pierre était un homme saint et extrêmement compatissant, et portait des entrailles charitables pour tous les affligés, il commença à s'affliger lui-même, fut profondément attristé, et chercha dans l'anxiété de son ame s'il pourrait trouver quelque moyen de venir au secours des malheureux. Comme il passait une nuit dans l'église de la Résurrection du Seigneur, adressant ses prières et ses supplications à Dieu, épuisé enfin par les fatigues d'une longue veille,

[1] Ruth., ch. 1, v. 20.

il tomba sur le pavé de l'église, et atteint par le sommeil humain, il s'endormit peu à peu. Or, le Seigneur Jésus-Christ lui apparut en songe, lui enjoignant d'aller en mission auprès du seigneur pape et des autres princes de l'Occident, pour la délivrance de la Terre-Sainte. Lui alors, fortifié par la révélation divine et embrasé du zèle de la charité, muni des lettres du patriarche Siméon et des autres fidèles habitans de Jérusalem, alla d'abord trouver le seigneur pape Urbain, qui l'accueillit avec bonté; puis parcourant l'Italie, franchissant les Alpes, s'adressant aux princes de l'Occident aussi bien qu'aux peuples, leur présentant dans son zèle ardent des exhortations variées, car c'était un homme sage et puissant en œuvres et en paroles, en peu de temps et avec la coopération du Seigneur, qui donnait aux paroles de son député l'abondance de la grâce, il parvint à disposer les esprits d'un grand nombre d'hommes à entreprendre les travaux d'un pèlerinage à Jérusalem.

Bientôt après, le vénérable père du Siége apostolique, le pape Urbain, ayant suivi les pas de Pierre l'Ermite, et convoqué un concile général à Clermont, ville d'Auvergne, exposa soigneusement les calamités et les souffrances des fidèles habitant dans la Terre-Sainte, raconta comment le sépulcre du Seigneur et les autres lieux saints étaient foulés aux pieds et profanés par les chiens immondes, et enjoignit à tous ceux à qui le Saint-Esprit inspirait le désir de venger les injures faites au crucifix et de délivrer la Terre-Sainte, d'entreprendre pour la rémission de tous leurs péchés un pèlerinage si saint et si agréable à Dieu. La semence de la parole divine « tomba sur

» une terre bonne et fertile¹, » par la grâce du Seigneur, qui « a donné une parole à publier ² » à son serviteur qui évangélise avec une grande puissance. A la suite de ce même discours, beaucoup de ceux qui étaient présens, attachant sur leurs épaules le signe de la croix qui porte le salut, s'engagèrent par leurs vœux à entreprendre le pélerinage du Seigneur; le premier de tous fut un homme vénérable et de sainte vie, l'évêque du Puy; et après lui, beaucoup d'autres hommes, tant nobles que de la classe inférieure. Des prélats d'églises, et d'autres hommes sages et lettrés, se conformant aux ordres qu'ils reçurent, tant dans les deux royaumes que dans l'Empire, multipliant en toute prévoyance et toute sollicitude le talent qui leur avait été confié, firent croiser une multitude innombrable, tant de nobles que d'autres hommes. Les principaux et les plus éminens d'entre eux furent le duc de Normandie, le comte de Toulouse et de Saint-Gilles, le comte de Flandre, le comte de Blois et de Chartres, Hugues, frère du roi de France; Godrefoi, seigneur de Bouillon, duc de Lorraine, et son frère Baudouin; Boémond, du royaume de Sicile, et Tancrède, son parent.

[1096] L'an 1096 de l'Incarnation du Seigneur, Pierre l'Ermite, traînant à sa suite une nombreuse multitude des deux sexes, traversa le royaume des Teutons, le pays de Hongrie, et arriva à Constantinople. Durant son voyage, il eut à souffrir toutes sortes de vexations de la part de la nation des Bulgares, et perdit dans un combat environ dix mille hommes de son armée. Des voitures et des chariots, au nombre

¹ Évang. selon saint Luc, ch. 8, v. 11-15. — ² Ps. 47, v. 12.

de deux mille, des enfans et des femmes, des richesses considérables et des approvisionnemens de toute espèce lui furent en outre retenus ou enlevés de vive force par ces barbares et ces impies.

Cette même année, des princes, des comtes, des barons, et un peuple innombrable de tribus, de nations et de langues diverses, partirent à la suite de Pierre, non pas tous ensemble, mais successivement et séparément, afin de trouver plus aisément à se loger et à se nourrir, et arrivèrent aussi à Constantinople. L'empereur des Grecs, Alexis, leur ayant alors donné pour continuer leur voyage des guides qui connaissaient parfaitement bien les localités, ils traversèrent l'Hellespont, aujourd'hui appelé le Bras-de-Saint-George, et arrivèrent avec toutes leurs légions devant la ville de Nicée. Les nôtres l'attaquèrent vigoureusement à diverses reprises, et non sans de grandes fatigues, à l'aide de beaucoup de machines et d'instrumens de guerre, et forcèrent enfin les citoyens à se rendre. Puis, laissant cette ville aux mains de l'empereur de Constantinople, traversant diverses contrées, et excédés de fatigues, à la suite de leurs longues marches, ils allèrent au mois de septembre dresser leur camp devant la ville d'Antioche, alors soumise à la domination des Sarrasins.

[1097] Après qu'ils eurent travaillé sans relâche au siége de cette ville pendant près de neuf mois consécutifs, accablés de toutes sortes de tribulations, savoir, la faim, le froid, les pluies d'hiver, des maladies de toutes espèces, et la mort, que leur envoyaient sous diverses formes les Turcs enfermés dans la place assiégée, ils n'étaient encore que bien peu avancés, et ne pouvaient réussir par aucune machine de guerre à se rendre maîtres d'une ville si bien fortifiée, lorsque le Seigneur prit pitié de l'affliction de son peuple, en employant un fidèle Chrétien qui habitait dans la ville sous le joug des infidèles, et qui, une nuit, ayant tendu une échelle à Boémond, prince de Tarente, l'introduisit secrètement dans la ville avec ses chevaliers. Ceux-ci ouvrant alors les portes aux nôtres, mirent à mort le prince de la ville, nommé Accien, tuèrent environ onze mille habitans, en chargèrent d'autres de liens et de chaînes, et s'emparèrent ainsi, par la bonté du Seigneur, l'an de grâce 1098, et le 3 du mois de juin, de cette noble cité, qui fut dès les temps antiques métropole et souveraine d'un grand nombre de provinces.

[1098] Mais comme ils n'y avaient trouvé que très-peu de vivres, et furent pendant long-temps travaillés d'une horrible disette, ils perdirent la majeure partie de leurs hommes et de leurs chevaux. En effet, le prince très-puissant des Perses ayant envoyé au secours de cette ville un certain prince de ses chevaliers, nommé Corbogath, que les nôtres appellent vulgairement Corboran, conduisant une innombrable armée de Turcs, celui-ci enveloppa les nôtres de tous côtés; et les enfermant ainsi dans l'intérieur de la ville, il les accablait tellement de la multitude de ses combattans, que nul ne pouvait sortir sans courir un danger de mort. Enfin, poussés par le besoin et par une faim intolérable, se faisant de nécessité vertu, un petit nombre d'hommes se virent forcés d'aller combattre des forces très-supérieures, ayant devant eux, portée comme un flambeau, la sainte lance du Seigneur, celle par laquelle il avait eu le flanc percé sur la croix, et que l'on avait retrouvée sous terre peu auparavant à la suite d'une révélation. Les nôtres étant donc sortis de la ville, et mettant leur confiance, non dans la force de l'homme, ni dans le nombre des combattans, mais seulement dans le Seigneur, une rosée tombant du ciel comme une consolation admirable, releva leur courage, fortifia miraculeusement leurs chevaux faibles et amaigris et ne pouvant presque se porter, et leur donna une vigueur toute nouvelle. A la suite de cette rosée, notre armée, attaquant avec audace l'innombrable multitude des infidèles, et combattant vigoureusement « avec une « main forte et un bras étendu [1], » protégée par le secours divin, triompha glorieusement des ennemis; les uns furent frappés par le glaive, les autres tournèrent le dos, et se sauvèrent par la fuite, de toute la rapidité de leurs chevaux agiles. Alors les nôtres, qui peu auparavant s'étaient vus réduits aux dernières extrémités, s'emparèrent du camp des ennemis, et y trouvèrent de l'or et de l'argent, des chevaux et des vivres en grande abondance; et tous, comblés de richesses et chargés de toutes sortes de denrées, rentrèrent ensuite dans la ville, chantant des hymnes, célébrant les louanges du Seigneur, et lui rendant grâces d'une si grande victoire. Après cela, ayant accordé à Boémond la souveraineté de la ville, ils mirent les églises en ordre, et y organisèrent un clergé, auquel ils assignèrent les revenus nécessaires à son entretien; puis, ayant institué un patriarche dans la cathédrale du Prince des apôtres, aspi-

[1] Jérém., ch. 32, v. 21.

rant tous unanimement à l'accomplissement de leurs vœux, brûlans de zèle et d'impatience, ils dirigèrent leur marche vers le pays de Jérusalem, suivant une route pleine de fatigues et de périls, à travers d'étroits défilés et au milieu des embûches des ennemis.

Lorsque l'armée dévouée à Dieu, également invincible aux fatigues et à la mort, après avoir traversé les contrées qui l'en séparaient, eut gravi les montagnes de Jérusalem et fut arrivée devant la cité sainte, elle dressa ses tentes, et, établissant son camp selon les règles de l'art militaire, elle entreprit de l'assiéger et l'investit de toutes parts. Ayant construit des pierriers et d'autres instrumens de guerre et dressé des échelles contre les murailles, les Chrétiens firent dès le principe de grands efforts, qui d'abord amenèrent peu de résultats. Les uns parmi les nôtres furent grièvement blessés par les flèches qui tombaient sur eux en une grêle épaisse; d'autres furent tués par les blocs de pierre qu'on leur lançait; les machines en bois furent en grande partie brûlées par les feux que jetaient les assiégés, résistant vigoureusement du haut des remparts; et martyrs de Dieu, les croisés eurent ainsi à souffrir toutes sortes de dommages. Enfin, mettant toujours toute leur confiance dans le Seigneur et invoquant les secours d'en-haut, un vendredi, qui est plus spécialement le jour du Crucifié, le cœur brûlant d'ardeur, fortifiés par le signe de la croix, et tout prêts à mourir pour celui qui était mort pour eux en un jour semblable, vaillans champions de Dieu, portant leurs échelles vers les murailles, s'avançant à travers une grêle de flèches, de dards, de pierres et d'énormes rochers, s'élançant sur les remparts au milieu des glaives, des lances et des feux, et mettant à mort, par l'effet du juste jugement de Dieu, presque tous les Sarrasins qu'ils trouvèrent dans la ville, ils reprirent, avec le secours du ciel, cette cité si long-temps occupée par les impies, et délivrèrent de ses ennemis l'héritage du Christ et des Chrétiens, l'an du Verbe incarné 1099.

[1099] Les Syriens et les autres fidèles, affranchis dès lors du joug d'une intolérable servitude, levant les bras au ciel et versant des larmes dans l'excès de leur joie, rendirent grâces à Dieu et à Pierre l'Ermite, ce saint homme qui, sur leurs prières, avait accepté le premier la mission de travailler à leur délivrance; et se portant à leur rencontre avec des cierges et des croix, ils conduisirent Pierre, ainsi que toute l'armée, devant le sépulcre du Seigneur, en chantant des hymnes et des cantiques sacrés. Après que nos princes et le peuple tout entier eurent rendu d'infinies actions de grâces au Dieu tout-puissant qui avait fait prospérer leur entreprise, et visité en toute dévotion les autres lieux saints, en faisant des prières et présentant des offrandes, ils instituèrent un patriarche latin, organisèrent tant le clergé que les églises, et élurent à l'unanimité pour seigneur de la cité sainte, Godefroi, seigneur de Bouillon, chevalier rempli de valeur, également agréable devant Dieu et devant les hommes. Mais celui-ci, quoiqu'il se fût chargé du gouvernement de la ville sur les instantes prières de ses frères, pénétré de respect pour le Seigneur et d'humilité de cœur, ne voulut point être appelé roi, ni porter la couronne d'or, aux lieux où Notre-Seigneur avait été couronné d'épines pour notre rédemption et pour le salut du monde.

Après la délivrance de la cité sainte, beaucoup d'entre les nôtres ayant obtenu l'objet de leurs vœux et l'accomplissement de leurs désirs, retournèrent avec joie dans leur patrie. D'autres, au contraire, hommes magnifiques et d'un grand courage, réfléchirent dans leur sagesse qu'ils ne pourraient conserver la ville qu'en agrandissant son territoire et en repoussant plus loin les ennemis trop rapprochés; voulant donc assurer la consommation de leur offrande, et, selon le précepte du Seigneur, « présenter dans « leur sacrifice, non seulement la tête, mais aussi la « queue [1], » ils aimèrent mieux demeurer exposés aux plus grands périls qu'abandonner la cité. Ils étaient cependant en nombre infiniment petit, comparés aux nations qui les environnaient et à la multitude des infidèles qui les enveloppaient de tous côtés. A l'orient, ils avaient les Arabes, les Moabites et les Ammonites; au midi, les Iduméens, les Égyptiens et les Philistins; à l'occident, les villes maritimes de Ptolémaïs ou Accon, de Tyr et Tripoli, et beaucoup d'autres, jusqu'à Antioche; au nord, Tibériade, Césarée de Philippe, le pays dit Décapolis, et Damas. Toutefois, ils aimèrent mieux s'exposer à la mort pour le Christ, que « mettre « la main à la charrue, regarder en arrière [2], » et laisser leur œuvre imparfaite. Et de même que les saints animaux « marchaient chacun devant soi [3] », se portant toujours en avant et sans se retourner, de même les croisés croyaient que rien n'était fait, tant qu'il restait encore quelque chose à faire; le Seigneur

---

[1] Lévit., ch. 3, v. 9. — [2] Évang. selon saint Luc, ch. 9, v. 62. — [3] Ézéch., ch. 1, v. 12.

était avec eux, les consolant et les fortifiant, lançant de tous côtés sur les infidèles l'aiguillon de la crainte et de la frayeur, en sorte que parmi les fidèles « un seul en poursuivait mille et que deux hommes « en mettaient dix mille en fuite [1]. » Aussi, mettant toutes leurs espérances, non dans leur force ni dans leur nombre, mais dans la seule protection de Dieu, portant toujours avec eux dans les combats la bannière de la croix de salut, tantôt mettant en fuite leurs ennemis, tantôt les massacrant ou les jetant dans les prisons, ils soumirent au Christ les villes les mieux fortifiées, les châteaux les plus inexpugnables, arrachant ainsi la Terre-Sainte aux mains des impies, avec autant de succès que de valeur.

L'une de leurs premières expéditions fut dirigée contre la ville de Joppé, située sur les bords de la mer; ils l'investirent de toutes parts, l'attaquèrent vigoureusement et s'en rendirent maîtres, principalement afin d'avoir un port, dans lequel ceux qui viendraient, des pays situés au-delà des mers, porter des secours à l'armée chrétienne pussent établir leurs navires en sûreté. Dans la première année de la prise de Jérusalem, et toujours sous la conduite du vaillant duc Godefroi, les nôtres s'emparèrent également de Ramla, appelée Ramatha par quelques-uns, située dans la plaine, ville anciennement noble, très-peuplée, entourée d'une forte muraille et garnie de tours très-élevées; ils prirent en outre Caïphe, autrement nommée Porphyris, située sur les bords de la mer, au sud de la première ligne du Mont-Carmel et à quatre milles d'Accon environ; et enfin Tibériade, ville située en Gali-

[1] Deut., ch. 32. v. 30.

lée, sur les bords de l'étang de Gennésareth, qui s'appelle aussi du nom de cette ville, mer de Tibériade, et que l'on nomme plus communément mer de Galilée.

Vers la fin de la même année, le duc Godefroi « étant entré lui-même dans la voie de toute chair[1], » son frère Baudouin, chevalier très-vaillant dans les armes, exercé aux combats dès les premières années de sa vie, fut élu seigneur et reçut l'onction royale du consentement unanime des fidèles. Homme de guerre rempli de prévoyance et de sollicitude dans la conduite de ses affaires, Baudouin, cherchant avec un zèle extrême à reculer les limites de son petit royaume, et s'appuyant sur le secours des Génois, qui vinrent avec leur flotte aborder au port de Joppé, vers le commencement du printemps, alla attaquer la ville maritime d'Assur, autrement appelée Antipatris, du nom d'Antipater, père d'Hérode, située entre Joppé et Césarée, dans un lieu agréable, couvert d'épaisses forêts et riche de beaux pâturages.

Après cela Baudouin, toujours assisté par les Génois, alla s'emparer de Césarée de Palestine, après l'avoir investie et attaquée par terre et par mer. Cette ville de Césarée était appelée la tour de Straton, avant qu'Hérode qui fit « mettre à mort les enfans[2], » l'eût agrandie en l'honneur de César. Quoique située sur les bords de la mer, elle n'a point de port qui offre quelque commodité, mais on y trouve en grande abondance des jardins, des pâturages et des eaux courantes. Elle est métropole de la seconde Palestine. Ce fut encore dans cette même ville que le bienheureux

[1] Josué, ch. 23, v. 14. — [2] Évang. selon saint Matth., ch. 2, v. 16.

Paul fut long-temps détenu en prison, avant de se rendre à Rome pour y suivre son appel [1].

Après avoir pris Césarée, le roi rassembla toute l'armée, depuis le plus petit jusqu'au plus grand, et alla assiéger la ville d'Accon, qui devait être d'une grande commodité pour recevoir les pélerins et dont le port offrait aux navires une très-bonne station. Les Génois l'assiégèrent du côté de la mer avec soixante-dix galères, et du côté de la terre les nôtres la pressèrent constamment et sans relâche. Au bout de vingt jours, les citoyens, ne pouvant soutenir plus long-temps le choc des assaillans et leurs fréquentes attaques, remirent leur ville entre les mains du roi, sous la condition qu'il leur serait permis d'en sortir avec leurs effets. Cette ville porte un double nom, et s'appelle Ptolémaïs ou Accon, parce qu'elle fut, dit-on, fondée par deux frères, l'un appelé Ptolémée, et l'autre Accon, qui lui imposèrent chacun son nom. Elle est située dans la province de Phénicie, ayant Tyr pour métropole, assez agréablement placée, entre la mer et les montagnes, et arrosée par le fleuve Bélus; on trouve aux environs, des jardins, des vignes, des casals, et de la terre labourable en suffisance.

De là, Baudouin, s'étant adjoint un noble homme, Bertrand, comte de Tripoli, alla investir la ville de Béryte, par terre et par mer. Au bout de deux mois de siége, les nôtres, poussant leurs tours de bois contre les remparts et dressant leurs écnelles devant les murailles, entrèrent dans la ville de vive force, mirent à mort un grand nombre de citoyens, chargèrent les autres de chaînes et les réduisirent en captivité. Béryte est une

---

[1] Actes des Apôt., ch. 23 et 27.

ville maritime, située entre Sidon et Biblios dans la province de Phénicie, ayant Tyr pour métropole. Son territoire est fertile et agréable ; on y trouve des arbres à fruits, des forêts et des vignes. Ce fut dans cette ville qu'on vit jadis couler du sang en abondance du bois du crucifix, que les Juifs avaient percé avec la lance et les clous, pour faire affront au Christ. Ayant vu ce miracle, tous les Juifs qui étaient dans la ville reçurent la grâce du baptême.

L'année même de la prise de la ville de Béryte, le seigneur roi ne s'engourdit point dans l'oisiveté, et « n'ayant pas reçu en vain la grâce de Dieu [1] », il soumit la ville de Sidon à sa domination, d'une main forte et d'un bras étendu ; les citoyens ne pouvant lui résister, il les força à lui rendre leur place. Sidon est située sur les bords de la mer, dans la province de Phénicie, entre Tyr, sa métropole, et Béryte. On y trouve des arbres à fruits, des vignes, des forêts et des champs produisant, à la très-grande commodité des habitans, de bons pâturages et des grains. Le Seigneur Jésus daigna visiter de sa personne le territoire de cette ville, ainsi qu'on le voit dans l'Évangile : « Jésus, partant de là, se retira aux quartiers « de Tyr et de Sidon [2]. » Dans le troisième livre des Rois, Salomon dit à Hiram : « Vous savez que nous « n'avons personne parmi nous qui sache couper le « bois comme les Sidoniens [3]. »

Ayant ainsi reculé les limites de son royaume du côté de l'occident, le roi desirant en outre agrandir l'empire des Chrétiens vers l'orient et au-delà du Jour-

---

[1] IIe Ép. de saint Paul aux Corinth., ch. 6, v. 1. — [2] Évang. selon saint Matth., ch. 15, v. 21. — [3] Rois, liv. III, ch. 5, v. 6.

dain, construisit dans la troisième Arabie, appelée la Syrie de Sobal, et sur le sommet d'une colline, un château très-fort, auquel il donna le nom de Mont-Réal, pour indiquer son origine royale. Le territoire qui l'environne produit en abondance du grain, du vin et de l'huile; l'air y est très-sain, la position agréable, et le château domine et commande tout le pays à l'entour, jusques au territoire des Moabites.

La même année, le roi Baudouin, dont la mémoire sera à jamais en bénédiction, entra dans la voie de toute chair, après avoir fondé, entre Ptolémaïs et Tyr, un autre château fort, vulgairement appelé *Scandalion*, en un lieu pourvu de sources abondantes et à cinq milles de distance de Tyr. Il fut enseveli avec honneur, et ainsi qu'il convient à la magnificence royale, au dessous du Calvaire et sur l'emplacement appelé Golgotha. Il eut pour successeur un homme noble et vaillant, bien exercé au service de chevalier, religieux et craignant Dieu, Baudouin du Bourg, né dans le royaume de France, et de plus son proche parent.

Il serait trop long et trop au dessus de ma faible capacité de raconter en détail la puissance et la splendeur, l'élégance et la bravoure que déployèrent le susdit roi et les autres chevaliers du Christ, qui, nouveaux Machabées, consacrèrent leurs bras au Seigneur, travaillèrent à agrandir leur royaume et à reculer les frontières des pays chrétiens, en combattant contre les ennemis et s'emparant des villes et d'autres points fortifiés. L'Église entière des saints racontera jusqu'à la fin des siècles leurs combats et leurs triomphes. Au milieu de cette masse de faits, je dirai en peu de mots et d'une manière générale, qu'aidés de la puissance de Dieu, ils soumirent à l'Église du Christ quatre belles principautés, trop long-temps retenues par la race perfide des païens.

La première de ces principautés est le comté d'Édesse, dans le pays des Mèdes. Il commence à une forêt appelée Marith, se prolonge vers l'orient au delà du fleuve de l'Euphrate, et contient un grand nombre de villes, châteaux, et autres points fortifiés.

Édesse, ville noble, métropole de la Médie, fut unanimement appelée Ragès, ainsi qu'on le voit dans Tobie [1], et maintenant on la nomme vulgairement Roha. Ce fut là que Tobie envoya son fils auprès de Gabel, le faisant partir de la ville de Ninive, aujourd'hui appelée Mossoul, et communément Mossé. Le bienheureux Thaddée l'apôtre convertit la ville d'Édesse à la foi du Christ par la vertu de sa prédication divine et de ses miracles; et l'on dit que ce saint apôtre y est enseveli. Les histoires anciennes et l'histoire ecclésiastique rapportent que le roi Abgar régnait dans cette ville au temps de la venue du Christ. Ce roi ayant appris et admiré les œuvres admirables du Christ et les miracles inouis que Jésus faisait en Judée, lui envoya une lettre, et Notre-Seigneur daigna lui répondre. Le seigneur Baudouin, frère du duc Godefroi, posséda cette ville antique autant que belle, avant d'être appelé à gouverner le royaume de Jérusalem; et lui, et ses successeurs après lui expulsèrent du pays les Sarrasins, et soumirent après à leur domination tout le comté d'Édesse. Cette pro-

[1] Tob., ch. 4, v. 21.

vince est d'une grande richesse par ses forêts, ses pâturages et les fleuves qui l'arrosent. Elle est appelée plus spécialement Mésopotamie, parce qu'elle se trouve située entre deux fleuves, du mot grec *mesos*, qui veut dire milieu, et *potamos*, qui signifie fleuve. Là, se trouve cette ville de Carrhes, dans laquelle habitait Abraham lorsqu'il sortit de la Chaldée, et avant d'entrer dans la terre de promission [1]. Le comté d'Édesse avait trois archevêques, qui relevaient du patriarche d'Antioche, savoir, l'archevêque d'Édesse, celui de Hiérapolis et celui de Corice.

La seconde principauté est celle d'Antioche, qui a pour métropole la ville de ce nom. Elle commence, du côté de l'occident, à Tarse, ville de Cilicie, dont le bienheureux Paul l'apôtre était originaire [2], et finit, du côté de l'orient, au ruisseau qui coule entre Valenia, sous le château de Margat et Méraclée, toutes deux villes maritimes. La ville d'Antioche fut appelée dans l'antiquité Reblata; et l'on voit dans le quatrième livre des Rois que Sédécias, roi de Jérusalem, fut conduit devant le roi de Babylone Nabuchodonosor à Reblata [3], et que celui-ci lui fit crever les yeux, après avoir fait tuer tous ses fils en sa présence. Plus tard, elle reçut le nom d'Antioche, du roi Antiochus qui l'agrandit merveilleusement, et la fit reine et capitale de toutes les provinces que contient l'Orient. Après qu'elle se fut convertie au Seigneur par la prédication et les miracles du bienheureux Pierre, prince des apôtres, qui y fonda la première cathédrale, elle fut appelée Théophilis, du

---

[1] Hartan dans la Genèse, ch. 12, v. 4 et 5. — [2] Actes des Apôtres, ch. 22, v. 3. — [3] Rebla dans la Bible. Rois, liv. IV, ch. 25, v. 6 et 7.

nom de Théophile, homme noble et très-puissant dans cette ville, qui plus tard même en devint le septième évêque, afin que celle qui avait d'abord porté le nom d'un roi profane, reçût un nouveau nom d'un homme saint et religieux. Ce Théophile était celui auquel le bienheureux évangéliste Luc, qui était originaire de la même ville, adressa les Actes des Apôtres. C'est encore dans cette ville, que le saint nom que la bouche du Seigneur avait prononcé fut pour la première fois donné aux serviteurs du Christ, afin que ceux qui avaient été d'abord nommés Galiléens et disciples, fussent désormais appelés Chrétiens, du nom du Christ. Le patriarche de cette ville a sous sa juridiction vingt provinces, dont quatorze ont chacune un métropolitain avec des évêques suffragans. Les six autres sont sous l'autorité de deux primats, que l'on appelle *catholiques*, dont l'un est celui d'Hirénopolis ou Bagdad, qui fut anciennement appelée Babylone; l'autre, celui d'Anien, est appelé le primat de Perse. Antioche est située dans la province dite Cœlesyrie, dans une position très-agréable, au milieu des montagnes et des fleuves; elle a des champs fertiles et un sol d'une grande fécondité; les fleuves et les sources qui l'environnent ajoutent encore à la beauté du pays; et il y a dans le voisinage un lac extrêmement poissonneux. Elle est située à dix ou douze milles de la mer, et possède à l'embouchure du fleuve Oronte un port appelé le port de Saint-Siméon. Elle est bornée du côté du nord par une montagne vulgairement nommée *la montagne Noire*, sur laquelle habitent beaucoup d'ermites de races et de nations diverses, et où l'on trouve plusieurs couvens de moines, tant grecs que latins. Comme elle est toute couverte de sources et de petits ruisseaux, on l'a nommée *Neros*, parce que ce mot en grec veut dire eau; et les hommes simples et les laïques l'ont traduit par *noire* en langue vulgaire.

La troisième principauté est le comté de Tripoli, qui commence au ruisseau dont j'ai déjà parlé, situé sous le château de Margat, et finit au ruisseau qui coule entre Biblios et Béryte, toutes deux villes maritimes. Tripoli, ville noble et opulente, située sur les bords de la mer, dans la province dite Syrie de Phénicie, est dans une position aussi commode qu'agréable. Arrosée de beaucoup de sources et de ruisseaux, elle est entourée de champs qui produisent du grain, de vergers couverts d'arbres à fruits, de pâturages toujours verts; et le voisinage de la chaîne du Liban et des collines qui se rattachent à ses montagnes lui offre toutes sortes d'avantages. Au pied du mont Liban, et de ce même côté, une source très-belle fournit des eaux très-limpides qui, conduites rapidement depuis le Liban à travers des canaux souterrains, viennent arroser abondamment tous les jardins de la contrée. C'est, dit-on, cette fontaine des jardins dont Salomon fait mention dans les Cantiques [1]. Non loin de la ville, et au milieu même de la mer, on voit des sources d'une eau très-douce sourdre en abondance du milieu des eaux salées et très-amères. On trouve aussi dans ce même pays des vignes où l'on vendange deux fois par an. Le comte Raimond de Toulouse, homme recommandable en toutes choses, chevalier vaillant et dévoué à Dieu, investit cette

[1] Cant. des cant., ch. 4, v. 15.

belle ville après la prise de Jérusalem, et l'assiégea
long-temps. Afin de pouvoir l'attaquer plus facilement, il construisit dans les environs un château, que
l'on appelle encore aujourd'hui le château Pélerin ou
des Pélerins, parce qu'il fut fait par les pélerins.
Après la mort de Raimond, son fils Bertrand continua le siége; et sept ans après les premières attaques,
les habitans se rendirent enfin à lui : alors Bertrand
s'étant fait homme-lige du roi de Jérusalem, qui assista à la prise de Tripoli, la reçut de lui, et en
devint seigneur.

La quatrième principauté est celle du royaume de
Jérusalem, qui commence au ruisseau dont j'ai parlé
ci-dessus, lequel coule entre les villes de Biblios et
de Béryte, et finit au désert qui fait face à l'Égypte,
au delà du château de Daroun. Les croisés conquirent pour le Christ le royaume de Jérusalem avec de
grandes fatigues et par l'effusion de beaucoup de
sang; ces hommes vaillans et amis de Dieu, « affermissant leurs bras pour les choses fortes[1], » le recouvrèrent en entier; et « depuis Dan jusqu'à Bersabée[2], »
ils expulsèrent les ennemis de la foi du Christ, et les
rejetèrent hors de la Terre-Sainte.

Dan, ville très-antique, située sur les limites de
la terre de promission du côté du septentrion et au
pied du mont Liban, est séparée de Damas par cette
chaîne de montagnes. Son nom antique était Lesen.
Lorsque les enfans de Dan s'en furent emparés, ils la
nommèrent Lesen-Dan, et plus habituellement Dan
tout court. Dans la suite, Philippe le Tétrarque, fils
d'Hérode l'Ancien, l'agrandit, et la nomma Césarée

---

[1] Prov., ch. 31. — [2] Rois, liv. II, ch. 17, v. 11.

de Philippe, en l'honneur de Tibère César. Elle est appelée aussi Panéade, et en langue vulgaire Bélinas. La forêt qui avoisine la ville est également appelée Panéade; anciennement, cette forêt, aussi bien que toute une autre forêt attenant au mont Liban, était appelée la *forêt du Liban.*

La ville de Bersabée se trouve à l'extrémité de la Terre-Sainte, du côté du midi. Elle est située dans cette partie de la Judée qui échut en partage à la tribu de Siméon, au pied des montagnes, au commencement de la plaine, entre les montagnes et la ville d'Ascalon, et à dix milles environ de celle-ci. Elle est appelée dans la Genèse le *Puits de l'Alliance,* ou l'*Alliance du Puits* [1], parce que Abraham creusa un puits en ce même lieu, en témoignage de l'alliance qu'il avait conclue avec le roi Abimélech. On l'appelle aussi le *septième Puits,* et aujourd'hui on la nomme vulgairement Gibelin.

C'est une œuvre infiniment difficile, et qui surpasse beaucoup mes forces, que de suivre et de raconter en détail les progrès des armes des Chrétiens et les moyens par lesquels ces glorieux chevaliers du Christ, « dont la mémoire est en bénédiction [2], » parvinrent, avec l'assistance du Seigneur, à reculer les limites de leur empire. En effet, les chevaliers du Christ, bien justement nommés Chrétiens, revêtus de la puissance d'en-haut, combattant pendant long-temps et sous divers rois contre les Sarrasins, ont soumis à leur domination toutes les villes et les places fortes qui s'étendent depuis celle de Belbéis, autrement nommée Péluse, et située dans le désert, sur

---

[1] Genèse, ch. 21. — [2] Ecclésiastique, ch. 45, v. 1.

les frontières de l'Égypte, jusqu'à Édesse et Carrhes, et aux limites du comté d'Edesse, au-delà du fleuve de l'Euphrate, dans le pays de Mésopotamie. Un grand nombre d'entre eux, couronnés d'un bienheureux martyre, agrandirent considérablement le royaume de Jérusalem et le territoire occupé par les Chrétiens en versant leur propre sang. Après qu'ils eurent dans l'intérieur des terres soumis à leur juridiction un grand nombre de villes et de bourgs et beaucoup de forteresses, du côté de la mer ils ne laissèrent sans les subjuguer aucune ville, aucune place forte depuis la ville dite Pharamie, et qui est située sur les confins de l'Égypte et du royaume de Jérusalem, jusqu'à Laodicée de Syrie.

Pharamie, ville très-antique, est située sur les bords de la mer, non loin de l'embouchure du Nil, et à l'entrée de l'Égypte. Le premier roi latin de Jérusalem, Baudouin, y ayant pénétré de vive force, s'en empara dans sa puissance, y fit beaucoup de prisonniers, et y enleva pour lui et pour ses compagnons d'armes un butin considérable.

Après Pharamie, vient une autre ville antique, située près de la mer, dans le désert, et que l'on nomme Laris. Au-delà, on trouve Belbéis, que les prophètes appellent Péluse, et qui est placée à cinq stades du rivage de la mer. Les villes dont je viens de parler, situées au-delà des frontières du royaume de Jérusalem, du côté de l'Égypte, c'est-à-dire plus loin que la dernière forteresse de ce même royaume, laquelle est appelée Daroun, furent également conquises par les nôtres, et soumises à leur empire.

Daroun est une forteresse ou place, située sur les

confins de l'Idumée et de la Palestine, à cinq stades de la mer. Le roi de Jérusalem Amauri fit construire sur une position assez élevée cette forteresse, qui est bâtie en forme circulaire, avec quatre tours formant quatre angles : sur ce même emplacement, avait existé jadis un couvent de Grecs, d'où la nouvelle forteresse a aussi tiré son nom antique de Daroun, qui veut dire *maison des Grecs*.

Après Daroun, et à quatre stades de distance, on trouve Gaza, ville très-antique, qui fut anciennement l'une des cinq villes des Philistins. Elle était toute détruite, et n'avait plus d'habitans, lorsque le quatrième roi de Jérusalem, Baudouin, la fit rétablir sur une portion de la colline un peu élevée, au dessus de l'emplacement qu'avait occupé l'ancienne ville ; il y construisit aussi une forteresse ; et après avoir complétement terminé ces travaux, il la donna aux frères chevaliers du Temple, pour être par eux possédée à perpétuité, gardée et défendue contre nos ennemis. Daroun est située à dix milles d'Ascalon, qui fut aussi l'une des cinq villes des Philistins. Celle-ci, placée sur le bord de la mer, est bâtie en forme d'un arc ou d'un demi-cercle, dont la corde s'étend le long du rivage, et dont la circonférence se développe du côté de la terre, en faisant face à l'orient. De toutes les villes qui forment le royaume de Jérusalem, celle-ci est la dernière que les Sarrasins aient retenue. Le roi dont je viens de parler parvint enfin à la soumettre, non sans beaucoup de fatigues et de grandes difficultés, et après l'avoir long-temps assiégée. Elle était défendue par des murailles et des ouvrages avancés, un grand nombre de tours et de très-fortes chaussées, et remplie d'armes, de vivres, et d'une nombreuse armée de combattans. Enfin le roi força les Ascalonites à se rendre à lui, en leur laissant la vie sauve et tous leurs effets.

Entre Ascalon et Joppé, on trouve Azot, située à dix milles de la première, et qui fut aussi dans les temps anciens l'une des cinq villes des Philistins. Elle est à peu de distance de la mer, mais elle n'est plus maintenant que de la dimension d'un bourg de moyenne grandeur. La quatrième ville des Philistins, Geth, était située sur une petite colline, non loin de Lidda et de Ramla. Elle était depuis long-temps détruite, lorsque Foulques, troisième roi de Jérusalem, employa ses pierres pour faire construire sur la même colline une forteresse nommée Ibelin, dont il confia la garde à un homme noble qui s'appelait Balian. Depuis lors, et aujourd'hui encore, ses successeurs ont pris le nom de ce lieu, et se sont appelés d'Ibelin. Cette place, et quelques autres, savoir Bersabée ou Gibelin, et *Blanche-Vue*, vulgairement appelée *Blanche-Garde*, et située à huit milles d'Ascalon, furent bâties par les nôtres avant qu'ils fussent parvenus à se rendre maîtres de cette dernière ville; et ils les fondèrent afin de rabattre l'orgueil des Ascalonites, et de réprimer leurs insolences et leurs violentes irruptions dans notre royaume. La cinquième ville des Philistins, appelée Accaron, est située près de la mer, et non loin d'Azot.

A la suite des cinq villes des Philistins que je viens de décrire, et dans lesquelles, comme on le voit dans le premier livre des Rois, les Philistins transportèrent successivement l'arche du Seigneur, à cause de la plaie des hémorroïdes, dont ils étaient frappés [1], on trouve des villes maritimes et d'autres forteresses, savoir Joppé, Assur, Césarée de Palestine, qui est autre que la Césarée dite de Philippe, ou Dan. Après celles-là, vient *Pierre-Encise,* ou *Détroit,* entre Dora et Capharnaüm, qui n'est pas la même qu'une autre également appelée Capharnaüm, laquelle est située auprès de la mer de Galilée, et fut celle où le Seigneur enseigna et fit beaucoup de miracles. Viennent ensuite Caïphe ou Porphyrie, et Accon ou Ptolémaïs. J'ai déjà parlé suffisamment et plus haut de toutes ces villes.

Au-delà, on trouve Tyr, ville belle et très-célèbre, située dans le cœur de la mer, dont les flots l'enveloppent presque de tous côtés, et qui possède un port entouré de murailles, dans lequel les vaisseaux trouvent une station aussi sûre que commode. Métropole et capitale de toute la province de Phénicie, garnie de murailles, d'ouvrages avancés et de tours élevées, ayant des poissons en grande abondance, Tyr est arrosée d'une grande quantité de sources et de ruisseaux d'eau douce; son territoire est fertile et agréable, et l'on y trouve des vignes, des jardins, des arbres à fruits, et des champs qui produisent beaucoup de grains. On voit dans sa banlieue, et sur une petite éminence, une fontaine ou puits, auprès duquel le Seigneur se reposa, dit-on, fatigué de sa marche, lorsqu'il traversait les quartiers de Sidon et de Tyr; cette source fournit des eaux très-limpides et qui jaillissent de terre en si grande abondance qu'elles suffisent pour arroser les vergers, les jardins potagers et

---

[1] Rois, liv. i, ch. 5.

toute la contrée. Salomon, dans ses Cantiques, l'appelle le *puits des eaux vivantes* [1]. En dehors de la ville, et le long des murailles, est une pierre qui est demeurée en grand honneur et respect auprès des indigènes aussi bien que des pélerins, parce qu'on dit que le Seigneur s'assit sur cette pierre, et donna de là ses instructions à la foule qui accourait auprès de lui, ne voulant pas entrer dans une ville habitée par les Gentils.

On dit que cette ville, extrêmement ancienne, fut fondée, après le déluge, par Tyras, fils de Japhet [2], fils de Noé, de qui elle reçut le nom de Tyr. Elle s'appelle en hébreu *Sor*, et nous la nommons vulgairement *Sur*. Combien furent grandes ses dignités, sa prééminence et sa gloire, c'est ce qui nous est manifesté dans les Écritures, par Ézéchiel, qui, s'adressant à cette ville, dit entre autres choses : « Vous « avez dit en vous-même : Je suis une ville d'une « beauté parfaite et placée au milieu de la mer [3]. » Isaïe a dit aussi : « Qui a formé ce dessein contre Tyr, « qui donnait des couronnes de gloire à ses citoyens, « dont les marchands étaient des princes, dont les « trafiquans étaient des personnes illustres sur la « terre.[4] » ? sans parler de beaucoup d'autres choses encore que le prophète raconte de ses richesses, de son excellence et de son commerce. Agénor fut roi de cette ville, et son fils Phénix donna son nom à toute la contrée. Didon, qui fonda en Afrique la ville de Carthage, aujourd'hui nommée Maroc, était également originaire de Tyr. Elle eut aussi pour roi cet Hiram, qui fournit à Salomon des cèdres du Liban,

---

[1] Cant. des cant., ch. 4, v. 15. — [2] Genèse, ch. 10, v. 2. — [3] Ézéch., ch. 27, v. 3. — [4] Isaïe, ch. 23, v. 8.

pour la construction du temple du Seigneur [1], et dont le serviteur Abdime devinait avec une merveilleuse sagacité d'esprit toutes les paraboles et les énigmes obscures que Salomon envoyait à résoudre au roi Hiram, sous la condition que, s'il ne les devinait pas, ce dernier paierait une forte somme à Salomon. De son côté, et par le conseil d'Abdime, Hiram envoya aussi à Salomon des problèmes à résoudre, sous peine de payer, s'il ne le pouvait, une certaine amende en argent. Quelques personnes pensent que cet Abdime était le même que ce Marcolfe [2], qui répondait aussi à Salomon avec une égale présence d'esprit. Apollonius, dont les faits ont été proclamés au loin dans toutes les histoires profanes, était également roi de Tyr. Le corps d'Origène fut enseveli dans cette ville, témoin le bienheureux Jérôme, qui dit dans la lettre qu'il écrit à Pammaque et à Occéarone : « Il y a « maintenant environ cent cinquante ans qu'Origène « est mort à Tyr. » On dit encore qu'elle était née à Tyr cette femme Chananéenne qui alla supplier notre Seigneur Jésus-Christ pour sa fille tourmentée par le démon [3], conformément à cette prophétie de David : « Les filles de Tyr viendront avec des présens sollici-« ter vos regards [4]. » Ulpien, très-savant en droit, était né aussi à Tyr. Les Tyriens furent, à ce qu'on dit, les premiers qui inventèrent les figures des lettres, et nous lisons dans Lucain :

> Phœnices primi, famæ si creditur, ausi
> Mansuram rudibus vocem signare figuris [5].

[1] Rois, liv. III, ch. 5. — [2] Guill. de Tyr, tom. II, p. 251. — [3] Évang. selon saint Matth., ch. 15, v. 18. — [4] David, ps. 44.
[5] Les Phéniciens, si nous en croyons la renommée, furent les pre-

On dit encore que les Tyriens furent aussi les premiers à teindre en pourpre, avec un coquillage ; aussi la pourpre la plus belle s'appelle-t-elle encore aujourd'hui pourpre de Tyr.

Le premier roi de Jérusalem, Baudouin, assiégea pendant quatre mois de suite cette ville belle et si bien fortifiée. Mais, voyant que les Tyriens résistaient vigoureusement, que son entreprise n'avançait pas et qu'il s'épuisait en vains efforts et en dépenses excessives, il leva le siége et se retira, résolu à revenir l'attaquer en un temps plus opportun et avec un plus grand déploiement de forces. Cependant, afin de pouvoir serrer de plus près et harceler plus constamment les Tyriens, Baudouin releva sur le rivage de la mer un château situé entre les villes d'Accon et de Tyr, qu'Alexandre le Macédonien avait autrefois fait construire pendant qu'il assiégeait cette même ville et auquel il avait donné son nom : les nôtres l'appellent maintenant *Scandalion*. Ce lieu, où l'on trouve des sources abondantes, est situé à cinq milles de la ville de Tyr. En outre, un homme noble, Hugues de Saint-Aldémar, seigneur de Tibériade, fit construire, entre cette ville et celle de Tyr, sur des montagnes élevées qui dominent cette dernière et à une distance de dix milles, un château très-fort, qui fut appelé *Toron*, afin de pouvoir, de cette position voisine, serrer de plus près et harceler plus souvent les Tyriens, et se mettre, au besoin, à l'abri de leurs poursuites. Ce château est situé entre la mer et le mont Liban, à peu près à moitié chemin, dans une position

---

miers qui entreprirent de donner la durée à la parole par de grossières figures.

très-avantageuse, sur un terrain propre à l'agriculture et où l'on trouve des arbres et des vignes.

Plus tard, et tandis que le second roi de Jérusalem, Baudouin du Bourg, était, en punition des péchés des Chrétiens, retenu captif chez les Sarrasins, le seigneur patriarche de Jérusalem, les archevêques et évêques, les autres barons du royaume et le comte de Tripoli, allèrent de nouveau assiéger la ville de Tyr, de concert avec le duc des Vénitiens, qui attaqua la place du côté de la mer, avec la multitude de combattans dont il était suivi, et avec une flotte de quarante galères et beaucoup d'autres vaisseaux, grands et petits. Ils se donnèrent une peine infinie et répandirent beaucoup de sang pour attaquer la place durant long-temps, avec toutes sortes de machines et d'instrumens de guerre; enfin, le cinquième mois du siége, les citoyens, pressés par une famine intolérable, se virent forcés à se rendre et livrèrent la place aux nôtres, en obtenant la vie sauve et la conservation de leurs meubles. La ville de Tyr fut prise par les Chrétiens et restituée à la foi du Christ, l'an de l'Incarnation 1124.

A la suite de Tyr on trouve, près de la mer, la ville de Sarepta, à la porte de laquelle le prophète Élie parla à la femme veuve, qui ramassait des morceaux de bois et qui avait un peu de farine avec laquelle elle fit du pain pour l'homme de Dieu, en sorte que cette farine s'accrut considérablement [1]. Dans ce même lieu et à côté de la porte de la ville, les Chrétiens construisirent une petite chapelle. Après Sarepta viennent d'autres villes maritimes, d'abord Sidon, en-

[1] Rois, liv. III, ch. 17, v. 10 et suiv.

suite Béryte, et plus loin Biblios, aujourd'hui vulgairement appelée Gibelet, bâtie dans la province de Phénicie, sur le rivage de la mer, et qui fut jadis appelée Évée, ayant été fondée, dit-on, par Évée, sixième fils de Chanaan. On lit dans Ézéchiel, au sujet de cette ville : « Les vieillards de Gébla ou Biblos et « les plus habiles d'entre eux sont venus chez vous, « ô Tyr, pour réparer vos bâtimens [1]; » et l'on voit dans le troisième livre des Rois, que « les habitans « de Giblos taillèrent et préparèrent le bois et les « pierres nécessaires pour la construction du tem- « ple [2]. » Le comte de Tripoli, Bertrand, assisté des Génois qui avaient avec eux soixante-dix galères, s'empara de cette ville et la céda ensuite aux Génois.

Au-delà de Biblios et sur le bord de la mer, est située la ville de Botrum, vulgairement appelée Betiron. Plus loin, on trouve le château dit de Nephin et ensuite la ville de Tripoli. Après celle-ci vient la ville d'Archis, située environ à un mille de la mer. Au-delà, est la ville d'Arados, établie dans une île, auprès du rivage de la mer, et qui fut bâtie par Aradius, fils de Chanaan. C'est dans cette ville que le bienheureux Pierre l'apôtre trouva la mère du bienheureux Clément, qui mendiait, et l'ayant convertie à la foi, la rendit à son fils, ainsi que nous le lisons dans l'*Itinéraire de Clément*, qui parle aussi dans le même ouvrage de deux colonnes en verre dressées au milieu de cette île, avec une adresse inconcevable, et qui font l'admiration de tout le monde. Vis-à-vis d'Arados on voit la ville d'Antaʳados, ainsi nommée parce qu'elle a été établie en

---

[1] Ezéch., ch. 27, v. 9. — [2] Rois, liv. III, ch. 5, v. 18.

face de la première, et vulgairement désignée aujourd'hui sous le nom de Tortose. C'est là que le bienheureux Pierre, parcourant la Phénicie, lorsqu'il se rendait du pays de Jérusalem à Antioche, fonda une petite église en l'honneur de la bienheureuse vierge Marie et y célébra les divins mystères. Aujourd'hui encore cette église est en grande vénération dans le monde; les peuples la visitent avec empressement, parce que ce lieu lui ayant été consacré dès l'enfance de la primitive Église, la bienheureuse Vierge y fait beaucoup de miracles et donne de précieux secours aux malades et aux infirmes qui s'y rendent. Beaucoup de personnes disent que cette église est la plus ancienne de toutes celles qui sont consacrées à la bienheureuse Marie : elle est l'objet particulier du respect non seulement des Chrétiens, mais même des Sarrasins, qui y conduisent leurs enfans en grand nombre pour les faire baptiser, afin qu'ils vivent plus long-temps ou qu'ils recouvrent la santé du corps. Après la prise de la cité sainte, quelques hommes nobles passant en pélerinage dans ce pays pour se rendre à Jérusalem, savoir, les comtes de Poitou et de Blois et d'autres hommes illustres, enlevèrent la ville d'Antarados aux ennemis et la remirent entre les mains du comte de Tripoli. A la suite de cette ville on trouve plusieurs autres villes maritimes, savoir, Méraclée, Valenia, le château de Margat, Gabul, vulgairement appelée Gibel, et la dernière du côté d'Antioche, Laodicée de Syrie, vulgairement nommée Liché, distinguée entre toutes les autres par la beauté de son site et par toutes les richesses temporelles qui s'y trouvent en abondance. Un homme illustre et vaillant à la guerre, le seigneur Tancrède, qui s'était chargé du gouvernement de la principauté d'Antioche, le jour même qu'il s'empara de la noble ville d'Apamie, soumit également Laodicée de Syrie, et par là il enrichit et agrandit en un seul jour la principauté d'Antioche de deux très-belles villes. Il y a dans l'Asie mineure une autre Laodicée, que le bienheureux Jean désigne dans son Apocalypse parmi les sept villes de l'Asie [1]. Les nôtres s'emparèrent successivement et avec vigueur de toutes ces villes maritimes, et ne laissèrent pas aux Sarrasins un seul point fortifié sur les bords de la mer, en sorte que de ce côté les ennemis perdirent absolument toute leur puissance.

Dans l'intérieur des terres cependant il y eut quelques villes, et principalement celles qui sont situées au-delà de la chaîne du Liban, que les nôtres ne purent soumettre. Mais dévastant souvent leurs territoires et leurs faubourgs, et tendant sans cesse des embûches aux habitans pour arrêter leurs entreprises inquiétantes, ils les contraignirent à leur servir des tributs. La ville d'Émèse, aujourd'hui nommée Camela ou Chamelé, et quelques autres villes de Cœlésyrie, savoir : Héliopolis, autrement nommée Maubek, Hamah, et quelques autres encore, se trouvant plus rapprochées des nôtres, pouvaient être plus facilement inquiétées, et rachetaient à force d'argent la paix et la sécurité. D'autre part, le calife et le soudan d'Égypte, ne pouvant résister aux attaques impétueuses des nôtres, ni soutenir leurs irruptions à main armée dans leur royaume, payaient annuellement des tributs considérables au roi de Jérusalem,

---

[1] Apocalyps., ch. 1, v. 11.

6.

surtout lorsque les Égyptiens avaient à redouter en même temps l'inimitié du soudan de Damas. De son côté, le roi de Damas donnait aussi de grandes sommes d'argent aux nôtres, qui se trouvaient placés entre son pays et l'Égypte, pour en obtenir des trèves et acheter sa tranquillité.

Le second roi latin de Jérusalem, Baudouin du Bourg, ayant rassemblé toutes les forces de son royaume, alla mettre le siége devant la ville d'Alep. Mais les Sarrasins étant accourus en foule du pays de l'Orient au secours de cette place, le roi se trouva de beaucoup inférieur en forces, leva le siége, et se retira. Le quatrième roi de Jérusalem, Baudouin fils du roi Foulques, assiégea la ville de Damas avec l'empepeur des Romains Conrad et le roi des Français Louis, qui s'était croisé à la suite des prédications du saint abbé de Clairvaux, Bernard. Ils furent suivis dans cette expédition par le patriarche de Jérusalem, l'évêque de Porto, légat du Siége apostolique, et par un grand nombre d'archevêques et d'évêques, de ducs, de comtes et de barons, tant du royaume que de l'Empire.

Damas, ville très-antique, occupe presque le premier rang parmi toutes les villes de l'Orient par son immense population. Elle reçut son nom d'un serviteur d'Abraham, qui fut, dit-on, son fondateur. C'est la métropole de la petite Syrie, que l'on appelle Phénicie du Liban, et le prophète Isaïe la désigne en disant : « Damas, capitale de Syrie[1]. » Elle est située au milieu de la plaine, dans des champs qui seraient stériles et tout-à-fait secs, s'ils n'étaient arrosés par

[1] Isaïe, ch. 7, v. 8.

des eaux qui descendent des montagnes et sont conduites dans des canaux; ces eaux fertilisent ainsi toute la plaine et font prospérer une grande quantité d'arbres à fruits. Auprès de cette ville, et dans le lieu nommé aujourd'hui Mégissaphar, le Seigneur apparut à Saul lorsqu'il s'approchait de Damas, lui disant : « Saul, pourquoi me persécutes-tu [1]? »

Les princes que j'ai nommés ci-dessus s'établirent dans le voisinage de la ville avec une armée innombrable, l'assiégèrent d'un côté, détruisirent par le fer tous les vergers et s'emparèrent avec vigueur, et pour leur usage, du cours de la rivière qui coule le long des murailles de Damas. Les habitans de la ville ne comptant plus sur leurs forces, puisque déjà depuis long-temps ils n'avaient pu résister aux nôtres du côté des vergers, corrompirent, selon leur usage, quelques-uns des hommes du pays de Syrie qui avaient accompagné et dirigé par leurs conseils les princes pélerins; et aveuglés par leur cupidité, ceux-ci persuadèrent aux princes de transférer l'armée vers un autre côté de la ville. Ils abandonnèrent alors leur première position; les Sarrasins la reprirent et la fortifièrent, et bientôt l'armée manquant de vivres et d'eau, les princes reconnurent évidemment la malice de ceux auxquels ils s'étaient confiés, et détestant la foi ou plutôt la perfidie des Orientaux, s'en méfiant désormais, remplis de confusion et de crainte, travaillés de toutes sortes de maux et n'ayant obtenu aucun succès, ils s'en retournèrent dans leur pays.

Jean, l'empereur de Constantinople, suivi d'une

[1] Actes des Apôtres, ch. 9, v. 4.

multitude infinie de chevaliers, de chariots et de chevaux, alla, avec le prince d'Antioche et le comte d'Édesse, assiéger la ville de Césarée, située à peu de distance d'Antioche, et que l'on appelle aujourd'hui *Césarée la Grande*. Mais, indigné de voir le prince et le comte susdits négligens et paresseux dans cette expédition et ne voulant ni l'aider ni lui obéir, l'empereur reçut de l'argent des assiégés, leva le siége et se retira.

Le roi de Jérusalem, Baudouin IV, alla, à travers beaucoup de fatigues et de grands périls, pour s'emparer de la ville de Bostrum; mais, l'ayant trouvée beaucoup mieux fortifiée qu'il n'avait cru, et inexpugnable, il revint sur ses pas, et en revenant il eut beaucoup à souffrir de la part des Sarrasins, qui lui tuèrent un grand nombre des siens. Bostrum, ville très-antique, est métropole de la première Arabie; aujourd'hui on l'appelle vulgairement Bussereth et son territoire renferme la contrée de la Trachonite, dont le bienheureux Luc a dit dans son Évangile : « Philippe étant tétrarque de l'Iturée et de la pro-« vince de la Trachonite [1]. » Comme ce pays est presque entièrement dépourvu de sources et de ruisseaux, les habitans conduisent les eaux pluviales par des canaux souterrains appelés *trachones* et les recueillent dans des fosses. C'est ce qui a fait donner à ce pays le nom de *Trachonite*. Le peuple de cette contrée habite dans des grottes et des cavernes et fait sa résidence habituelle dans ces souterrains. Au-delà du pays dit Décapolite, dont l'extrémité se trouve entre la mer de Galilée et la ville de Sidon, et qui se pro-

---

[1] Évang. selon saint Luc, ch. 3, v. 1.

longe vers Damas après le territoire de Tibériade, on rencontre la contrée de l'Iturée, qui est située au-delà du territoire de Sidon et des montagnes, entre nous et les Sarrasins, et occupe la vallée dite de Bachar; et, comme l'Iturée s'étend jusqu'au pied du Liban, on l'appelle aussi la forêt du Liban. L'Iturée est voisine et limitrophe de la province de Trachonite.

Le roi Amauri, frère du roi Baudouin, dont je viens de parler, eût, dit-on, facilement soumis au christianisme et à la domination des Chrétiens la ville d'Égypte nommée le Caire, qu'il avait investie et assiégée, et même l'Égypte toute entière, si, cédant aux mauvais conseils d'un homme rempli de méchanceté, Milon de Planci, il n'eût reçu de l'argent des ennemis, et ne se fût retiré après avoir levé le siége. Le même roi avait assiégé auparavant la belle ville d'Alexandrie en Égypte, que Syracon et son neveu Saladin avaient enlevée au soudan d'Égypte; il força les habitans à lui livrer cette ville, et, conformément à sa convention avec le soudan égyptien, il la remit entre ses mains, après en avoir reçu les sommes d'argent que ce dernier lui avait promises. Dans la suite, le même roi, ayant reçu des secours de l'empereur de Constantinople, qui lui envoya une multitude innombrable de Grecs, avec une flotte immense composée de galères et de beaucoup d'autres vaisseaux, alla assiéger Damiette, autre ville d'Égypte, extrêmement bien fortifiée; mais après avoir beaucoup souffert de la faim, du froid et des pluies qui amenèrent des inondations extraordinaires, il se retira, non sans que son armée éprouvât de grandes pertes.

Ainsi les nôtres, n'ayant pu conquérir les villes

dont je viens de parler et plusieurs autres encore, et principalement les villes qui étaient situées dans l'intérieur des terres, et voulant défendre leurs frontières, construisirent à l'extrémité du territoire qu'ils occupaient, et par conséquent entre eux et leurs ennemis, des châteaux très-forts et entièrement inexpugnables, savoir, au-delà du Jourdain, Mont-Réal et la Pierre du désert, dont le nom moderne est *Crac*, et en deçà du Jourdain, Saphet et Belvoir, sans parler de beaucoup d'autres forteresses. Saphet, château très-fort, est situé entre Accon et la mer de Galilée, non loin des montagnes de Gelboé. Belvoir se trouve placé sur un point fort élevé, non loin du mont Thabor, à côté de la ville de Jezrael, qui fut jadis belle et très-peuplée, entre Scythopolis et Tibériade.

Pour plus de sécurité, le royaume de Jérusalem fut partagé entre divers princes et barons, chargés de le garder et défendre sous l'autorité du roi. Le roi lui-même se réserva la plus belle et meilleure part, savoir, la ville de Jérusalem, Naplouse, Accon et Tyr, et quelques autres places et casals. Les hommes-liges du royaume, savoir, le comte de Tripoli, le seigneur de Béryte, le seigneur de Sidon, le seigneur de Caïphe ou Porphyrie, le seigneur de Césarée, le prince de Galilée en outre seigneur de Tibériade, le comte de Joppé et d'Ascalon, le seigneur de Mont-Réal et de tout le territoire au-delà du Jourdain, le seigneur d'Assur, le seigneur d'Ibelin, s'engagèrent, par foi et serment, à servir le roi avec un certain nombre de chevaliers. Il y en eut encore quelques autres qui contractèrent les mêmes obligations, mais ceux que je viens de nommer se distinguaient entre tous par la prééminence de leur rang.

Dès ce moment, l'église d'Orient commença à reverdir et à fleurir; le culte de la religion se répandit dans les contrées orientales et la vigne du Seigneur poussa de nouveaux bourgeons. Par là on voyait s'accomplir en elle ce qui a été écrit dans le Cantique des cantiques : « L'hiver est déjà passé, les pluies se « sont dissipées et ont cessé; les fleurs paraissent sur « notre terre, le temps de tailler les arbres est venu [1]. » Des diverses parties du monde, de toutes les tribus et de toutes les langues, « de toutes les nations qui « sont sous le ciel [2] », des pèlerins dévoués à Dieu, des hommes religieux attirés par le parfum des lieux saints et vénérables, affluaient en foule vers la Terre-Sainte. Les églises antiques étaient restaurées, ou on en construisait de nouvelles; des couvens de religieux réguliers s'élevaient sur des emplacemens bien choisis, par les largesses des princes et les aumônes des fidèles; de tous côtés on plaçait des ministres des églises en nombre suffisant, et on disposait, selon les convenances, tout ce qui se rapporte au service et au culte divin. Des hommes saints, renonçant au siècle, entraînés par des sentimens et des desirs divers, et tous embrasés du zèle de la religion, choisissaient à leur gré les lieux les plus convenables pour l'accomplissement de leurs projets et pour leur vie de dévotion. Les uns, guidés particulièrement par l'exemple du Seigneur, préféraient ce désert tant desirable, dans lequel Notre-Seigneur, après son baptême, jeûna en solitaire pendant quarante jours [3], et qu'on appelle pour

---

[1] Cant. des cant., ch. 2, v. 11 et 12. — [2] Actes des Apôt., ch. 2, v. 5. — [3] Évang. selon saint Matth., ch. 4, v. 1 et 2

cela la *Quarantaine;* et voulant mener une vie d'ermites, ils combattaient en toute dévotion pour le Seigneur dans de modestes cellules. D'autres, à l'exemple et en imitation de cet homme saint et solitaire, le prophète Élie [1], vivaient solitaires sur le mont Carmel, et principalement dans cette portion de la montagne qui domine sur la ville de Porphyrie, aujourd'hui appelée Caïphe, auprès de la fontaine d'Élie, et non loin du monastère de la bienheureuse vierge Marguerite, habitant dans leurs roches de petites cellules, et tels que les abeilles du Seigneur, faisant du miel d'une douceur toute spirituelle. Il est un autre Carmel [2], situé au-delà du Jourdain, et auprès du désert, où David se cacha, fuyant de devant la face de Saül, et où était l'habitation de Nabal le Fou. Mais le mont Carmel où se retira le prophète Élie est situé près du rivage de la mer, et à quatre milles de distance de la ville d'Accon.

Un grand nombre d'autres, morts au monde afin de vivre en Dieu, se choisirent des sépulcres tranquilles dans les déserts du Jourdain, où le bienheureux Jean-Baptiste [3], fuyant la foule des hommes pour s'occuper de Dieu avec plus de liberté, se cacha dès les années de son enfance. Au milieu de cette solitude, le bienheureux Jean ne se nourrissait que de sauterelles et de miel sauvage [4]. Dans le pays de Syrie, c'est l'usage d'un grand nombre d'hommes, lorsque les sauterelles arrivent en foule, de les ramasser, et de les mettre en réserve pour en faire leur

---

[1] Rois, liv. III, ch. 17. — [2] Ibid., liv. I, ch. 15, v. 12. — [3] Évang. selon saint Matth., ch. 3; selon saint Marc, ch. 1; selon saint Luc, ch. 3 — [4] Évang. selon saint Marc, ch. 1, v. 6.

nourriture. Quant au miel, nous en avons vu en très-grande abondance dans les cannes à miel que l'on trouve dans ce pays. Ces cannes à miel sont des roseaux remplis de miel, c'est-à-dire d'un suc extrêmement doux, dont on fait, en le passant d'abord comme sous un pressoir, et en le condensant ensuite par l'action du feu, d'abord une sorte de miel, et ensuite une sorte de sucre. On a composé ce mot de *cannamelles* des deux mots canne et miel, parce que les tiges qui portent ce miel sont semblables à des cannes ou roseaux. Mais comme il me paraissait peu vraisemblable que le bienheureux Jean, qui baptisa le Christ, eût mangé de la chair des sauterelles, puisqu'il refusait même de manger du pain, je me suis informé avec soin, auprès d'un moine syrien dont le monastère, situé dans ce même pays, était composé d'un grand nombre de moines réunis sous l'autorité d'un seul abbé, et menant une vie très-austère, pour savoir ce que c'était que ces sauterelles dont on dit que le bienheureux Jean se nourrissait dans ce désert du Jourdain. Le moine me répondit sur-le-champ que dans son couvent on faisait manger très-souvent aux moines une certaine herbe qu'ils appelaient eux-mêmes *langusta*, ce qui est la même chose que *locusta* [1], et qu'il y en avait en grande abondance tout autour de ce monastère, et il ajouta que cette herbe était ce qui faisait la nourriture du bienheureux Jean. Quant au miel sauvage des abeilles, les moines en trouvaient très-souvent et en grande quantité dans ce même désert.

D'autres hommes religieux se choisissaient une ha-

[1] *Locusta*, sauterelle.

bitation solitaire dans le désert qui est situé tout auprès de la mer de Galilée, lieu où le Seigneur prêcha fréquemment devant la foule, où il nourrit avec quelques pains d'orge et de petits poissons une grande multitude d'hommes [1], contrée qu'il illustra par divers miracles, où il se manifesta et apparut après sa résurrection à ses disciples, mangeant et buvant avec eux [2], où il marcha sur la mer [3], et où encore il appela à lui quelques-uns de ses disciples, leur disant : « Suivez-moi, et je vous ferai pêcheurs d'hommes [4]. » D'autres s'établirent dans la plaine, où l'on trouve à faire beaucoup de foin avec des herbes desséchées ; d'autres encore se fixèrent sur la montagne voisine, où le Seigneur avait coutume de se rendre pour prier en particulier.

La mer de Galilée est un étang situé sur le territoire de Galilée, dont les eaux sont très-douces, qui abonde en poissons de diverses espèces, dont l'aspect est très-agréable, et l'eau très-bonne à boire. Comme cet étang est très-étendu en longueur et en largeur, à l'exemple des Hébreux et des Égyptiens, qui appellent mer tout amas abondant et vaste d'eaux, soit douces, soit salées, on a donné à ce lac le nom de mer. On l'appelle aussi la mer de Tibériade, parce qu'il est à côté de la ville de Tibériade, vulgairement nommée Tabarie, auprès de laquelle se trouve la ville de Pierre et d'André, Bethsaïde, que le Seigneur honora de sa présence. Enfin on l'appelle aussi quelquefois l'étang *Gennésareth*, ce qui signifie *qui*

---

[1] Évang. selon saint Matth., ch. 14, v. 17 et suiv. — [2] Évang. selon saint Jean, ch. 21, v. 1 et suiv. — [3] Évang. selon saint Matth., ch. 14, v. 25. — [4] Ibid, ch. 4, v. 19.

fait le vent, parce qu'il est formé par les sources des montagnes environnantes, qui lui apportent fréquemment un vent très-fort, lequel agite les eaux de cet étang, y excite des tempêtes, et submerge souvent de petits bâtimens dans le sein des flots soulevés.

Le fleuve Jourdain, formé au pied du mont Liban, et près de Césarée de Philippe, par deux sources, celles de Jor et de Dan, dont il reçoit son nom et son origine, se rend de là dans l'étang de Gennésareth; il en sort ensuite tout entier, arrose le pays adjacent sur une longueur de cent vingt milles environ, traverse la vallée Illustre, autrement dite vallée des Salines, se jette dans la mer Morte, ne reparaît plus au-delà, et se perd dans l'abîme, près du lieu appelé Ségor, et aujourd'hui vulgairement nommé Paumier. La mer Morte est également appelée *lac Asphalte* ou *Asphaltis*, ou *mer de sel*, parce que les eaux sont salées et amères à un tel point que ni hommes ni bêtes n'en peuvent boire. Souvent aussi on l'appelle *mer du Diable*, parce qu'elle ne produit rien de vivant, et que rien de ce qui a vie ne peut y couler à fond. Il y a auprès de cette mer une montagne de sel très-élevée. Les arbres qui croissent sur ses bords portent des fruits qui présentent à l'extérieur une belle enveloppe, mais au dedans on n'y trouve que de la cendre, et comme une espèce de charbon puant. En effet, le Seigneur avait fait descendre en ce lieu une pluie de feu et de soufre sur Sodome et sur Gomorrhe, et sur trois autres villes [1], car les hommes de ce pays étaient très-méchans, ennemis de la nature, et se livraient entre eux à des

---

[1] Genèse, ch. 19, v. 4.

crimes honteux et abominables. Dans la contrée qui était appelée la Pentapolite, est le lac susdit, dont on ne peut trouver le fond, parce qu'à la suite de l'incendie, le Seigneur précipita ces villes jusque dans l'abîme.

Depuis le pied du mont Liban, jusques à la mer Morte, le fleuve du Jourdain, dont nous avons parlé ci-dessus, fournit toutes sortes d'avantages à la contrée qu'il traverse. Il arrose les jardins, fertilise le territoire, donne des eaux douces pour boire, des poissons bons à manger, et ses rives sont propres à la culture des roseaux ou cannes, que les habitans emploient pour couvrir les toits de leurs maisons et pour tresser des cloisons. Dans les plaines adjacentes, les cannes à miel, qu'on y rencontre en grande quantité, distillent leur doux suc, et produisent du sucre en abondance. Les pélerins et même les indigènes sont dans l'usage de laver leurs corps et leurs vêtemens dans les eaux du Jourdain avec une extrême dévotion, parce que notre Rédempteur ayant été baptisé dans ce fleuve par le bienheureux Jean, l'a sanctifié par le contact de sa chair parfaitement pure, et a donné à toutes ses eaux une force régénératrice. La Trinité toute entière a consacré ce fleuve bienheureux et digne de respect : le Père a été entendu au dessus de ses eaux [1]; le Saint-Esprit y a été vu sous la forme d'une colombe [2]; le Fils, revêtu de la nature humaine, y a été baptisé [3]. Beaucoup d'hommes et de femmes, qui furent aussi baptisés dans les mêmes eaux du baptême de pénitence par Jean-Baptiste, se préparè-

---

[1] Évang. selon saint Matth., ch. 3, v. 17. — [2] Évang. selon saint Marc, ch. 1, v. 10. — [3] Évang. selon saint Luc, ch. 3, v. 21.

rent aussi à l'aspersion des eaux, et se rendirent propres par là à recevoir la grâce et le baptême du Christ. En signe de la purification future, Naaman le Syrien fut guéri dans ce fleuve de la lèpre, et « sa chair de« vint saine comme celle d'un petit enfant ¹. » Josué, suivi de la multitude des enfans d'Israel, traversa le Jourdain à pieds secs, « les eaux qui descendaient « d'en haut s'arrêtant et s'élevant en un monceau, et « les eaux d'en bas qui descendaient vers la mer s'é« coulant entièrement ². » Aussi les enfans d'Israel ramassèrent dans le Jourdain douze pierres, représentant le nombre de leurs tribus ; et le bienheureux Jean-Baptiste a dit à ce sujet et à la lettre : « Même « de ces pierres, Dieu peut faire naître des enfans à « Abraham ³. » Élie et Élisée passèrent aussi à sec le fleuve du Jourdain, « Élie ayant pris son manteau, « et en ayant frappé les eaux, qui se séparèrent en « deux ⁴. » Ainsi donc beaucoup d'hommes religieux se construisirent des habitations dans le voisinage de ce fleuve, à cause de la sainteté et de la commodité de ses eaux.

D'autres, pleins de respect pour le Thabor, et voulant lui rendre honneur, fondèrent un monastère sur cette montagne très-élevée et escarpée, où le Seigneur, ayant été transfiguré en présence de Pierre, de Jacques et de Jean, ainsi que de Moïse et d'Élie ⁵, leur fit connaître la gloire de sa résurrection future. Le mont Thabor est situé dans le pays de Galilée, non loin de Nazareth ; à ses pieds, se trouve

¹ Rois, liv. IV, ch. 5, v. 14. — ² Josué, ch. 3, v. 16. — ³ Évang. selon saint Matth., ch. 3, v. 9. — ⁴ Rois, liv. IV, ch. 2, v. 8. — ⁵ Évang. selon saint Matth., ch. 17, v. 1 et suiv.

le torrent de Cison; d'un côté, sont les montagnes de Gelboé [1]; de l'autre, la mer de Galilée. Quelques-uns ont imaginé de raconter au sujet de ces montagnes de Gelboé qu'il n'y tombe jamais ni pluie, ni rosée; mais les habitans du voisinage ont fréquemment affirmé la fausseté de cette assertion. On fonda aussi dans des lieux bien choisis des couvens de l'Ordre de Cîteaux et de celui des Prémontrés. Un grand nombre de ceux qui, dans leur ardent desir de voir la Terre-Sainte, avaient quitté leur pays, leurs familles et leurs maisons, quoique la foule et le tumulte des hommes soient presque toujours un obstacle à la pratique de la religion, aimèrent mieux cependant habiter corporellement au milieu de cette foule, que renoncer à vivre loin des saintes cités de Jérusalem, de Bethléem et de Nazareth, qui, telles que des cellules embaumées, respirent encore la résidence du Sauveur. A Nazareth en effet, le Seigneur fut conçu par le Saint-Esprit dans le sein de la vierge Marie; il naquit à Bethléem; à Jérusalem, il fut crucifié pour notre salut; il y mourut, et y fut enseveli.

Jérusalem est la cité des cités, la sainte des saintes, la maîtresse des nations, la reine des provinces; appelée, par une prérogative spéciale, la cité du grand Roi, située comme au centre du monde, au milieu de la terre, afin que tous les peuples pussent affluer vers elle; possession des patriarches, nourrice des prophètes, institutrice des apôtres, berceau de notre salut, patrie du Seigneur, mère de la foi comme Rome est la mère des fidèles, élue à l'avance, et sanctifiée par Dieu, ses pieds s'y posèrent souvent; elle fut honorée

[1] Rois. liv. II, ch. 1, v. 6.

par les anges, et visitée fréquemment par toutes les nations qui sont sous le ciel. Elle est située sur une montagne, et entourée d'autres montagnes, dans cette partie de la Syrie que l'on appelle Judée ou Palestine, pays où coulent le lait et le miel, où abondent le grain, le vin et l'huile, et tous les biens temporels. Jérusalem n'a ni fleuve ni source, si ce n'est une seule que l'on nomme la fontaine de Siloé, qui coule au pied de la montagne de Sion, au milieu de la vallée de Josaphat, et fournit quelquefois de l'eau en abondance, mais qui plus souvent n'en donne qu'en petite quantité, ou même pas du tout. Il y a dans la ville, aussi bien qu'en dehors, un grand nombre de citernes formées par les eaux pluviales, et suffisantes pour abreuver les hommes et les animaux, et pour les divers besoins de la vie. Jérusalem a porté beaucoup de noms divers, selon la variété des événemens, des langues et des nations. D'abord elle fut appelée *Jébus*, ensuite *Salem*, et ces deux mots réunis ont formé son troisième nom de Jérusalem. On l'a appelée aussi Solime, Hiérosolime, Luz et Béthel. Enfin elle fut nommée Ælie par Ælius, questeur romain, qui, après qu'elle eut été détruite par Tite et Vespasien, la rebâtit sur l'emplacement qu'elle occupe maintenant. Son premier évêque fut l'apôtre Jacques, qui, frappé dans la ville de la perche d'un foulon, passa par le martyre dans le sein du Seigneur. Après lui, et jusques au temps de l'empereur Justinien, Jérusalem n'eut que de simples évêques, qui n'étaient distingués par aucune dignité particulière. Au temps de ce susdit empereur, chéri de Dieu et plein de religion, et dans le concile général qui fut tenu à Constantinople, on institua un patriarche de Jérusalem, par respect pour la cité sainte, en retirant au patriarche d'Antioche et à celui d'Alexandrie quelques-uns de leurs suffragans, attendu que Jérusalem se trouvait placée sur les confins et aux limites de ces deux patriarcats. Ce patriarcat tient le quatrième rang dans l'Église de Dieu, à partir du Siége apostolique. Le patriarche de Jérusalem a sous sa juridiction quatre métropolitains. Le premier est celui de Tyr, qui a quatre évêques suffragans, savoir, les évêques d'Accon, de Sidon, de Béryte et de Panéade. Panéade est cette ville que l'on appelle vulgairement Bélinas, située au pied du mont Liban, assez près de la ville de Damas, et à l'extrémité de la terre de promission. Le second métropolitain ou archevêque est celui de Césarée, qui n'a qu'un seul suffragant, l'évêque de Sébaste. Sébaste était anciennement appelée Samarie : là furent ensevelis des hommes saints, Jean-Baptiste, Élisée et Abdias le prophète. La ville nommée Caïphe ou Porphyrie n'a point d'évêque et est immédiatement soumise à l'archevêque de Césarée. Le troisième métropolitain est celui de Nazareth, qui n'a qu'un seul suffragant, l'évêque de Tibériade. Celle-ci est située dans le pays et sur les bords de la mer de Galilée, et l'on y trouve beaucoup de grains et de vin, et des poissons en grande abondance. Il y eut jadis un siége archiépiscopal dans la ville de Scythopolis, aujourd'hui appelée Bethsan, et située dans la plaine, entre les montagnes de Gelboé et le fleuve du Jourdain. Son territoire est très-fertile et arrosé de ruisseaux et de sources ; elle était anciennement métropole de la troisième Palestine et de toute la Galilée, mais, par respect pour la dignité du lieu dans lequel le Seigneur a été conçu du Saint-Esprit, l'archevêché fut dans la suite transféré à Nazareth. Le quatrième métropolitain de Jérusalem est celui de Pétra, qui n'a qu'un suffragant, l'évêque grec du mont Sinaï, préposé à l'église de la bienheureuse vierge Catherine et aux moines du même couvent. Pétra est une ville très-forte, aujourd'hui vulgairement nommée *Crac* ou *Pierre du désert ;* elle est située au-delà du Jourdain, sur le territoire de Moab et sur une haute montagne, et est métropole de la seconde Arabie. C'est, à ce qu'on dit, le lieu dont le prophète Isaïe a dit : « Seigneur, envoyez l'Agneau, le Dominateur de la « terre, etc., [1]. » Elle est située tout près de la ville très-antique que l'on appelait Rabath, devant laquelle Urie fut tué d'après les ordres de David.

Le patriarche de Jérusalem a en outre quelques évêques suffragans qui relèvent immédiatement de lui, savoir, les évêques de Bethléem, d'Hébron et de Lidda. L'église de Bethléem fut un prieuré de chanoines réguliers, jusqu'au temps de Baudouin, premier roi latin de Jérusalem. Ce roi l'éleva à la dignité de cathédrale, par respect pour le lieu où le Seigneur avait pris naissance, et y institua un évêque selon les ordres et la volonté du pape Pascal, de précieuse mémoire, lequel plaça la ville d'Ascalon immédiatement sous l'autorité de ce même évêque. L'église d'Hébron, qui auparavant était aussi un prieuré, fut de même élevée à la dignité épiscopale, par égard pour le lieu où furent ensevelis, dans une double caverne, Adam

---

[1] Isaïe, ch. 16.

et Ève, et les trois patriarches Abraham, Isaac et Jacob, avec Sara et Rébecca, et par respect pour ces serviteurs de Dieu. Hébron fut aussi appelée, dans les temps antiques, Arbé et Cariatharbé [1]. La ville de Lidda, autrefois nommée Diospolis, est maintenant sous l'invocation de saint George.

Le patriarche de Jérusalem a en outre sous ses ordres des abbés et des prieurs qui, par un privilége particulier de leur dignité, portent les insignes du pontife, savoir, la crosse, la mitre, l'anneau et les sandales, et qui l'assistent respectueusement dans les fonctions de son ministère. L'église patriarcale, qui est celle du sépulcre du Seigneur, au dessous du mont Calvaire, a des chanoines réguliers, portant l'habit et vivant selon la règle du bienheureux Augustin. Ils ont un prieur auquel il appartient, ainsi qu'aux susdits chanoines, d'élire le patriarche qui leur tient lieu d'abbé. Dans les églises du Temple du Seigneur, de la montagne de Sion et de la montagne des Oliviers, sont des abbés et des chanoines servant le Seigneur selon la règle du bienheureux saint Benoît. A Béthanie, qui fut la résidence de Marie et de Marthe et de Lazare leur frère, à quinze stades de Jérusalem, au-delà et sur le revers de la montagne des Oliviers, est l'abbaye de Saint-Lazare, dite de Béthanie, dans laquelle sont une abbesse noire et des religieuses qui suivent la règle et les institutions de saint Benoît. Il y a, au-delà du Jourdain, une autre Béthanie, qui est celle où Jean donnait le baptême. Une autre abbaye, du même Ordre et de la même profession, celle de Sainte-Anne, mère de la mère du

---

[1] Josué, ch. 15.

Seigneur, est située auprès de la porte dite de Josaphat, à côté de la piscine Probatique, dans le lieu où naquit, dit-on, la bienheureuse Vierge Marie; là sont aussi une abbaye et des religieuses noires. En outre, l'abbaye des religieuses de Sainte-Marie de Jérusalem, avec son abbesse et ses religieuses noires, servant Dieu selon la règle de saint Benoît, telle qu'une cellule bien parfumée, était remplie de personnes saintes, chastes et consacrées à Dieu, qui embrassaient la religion, vivaient honorablement, et se livraient avec ardeur à la charité, sans y être forcées par aucun malheur ou par la pauvreté. Sur le mont Thabor est l'abbaye des moines noirs, vivant sous l'autorité du métropolitain de Nazareth. La ville de Joppé n'a point d'évêque et est immédiatement soumise au prieur et aux chanoines du sépulcre du Seigneur. De même, la ville de Naplouse, appelée Sichar dans l'Évangile [1], où est le puits de Jacob, auprès duquel le Seigneur parla à la femme samaritaine, n'a pas non plus d'évêque et relève immédiatement de l'abbé du temple du Seigneur. Il y a en outre, dans la terre de promission, beaucoup d'autres villes qui, avant la venue des Latins, avaient leurs évêques particuliers, tant syriens que grecs; mais, à cause de leur grand nombre et de leur pauvreté, et afin que la dignité épiscopale ne fût pas vilipendée, les Latins réunirent plusieurs de ces églises cathédrales et de ces villes sous l'autorité d'une seule cathédrale.

Je vais maintenant parler en peu de mots des lieux qui sont distingués par un plus haut degré de sainteté, entre tous les lieux saints.

[1] Évang. selon saint Jean, ch. 4, v. 5.

Nazareth est une petite ville, située presque à l'entrée de la Galilée, du côté de l'occident et auprès des montagnes. Entre cette ville et Séphor est une source limpide qui fournit des eaux en abondance et qu'on appelle la fontaine de Séphor : c'est en ce lieu que les rois de Jérusalem rassemblent assez habituellement leurs armées, à cause de l'abondance et de la commodité du voisinage des eaux ; quelques personnes affirment que la bienheureuse Vierge était née dans cette ville de Nazareth. Mais ce qui n'est pas douteux, c'est que la Vierge sainte y demeurait lorsqu'elle fut fiancée à Joseph et lorsque l'ange lui fut envoyé pour lui annoncer les prémices de notre salut [1]. Cette ville sainte et agréable à Dieu, dans laquelle le Verbe a été fait chair, où une fleur qui a surpassé tous les parfums a germé dans le sein d'une Vierge, et est à juste titre appelée une fleur, a joui sur toutes les autres de ce privilége particulier que le Seigneur y a commencé l'œuvre de notre salut, et que celui à qui le Père a soumis tout ce qui est dans le ciel et sur la terre a daigné y être élevé et se soumettre lui-même à ses parens.

Bethléem, nom qui veut dire *la maison du pain*, dans laquelle est né « le vrai pain qui descend du « ciel [2] », est située sur le revers de la montagne de Jérusalem, non loin de la cité sainte et à quatre milles seulement. Dans cette ville de David, est la sainte et vénérable église cathédrale, consacrée en l'honneur de la bienheureuse Vierge. On y trouve encore cette crèche dans laquelle daigna reposer et être couché

---

[1] Évang. selon saint Luc, ch. 1, v. 26, 27 et suiv. — [2] Évang. selon saint Jean, ch. 6, v. 32.

celui « dont le ciel est le trône et la terre le marche-
« pied [1] », et qui se fit foin selon la chair pour se
donner en nourriture aux pieux animaux. En ce lieu,
les bergers, avertis par la révélation de l'ange, trouvèrent l'enfant emmailloté, avec Marie sa mère [2], et
les trois mages, guidés par l'étoile, étant arrivés dans
la même ville, adorèrent en se prosternant le roi
nouveau-né et lui offrirent des présens mystiques [3].
Là, Hérode, impie ennemi, cherchant à faire périr le
Christ, fit périr cruellement un grand nombre d'enfans innocens. Là encore est le sépulcre de Rachel,
femme de Jacob, qui, après avoir donné la vie à
Benjamin, termina la sienne en ce lieu [4]. De cette
ville aussi était originaire cette femme Noémi, qui
emmena de la Pierre du désert Ruth la Moabite, que
Booz prit pour femme [5], et dont la progéniture amena
l'Agneau dominateur de la terre auprès de la montagne de la fille de Sion. David desira boire des eaux de
la citerne de Bethléem, voulant boire les eaux de la
sagesse, du salut, dans la citerne de la bienheureuse
Vierge. Le bienheureux Jérôme, Père latin, choisit
cette ville sainte et chérie de Dieu pour y servir le
Seigneur, et la précieuse poussière de son corps y fut
déposée dans sa sépulture. La bienheureuse Paule et
Eustochie sa fille, ainsi que beaucoup d'autres vierges, se consacrant en toute dévotion au service de
Dieu et à la contemplation divine dans un monastère
de religieuses, dédaignèrent les royaumes de ce monde
et tous ses ornemens, par amour pour notre Sei-

---

[1] Isaïe, ch. 66, v. 1. — [2] Évang. selon saint Luc, ch. 2, v. 8 et suiv.
— [3] Évang. selon saint Matth., ch. 2, v. 1-11. — [4] Genèse, ch. 35,
v. 18 et suiv. — [5] Ruth, ch. 1 et 4.

gneur Jésus-Christ et par dévotion pour ce lieu saint.

Autant la sainte cité de Jérusalem, dans laquelle le Seigneur manifesta corporellement les mystères de notre rédemption, se distingue entre les autres lieux et les autres villes par le privilége de sa sainteté et par l'éminence de sa dignité, autant elle attirait à elle un plus grand nombre de personnes religieuses, entraînées comme par le parfum d'un champ fertile que le Seigneur a béni. Ces personnes, visitant tous les lieux vénérables en des temps opportuns et en toute ferveur, trouvant un aliment à leur dévotion tantôt dans un lieu, tantôt dans un autre, et livrant leurs ames à toute l'ardeur de leurs desirs, les préservaient ainsi de l'engourdissement qu'amène l'ennui. Cette ville, si souvent nommée, et qui doit l'être toujours, est située sur une montagne élevée de tous côtés, entourée de toute parts d'une forte muraille; elle n'est ni d'une trop petite dimension, ni d'une grandeur fâcheuse à qui que ce soit; et de l'une à l'autre de ses murailles, la distance est celle de quatre traits de flèche qui se succéderaient. Du côté de l'occident, est une forteresse construite en pierres carrées, liées d'une manière indissoluble par du ciment et du plomb fondu; l'un de ses côtés sert de muraille à la ville, et elle est appelée la tour de David. Vers le midi, est la montagne de Sion, sur laquelle David habita dans la citadelle de Sion, après avoir expulsé les Jébuséens, et qu'il appela la cité de David. La montagne des Oliviers est située à l'orient. La montagne du Calvaire, où Notre-Seigneur fut crucifié, dans le quartier qui s'appelle Golgotha, et l'emplacement du sépulcre du Seigneur, voisin de Golgotha, et placé en dessous du Calvaire, étaient jusques aux temps de l'empereur Ælius Adrien en dehors de l'enceinte de la ville, « car le Seigneur a souf- « fert et a été enseveli hors de la porte [1]. » Le susdit empereur releva la ville que Tite et Vespasien avaient détruite, fit convenablement orner de pavés les rues et les places, et construisit des aqueducs, pour enlever les immondices de la ville dans les temps de pluies.

En outre, il agrandit tellement la ville, que l'emplacement du sépulcre du Seigneur se trouva renfermé dans son enceinte. Plus tard, les Chrétiens, par respect pour ce sépulcre, élevèrent dans ce même lieu la glorieuse église de la Résurrection du Seigneur, ouvrage admirablement construit, convenablement orné, qui n'a qu'une seule ouverture par le haut, et qui tient à juste titre le premier rang entre tous les lieux saints et vénérables. En celui-ci, le précieux corps du Seigneur, honorablement enseveli dans les parfums, reposa pendant trois jours; le troisième jour, il ressuscita, et l'ange saint apparut aux femmes en ce même lieu [2]; les soldats qui gardaient le sépulcre devinrent comme morts; et c'est en ce lieu encore que, dans la nuit de la résurrection du Seigneur, le feu sacré descend d'en haut. Lorsque dans le monde entier les fidèles disent : « Le Seigneur « qui fut attaché pour nous sur ce bois s'est relevé du « sépulcre, » les seuls chanoines de l'église de la Résurrection du Seigneur jouissent de cette prérogative particulière de dire, en le montrant à tous les yeux :

[1] Épît. de saint Paul aux Hébr., ch. 13, v. 12. — [2] Évang. selon saint Marc, ch. 16, v. 5 et suiv.

« Le Seigneur s'est levé de ce sépulcre. » De même dans l'évangile de Pâques, lorsqu'on dit : « Il s'est « levé, il n'est pas ici, » le diacre qui lit l'évangile montre du doigt la sépulture du Seigneur. Le lieu appelé le Calvaire, en hébreu Golgotha, voisin de l'église du Sépulcre, tient un rang élevé entre les lieux saints, et a une très-grande vertu de componction, en mémoire de la passion du Seigneur. Là, le Seigneur souffrit pour notre salut; il fut dépouillé de ses vêtemens, attaché sur la croix, percé de clous, abreuvé de fiel et de vinaigre [1], livré aux railleries des Juifs, mis au nombre des malfaiteurs, condamné à une mort ignominieuse; il pria pour les transgresseurs de la loi, recommanda sa mère à son disciple, promit le salut au larron, et rendit l'esprit en poussant un cri, et versant des larmes. De son flanc percé d'une lance sortirent le sang et l'eau qui devaient purifier le monde; en ce lieu, les Juifs se partagèrent ses vêtemens, et tirèrent au sort sa tunique : la terre fut ébranlée, les pierres se déchirèrent, son sang coula sur la terre, et le soleil obscurci cacha ses rayons [2]. Tous ces souvenirs, lorsque ce lieu saint est visité par les dévots pèlerins, pénètrent de componction leur cœur contrit et humilié, et font couler de leurs yeux des larmes de compassion. La cité de notre force est Sion, montagne accumulée, montagne grosse, montagne sur laquelle il a plu à Dieu d'habiter, qui distille la douceur, semblable à une fleur qui répand de suaves odeurs, remplit, fortifie, relève les ames pieuses, les console et les nourrit par l'excel-

---

[1] Évang. selon saint Matth., ch. 27. — [2] Évang. selon saint Marc, ch. 15; saint Luc, ch. 23; saint Jean, ch. 19.

lence de sa sainteté. Là, le Seigneur célébra la Pâque avec ses disciples; ayant pris un linge, il s'en ceignit, lava les pieds des apôtres [1], leur donnant un exemple d'humilité ; puis, reprenant sa robe, il mangea et but avec ses disciples. Là, il institua le nouveau Testament ; il donna à manger et à boire à ses disciples le pain converti en son propre corps, le vin converti en son propre sang, et instruisit ses disciples par ses divines paroles. En ce lieu encore, le bienheureux Jean s'appuya sur la sainte poitrine du Seigneur ; la bienheureuse Vierge, tant qu'elle vécut après la mort de son fils, y habita avec Jean, qui lui avait été donné comme gardien, et le Seigneur y apparut à ses disciples, qui demeuraient dans une maison fermée [2]. Après l'ascension du Seigneur, les apôtres demeurèrent encore en ce même lieu jusqu'au jour de la Pentecôte, jeûnant, priant, et attendant le Saint-Esprit, qui leur avait été promis. Au jour de la Pentecôte, ils reçurent en ce lieu, pour être fortifiés, le Saint-Esprit, qui descendit sur eux en forme de feu [3], et leur donna la science de toutes les langues. En même temps, il se fit tout-à-coup au même lieu un bruit qui venait du ciel; une multitude de Juifs accourut aussitôt; et le bienheureux Pierre leur exposant la prophétie de Joel, convertit beaucoup d'entre eux au Seigneur. Ce lieu illustre a le privilége de tenir le premier rang entre tous les autres lieux saints.

Nous ne devons nullement omettre de mentionner parmi les lieux vénérables le temple du Seigneur,

[1] Évang. selon saint Jean, ch. 13, v. 4 et suiv. — [2] Évang. selon saint Luc, ch. 22, v. 19. — [3] Actes des Apôt., ch. 2, v. 3.

que Salomon construisit sur le mont Moriah, dans l'aire d'Ornan le Jébuséen[1]. Quoiqu'il eût été d'abord détruit par les Babyloniens, et plus tard par les Romains, des hommes fidèles et religieux le rétablirent ensuite sur le même emplacement, en forme de rotonde; et cet ouvrage admirable fut refait avec beaucoup d'habileté et toute la magnificence convenable. Ce fut en ce lieu, et sur la roche que l'on voit encore aujourd'hui dans le temple, que s'arrêta et apparut à David l'ange exterminateur qui fit périr plusieurs milliers d'hommes d'entre le peuple, à cause du péché que David avait commis, en ordonnant de faire le dénombrement du peuple israélite. C'est pourquoi les Sarrasins, aujourd'hui encore, appellent le temple du Seigneur le *Rocher;* ils l'ont en une telle vénération que nul d'entre eux n'ose le profaner par aucune souillure, comme ils se le permettent dans les autres lieux saints; et depuis le temps de Salomon jusqu'au temps présent, ils sont tous venus sans cesse lui présenter leurs adorations, des contrées même les plus éloignées. Toutes les fois qu'ils sont en possession de la cité sainte, ils placent dans ce temple l'image de Mahomet, et ne permettent à aucun Chrétien d'y entrer. Quelques personnes croient que l'arche du Seigneur a été jusques à nos jours enfermée sous cette roche, parce que Josias, roi de Jérusalem, prévoyant la destruction imminente de la ville, avait donné ordre de l'enfermer, et de la cacher dans le sanctuaire du temple. Cependant on lit dans le second livre des Machabées qu'au moment où la captivité était imminente, le prophète Jérémie se ren-

---

[1] Rois, liv. III, ch. 6.

dit sur la montagne « où Moïse était monté, et d'où
« il considérait l'héritage de Dieu, » qu'il y trouva
un caveau, où il mit le tabernacle, et l'arche et l'autel, dont il boucha l'entrée, disant que ce lieu demeurerait inconnu jusques à ce que Dieu eût rassemblé son peuple, « ajoutant qu'alors le Seigneur fera
« voir ces choses, et que la majesté du Seigneur paraî-
« tra de nouveau[1]. » En ce lieu saint et vénérable, lorsque Salomon eut terminé son œuvre, et tandis qu'il offrait des sacrifices au Seigneur, une nuée remplit la maison, et la gloire du Seigneur apparut, et il descendit un feu du ciel qui consuma l'holocauste et les victimes; la gloire du Seigneur remplit tout le temple, les prêtres ne pouvaient y entrer, et les enfans d'Israel virent le feu qui descendit et la gloire qui remplit la maison. Après que Salomon, fléchissant les genoux, élevant les mains au ciel, eut adressé sa prière au Seigneur, demandant que quiconque entrerait dans le temple pour implorer ses bienfaits, vît ses prières accueillies par le Seigneur, le Seigneur lui apparut, disant : « J'ai exaucé ta prière et
« les supplications que tu as faites devant moi; j'ai
« sanctifié cette maison que tu m'as bâtie; mes yeux
« seront ouverts, mes oreilles seront attentives aux
« prières de celui qui m'invoquera en ce lieu, car
« j'ai choisi et j'ai consacré cette maison[2]. » En ce lieu encore, ainsi qu'on le lit dans les Machabées, Héliodore ayant été envoyé par le roi Antiochus, avec ordre de violer le lieu saint et d'en enlever de vive force l'argent qui y était déposé, vit apparaître un cheval magnifiquement enharnaché, sur lequel était

[1] Machab., liv. ii, ch. 2, v. 4 et suiv. — [2] Paralipom., ch. 7.

monté un homme terrible. Celui qui le montait semblait avoir des armes d'or, et le cheval donna plusieurs coups à Héliodore des deux pieds de devant. Deux autres jeunes hommes se montrèrent aussi à lui, pleins de force et de beauté, brillans de gloire et richement vêtus, qui, se tenant à ses côtés, le fouettèrent sans relâche, et lui firent plusieurs plaies[1]. Là aussi la bienheureuse Vierge servit, dit-on, avec d'autres vierges, jusqu'au moment où elle fut fiancée à Joseph; elle préparait les vases du temple et les vêtemens sacerdotaux; elle apprenait les saintes Écritures, s'adonnait avec sagesse et humilité aux jeûnes, aux veilles, aux prières et à l'étude des divines Écritures; conduite au temple par ses parens dès les premières années de son enfance, pour être présentée devant le Seigneur, elle monta, dit-on, à elle seule et sans aucune difficulté, toutes les marches par lesquelles on arrivait au temple, ce qui parut admirable aux yeux de tous, et était inouï dans tous les siècles, pour un si petit enfant. En ce lieu encore, et tandis que le saint Zacharie offrait des parfums au Seigneur, un ange lui apparut pour lui annoncer que sa prière avait été exaucée, car tous les prêtres à l'heure des parfums offraient leurs supplications au Seigneur pour la venue du Messie et pour la délivance du peuple, et l'ange ajouta qu'Elisabeth, sa femme, stérile, lui enfanterait un fils[2]. En ce lieu aussi notre Seigneur Jésus-Christ ayant été présenté au Seigneur avec une tourterelle et un pigeon, fut reçu par Siméon, et annoncé par sainte Anne, la veuve, à tous ceux qui attendaient la ré-

---

[1] Machab., liv. II, ch. 3. — [2] Évang. selon saint Luc, ch. I, v. 9.

demption de Jérusalem ; et lorsqu'il eut atteint l'âge de douze ans, afin de donner l'exemple de s'appliquer à la lecture des divines Écritures, « s'asséyant au « milieu des docteurs, il les écoutait et leur faisait « des questions, et tous ceux qui l'entendaient étaient « ravis de sa sagesse et de ses réponses [1]. » Et lorsqu'il fut monté pour prier dans le temple, il en chassa tous ceux qui vendaient et qui achetaient ; il renversa les tables des changeurs et les siéges de ceux qui vendaient des pigeons, et il leur dit : « Il est « écrit : « Ma maison sera appelée une maison de « prière. » Une autre fois il monta sur le haut du temple, où le diable le tenta, lui proposant de se jeter en bas [2]. Lorsque le temps de sa passion fut proche, il était toute la journée dans le temple à enseigner, le soir il se retirait à Béthanie, et dès le grand matin il revenait [3]. Après sa mort « le voile « de ce temple se déchira en deux depuis le haut « jusqu'en bas [4], » afin de montrer à découvert l'entrée du Saint des saints. Le bienheureux Jacques l'apôtre fut précipité, tandis qu'il prêchait, du sommet de ce même temple ; et frappé de la perche d'un foulon, il fut couronné du martyre.

Il y a en outre à Jérusalem un temple d'une immense grandeur, d'où les frères chevaliers du temple ont reçu le nom de *Templiers*, parce que le temple est appelé le temple de Salomon, peut-être pour le distinguer de l'autre, plus spécialement nommé le *Temple du Seigneur*.

La montagne des Oliviers, montagne grasse, mon-

---

[1] Évang. selon saint Luc, ch. 2. — [2] Évang. selon saint Matth., ch. 4, v. 5 et 6. — [3] Ibid., ch. 21. — [4] Ibid., ch. 27, v. 51.

tagne des trois flambeaux, montagne sainte et digne de tout respect, est située à mille pas environ de Jérusalem. Sur la pente de cette montagne on trouve Bethphagé, ce qui veut dire la maison de la trompette, le village des Prêtres et Béthanie, résidence de Marie, de Marthe et de Lazare, où Marie oignit les pieds du Seigneur, les essuya avec ses cheveux, et, assise aux pieds du Seigneur, recueillait avidement les paroles de sa bouche, tandis que Marthe sa sœur s'occupait d'autres soins [1]. Là, le Christ ressuscita Lazare; là, il daigna souvent aller habiter, prêcher et faire des miracles. Sur cette très-sainte et très-digne montagne, le Seigneur était assis en face du temple, lorsque ses disciples lui demandèrent quels seraient les signes de son avènement [2] pour le jugement et pour la consommation des siècles. Souvent aussi il sortait avec ses disciples et se rendait sur cette montagne pour prier, surtout aux approches de sa passion. Là aussi il fut reçu honorablement par les enfans des Hébreux, qui se portèrent à sa rencontre avec des rameaux de palmier, et conduit de ce lieu jusqu'à Jérusalem, assis sur un âne, au milieu des hymnes et des chants de louange. Enfin, du haut de cette montagne, il s'éleva glorieusement aux cieux, à la vue de ses disciples [3].

Il y a encore d'autres lieux saints et vénérables, tant dans l'intérieur de la ville qu'au dehors, savoir : la vallée de Josaphat, située entre la montagne de Sion et celle des Oliviers, et où l'on trouve, dit-on,

---

[1] Evang. selon saint Jean, ch. 11 et 12; selon saint Luc, ch. 10. — [2] Evang. selon saint Matth., ch. 24, v. 3. — [3] Actes des Apôt., ch. 1, v. 9 et 10.

au-delà du torrent de Cédron, un petit village nommé Gethsemané, et à côté de celui-ci, le jardin dans lequel le Seigneur fut saisi par les Juifs. La bienheureuse Vierge fut ensevelie dans cette vallée, et c'est aussi là que l'on croit que le Seigneur viendra pour le jour du jugement. La piscine probatique, dont les eaux guérissaient les infirmes, lorsqu'elles étaient agitées par l'ange; la piscine de Siloé, où un aveugle de naissance fut guéri de sa cécité; l'église du bienheureux premier martyr Étienne, sur la place même où il fut lapidé par les Juifs; le château d'Emmaüs, situé à soixante stades de Jérusalem, auprès de Modin, ville des Machabées et de Gabaon. Le Seigneur apparut dans Emmaüs à deux de ses disciples; il prit du pain, et ayant rendu grâces, il le rompit devant eux [1]. On trouve encore une infinité d'autres lieux que le Seigneur a daigné visiter et sanctifier par sa présence corporelle, car tous les lieux que le Seigneur a foulés de ses pieds sont saints et consacrés et reconnus par les fidèles pour précieuses reliques. Aussi est-ce à bien juste titre que cette terre de promission, qui distille le lait et le miel et l'emporte sur les parfums les plus suaves, a sans cesse attiré à elle avec puissance non seulement les clercs religieux, mais encore les laïques, tant chevaliers qu'hommes d'autre condition, les excitant à quitter leurs parens et leurs propres patrimoines, pour mener une vie régulière. De ce nombre furent ceux que l'on nomme à Jérusalem les Hospitaliers, ou frères de l'hôpital de Saint-Jean, les frères chevaliers du Temple, et les frères de l'hôpital de Sainte-Marie des Teutons.

[1] Évang. selon saint Luc, ch. 24.

L'hôpital de Saint-Jean fut fondé dès le temps des Syriens et des Grecs, lorsque la cité sainte était encore captive sous le joug des Sarrasins, et voici comment. Quoiqu'à cette époque les Sarrasins fussent maîtres, en punition des péchés des hommes, de toute la terre de promission, beaucoup de Chrétiens de la race syrienne ne voulurent point cependant abandonner leur patrie, et, soumis à la plus dure condition, opprimés sous le fléau d'une cruelle servitude, ils persistèrent à habiter au milieu des Sarrasins. Le prince d'Égypte, qui possédait alors toutes les contrées qui s'étendent depuis Laodicée de Syrie jusqu'à Alexandrie, dernière ville d'Égypte, avait concédé aux Syriens et à leur patriarche le quart de la ville de Jérusalem, du côté du sépulcre du Seigneur, pour être habité par eux, à la charge de payer un tribut annuel, et les trois autres quarts étaient habités par les Sarrasins. Aussi voyait-on souvent arriver des contrées de l'Occident, dans la terre de promission, quelques Chrétiens, dont les uns s'y rendaient pour des affaires de commerce, les autres dans un but de dévotion et en pèlerinage à travers de grands périls, et qui, après avoir payé un tribut aux Sarrasins, visitaient les lieux saints. Parmi ces étrangers, quelques Lombards, et plus encore les Amalfitains, hommes de la ville d'Amalfi, qui n'est séparée que par une distance de sept milles de la belle ville de Salerne, apportant dans ce pays des marchandises étrangères, et étant parvenus, à force de tributs et de présens, à gagner la bienveillance et la faveur du prince d'Égypte, obtinrent de lui de très-bonnes conditions. Ce prince leur accorda sans peine la permission de construire une église latine, en l'honneur de la bienheureuse Marie, auprès de l'église du Sépulcre du Seigneur, et tout au plus à la distance d'un jet de pierre ; et cela, parce que les Syriens suivaient complétement dans les offices divins les usages et les institutions de l'église grecque. Aussi l'église dont je viens de parler a-t-elle été, dès sa fondation, et est-elle encore aujourd'hui appelée église de Sainte-Marie-Latine, parce que ceux qui la bâtirent y établirent un abbé latin et des moines célébrant les offices divins selon le rite des Latins. A la suite des temps, les moines de ce couvent trouvant inconvenant de recevoir dans le même lieu les femmes qui venaient en pélerinage, fondèrent, en dehors de son enceinte, un autre monastère, en l'honneur de la bienheureuse Marie-Madeleine, et y établirent des sœurs religieuses pour faire servir les femmes latines qui y arriveraient en étrangères et leur assurer l'hospitalité. A mesure que l'affluence des pélerins devint plus grande, les monastères susdits s'étant trouvés insuffisans pour recevoir tous les pauvres, affligés ou infirmes, l'abbé et les moines construisirent dans le même lieu et à côté de leur église, un hôpital et une chapelle en l'honneur de saint Jean Eléeymon, pour le service des infirmes et des indigens. Ce saint homme, agréable en Dieu et recommandable en toutes choses, était né en Chypre, et son éminente sainteté l'avait fait appeler au patriarcat d'Alexandrie. Comme il se distingua particulièrement par ses aumônes et par ses autres œuvres de piété, il fut nommé Eléeymon, c'est-à-dire miséricordieux. Et comme dans le principe cet hôpital de Saint-Jean n'avait ni revenus ni aucune espèce de propriété, l'abbé de Sainte-Marie-Latine, chargé d'en prendre soin, pourvut aux besoins des pauvres et des infirmes, en leur faisant distribuer les restes et les débris des tables des deux monastères et les aumônes de quelques fidèles. Lorsqu'il plut à la divine miséricorde de délivrer la cité de notre rédemption du joug des impies par les mains du duc Godefroi et des autres fidèles du Christ, et de la rendre au culte chrétien, un homme d'une vie sainte et d'une religion éprouvée, nommé Gérard, qui avait pendant long-temps servi les pauvres en toute dévotion dans le susdit hôpital, sous les ordres de l'abbé, s'étant adjoint quelques hommes honnêtes et religieux, prit l'habit régulier, et, mettant sur ses vêtemens une croix blanche qu'il portait en dehors et devant sa poitrine, il fit solennellement profession et s'engagea à vivre selon une règle et des institutions honorables. Une femme nommée Agnès, romaine de nation, noble selon la chair, mais plus noble par sa sainteté, qui avait rempli les fonctions d'abbesse dans le monastère des femmes, adopta la même règle pour le service des pauvres, fit vœu d'humilité et prit aussi l'habit régulier. Les susdits frères servant le Seigneur en toute dévotion et humilité, et assistant soigneusement les pauvres et les infirmes dans leur détresse, ensevelissaient leurs morts dans le champ que l'on appelle *Aceldama*. C'est ce champ du potier qui fut acheté par les Juifs pour la sépulture des étrangers, avec les trente pièces d'argent que Judas avait jetées dans le temple [1]. Tant qu'ils furent pauvres, les frères ne refusèrent point l'obéissance à l'abbé de

---

[1] Évang. selon saint Matth., ch. 27, v. 5, 6 et 7.

Sainte-Marie-Latine, qui avait fondé leur hôpital et les avait long-temps nourris de sa propre table, eux et les infirmes : ils avaient aussi une grande vénération pour le bienheureux Jean Eléeymon, premier patron de leur misère, et l'honoraient en toute dévotion comme leur assistant et leur protecteur auprès du Seigneur; en outre, ils obéissaient strictement au seigneur patriarche de Jérusalem et lui rendaient les dîmes de leurs biens sans aucune contestation, selon les dispositions des sacrés canons et les préceptes des deux Testamens. Adonnés à la prière, se mortifiant eux-mêmes par les veilles et les jeûnes, riches en œuvres de miséricorde, économes et austères pour eux, ils se montraient généreux et compatissans pour les pauvres et les infirmes, qu'ils appelaient leurs seigneurs. Ils donnaient charitablement aux infirmes du pain de pure fleur de farine, et réservaient pour leur usage particulier le reste de la moûture, qu'ils mêlaient avec le son. Si l'un d'entre eux commettait une faute quelconque elle ne demeurait point impunie, de peur qu'un pardon trop facile n'en produisît de nouvelles. Selon l'importance de ces fautes, les uns étaient dépouillés du signe de la croix qu'ils portaient sur leurs vêtemens, et rejetés entièrement comme des membres gangrenés; d'autres étaient chargés de fers et jetés en prison, d'autres étaient condamnés à se coucher par terre, aux pieds de leurs frères, et à ne prendre que très-peu de nourriture jusqu'à suffisante satisfaction; et comme Dieu était avec eux, ils étaient aimés de tous. Aussi la voix des Chrétiens s'est fait entendre dans toute la terre, et « le bruit de leur sainteté a retenti jusqu'aux extré-

« mités du monde ¹. » Et comme après la délivrance de la Terre-Sainte les fidèles du Christ, de toute nation, de toute tribu et de toute langue, accouraient en foule à Jérusalem pour visiter le sépulcre du Seigneur, les frères s'enrichirent en peu de temps par les largesses des princes et les aumônes des fidèles, en sorte que, recueillant des revenus abondans de toutes les provinces de l'Occident, ils achetèrent pour eux des casals et des villes, et les soumirent à leur domination comme des princes de la terre.

A la suite de ces événemens, et tandis que de toutes les parties du monde, riches et pauvres, jeunes gens et jeunes filles, vieillards et enfans accouraient à Jérusalem pour visiter les lieux saints, des brigands et des ravisseurs infestaient les routes publiques, tendaient des embûches aux pélerins qui s'avançaient sans défiance, en dépouillaient un grand nombre, et en massacraient aussi quelques-uns. Quelques chevaliers agréables et dévoués à Dieu, brûlant de charité, renonçant au monde, et se consacrant au service du Christ, s'astreignirent par une profession de foi et des vœux solennels, prêtés entre les mains du patriarche de Jérusalem, à défendre les pélerins contre ces brigands et ces hommes de sang, à protéger les routes publiques, à combattre pour le souverain Roi, en vivant, comme des chanoines réguliers, dans l'obéissance, dans la chasteté, et sans propriété. Les principaux d'entre eux furent deux hommes vénérables et amis de Dieu, Hugues de Pains, et Geoffroi de Saint-Aldémar. Dans le principe, ils ne furent

¹ Ps. 18, v. 5.

que neuf à prendre une aussi sainte résolution. Portant les vêtemens que les fidèles leur donnaient à titre d'aumônes, pendant neuf ans ils servirent sous l'habit séculier. Le roi, les chevaliers, et le seigneur patriarche, remplis de compassion pour ces nobles hommes, qui avaient tout abandonné pour le Christ, les soutinrent de leurs propres ressources, et leur conférèrent dans la suite, pour le salut de leurs ames, quelques bénéfices et quelques propriétés. Comme ils n'avaient pas encore d'église qui leur appartînt, ni de résidence fixe, le seigneur roi leur accorda pour un temps une petite habitation dans une partie de son palais, auprès du temple du Seigneur. L'abbé et les chanoines du même temple leur donnèrent aussi, pour les besoins de leur service, la place qu'ils possédaient à côté du palais du roi. Et comme ils eurent dès lors leur demeure auprès du temple du Seigneur, ils furent appelés dans la suite frères chevaliers du Temple. Lorsqu'ils eurent demeuré neuf ans dans cette maison, vivant dans la même profession et dans cette sainte pauvreté, tous en commun, et comme un seul homme, l'an de grâce 1128, ils reçurent une règle, d'après les ordres du seigneur pape Honoré et du seigneur Étienne, patriarche de Jérusalem, et on leur assigna un vêtement blanc, sans aucune croix. Cette décision fut rendue dans le concile général qui se tint à Troyes, ville de Champagne, sous la présidence du seigneur évêque d'Albano, légat du Siége apostolique, en présence des archevêques de Rheims et de Sens, des abbés de l'Ordre de Cîteaux et de beaucoup d'autres prélats d'églises. Plus tard, et au temps du seigneur pape Eugène, ils mirent sur leurs vêtemens, et en dehors, des croix rouges, continuant à porter le vêtement blanc, en signe d'innocence, et indiquant le martyre par les croix rouges, parce que, selon les préceptes de leur règle, ils font profession de verser leur propre sang pour la défense de la Terre-Sainte, de combattre vigoureusement contre les ennemis de la foi du Christ, pour les rejeter hors du territoire des Chrétiens, et parce que, sur le moindre signe, ou sur les ordres de celui qui les commande, ils s'avancent au combat sans aucune impétuosité désordonnée, mais en toute sagesse et prudence, étant toujours les premiers à combattre, et les derniers à se retirer, n'ayant jamais la permission de tourner le dos, ou de revenir sur leurs pas sans un ordre exprès. Et comme ces vaillans et vigoureux chevaliers du Christ, nouveaux Machabées, ne comptant point sur leurs propres forces, mais mettant toutes leurs espérances en la puissance divine, et ayant une confiance entière en la croix de Jésus-Christ, exposaient leurs corps, pour l'amour du Christ, à « une « mort précieuse aux yeux du Seigneur[1], » le Seigneur aussi combattait avec eux et pour eux. De cette sorte, ils devinrent formidables à tous les ennemis de la foi du Christ, si bien « qu'un seul en poursui- « vait mille, et que deux hommes en mettaient dix « mille en fuite[2]. » Toutes les fois qu'on criait aux armes, demandant, non point combien étaient les ennemis, mais en quel lieu ils étaient; lions à la guerre, agneaux remplis de douceur dans leur maison, dans une expédition, rudes chevaliers; dans l'église, semblables à des ermites ou des moines; durs et féroces

[1] Ps. 115, v. 15. — [2] Deut., ch. 32, v. 30.

pour les ennemis du Christ; pour les Chrétiens, pleins de bénignité et de tendresse, ils marchent, précédés d'une bannière noire et blanche, qu'ils appellent Beauséant, parce qu'ils sont pleins de candeur pour les amis du Christ, noirs et terribles pour ses ennemis. Et comme la religion ne peut se maintenir en vigueur sans une austère discipline, ces hommes sages et religieux, prenant dès le principe leurs précautions pour eux-mêmes et pour leurs successeurs, ne voulurent point dissimuler, ou laisser passer impunies les transgressions ou les négligences dont les frères pourraient se rendre coupables; mesurant soigneusement, et dans un examen attentif, la portée des crimes et les circonstances qui accompagnaient les péchés, tantôt ils rejetaient irrévocablement de leur société quelques-uns de leurs frères, après leur avoir enlevé la croix rouge, afin que le troupeau des brebis ne fût point souillé de la contagion d'une chèvre infectée; tantôt ils en forçaient d'autres, jusqu'à expiation suffisante, à prendre une légère nourriture sur la terre, sans nappe, afin qu'ils fussent devant tous frappés de rougeur, et que les autres en éprouvassent à leur tour une terreur convenable; et pour mettre le comble à leur confusion et à l'expiation de leurs fautes, s'il arrivait que des chiens vinssent manger avec eux, il n'était pas permis de les éloigner; d'autres fois enfin, pour réussir à délivrer les coupables des prisons de la géhenne, ils les enfermaient dans des prisons, et les chargeaient de fers, soit pour un temps déterminé, soit pour toute leur vie, selon qu'on le jugeait convenable. Il y avait encore dans les institutions de cette règle salutaire beaucoup d'autres moyens de contraindre les rebelles ou les récalcitrans à l'observation d'une discipline régulière et d'une conduite décente. Ils portaient en toute humilité, au seigneur patriarche de Jérusalem, l'obéissance et le respect qu'ils lui devaient; car, dès le principe, il les avait soutenus dans leur profession spirituelle, et secourus pour la vie du corps. Ils rendaient à Dieu les dîmes qui appartiennent à Dieu, et à César celles qui appartiennent à César [1]. Ils n'étaient incommodes à personne, et étaient aimés de tous, à cause de leur humilité et de leur religion. Par cette conduite, ils se firent un nom honorable; et la renommée de leur sainteté, répandant de suaves odeurs comme une cellule bien parfumée, s'étendit dans tout le monde; la maison de la sainte église fut remplie d'odeurs embaumées; et en rappelant le souvenir de ces hommes, les fidèles avaient la bouche comme remplie d'un doux miel. Aussi toute l'église des saints racontera leurs vertus et leurs combats, et leurs glorieux triomphes sur les ennemis du Christ. Des chevaliers accouraient en foule auprès d'eux de toutes les parties du monde; et non seulement des hommes de médiocre condition, mais même des ducs et des princes qui, à leur exemple, rompaient les liens du monde, renonçaient à tout pour le Christ; et qui, impatiens de s'associer à leur profession de foi et à leur vie religieuse, repoussant absolument les pompeuses vanités du monde et les délices de la chair, et les dédaignant comme la boue, inspirés par le ciel, se consacraient en toute dévotion à la milice du Christ et à la reli-

---

[1] Évang. selon saint Luc, ch. 20, v. 25; selon saint Matth., ch. 22, v. 21.

gion. Aussi se multiplièrent-ils en peu de temps à tel point, qu'ils se trouvèrent avoir dans leurs assemblées plus de trois cents chevaliers (sans compter les servans, dont le nombre était infini), tous revêtus de manteaux blancs. Ils acquirent aussi très-rapidement de vastes propriétés, tant en deçà qu'au-delà de la mer, et possédèrent, à l'exemple des frères de l'hôpital de Saint-Jean, des maisons de campagne, des villes et des places, sur les revenus desquelles ils envoient tous les ans une certaine somme d'argent pour la défense de la Terre-Sainte, à leur souverain *maître*, dont la principale résidence est à Jérusalem. Il en est de même pour l'hôpital de Saint-Jean; les régisseurs de leurs maisons, qu'ils appellent les *percepteurs*, envoient aussi toutes les années une certaine somme d'argent au principal maître de leur Ordre. A l'imitation des frères du Temple, les frères de l'hôpital de Saint-Jean, employant aussi des armes matérielles, reçurent dans leur corps des chevaliers et des servans, afin que l'on vît s'accomplir ce qui a été dit par le prophète Isaïe sur l'avancement de la future Église. « Je vous établirai dans une gloire « qui ne finira jamais [1]. Le loup et l'agneau iront « paître ensemble; le lion et le bœuf mangeront la « paille [2]; le loup habitera avec l'agneau; le léopard « couchera à côté du bouc; le veau, le lion et la « brebis demeureront ensemble. »

Et comme « si le cordon est triple il n'est pas aisé « de le rompre [3] », il plut à la divine Providence d'ajouter aux deux maisons susdites une troisième

---

[1] Isaïe, ch. 60, v. 15. — [2] Ibid., ch. 65, v. 25. — [3] Ecclésiastique, ch. 4, v. 12.

maison infiniment nécessaire à la Terre-Sainte et formée en quelque sorte des deux précédentes. En effet, ceux qui lui appartiennent suivent formellement, tant en guerre qu'en paix, la profession de foi, la règle et les institutions des frères du Temple, et, comme les frères de l'hôpital de Saint-Jean, ils reçoivent pareillement dans leur hôpital (que l'on appelle l'hôpital de Sainte-Marie des Teutons à Jérusalem), les infirmes, les pèlerins et tous autres, leur donnant aussi en suffisance et en toute dévotion et piété les choses dont ils ont besoin, et obéissant humblement au seigneur patriarche et aux autres prélats des églises. Selon que le prescrivent le droit et leur institution divine, ils rendent fidèlement les dîmes de tous les biens qu'ils possèdent et ne tracassent point les prélats des églises. Partis d'un faible commencement et d'une source d'abord bien petite, ils se sont étendus par la suite comme un grand fleuve, sous l'invocation de la bienheureuse vierge Marie, qu'ils servent en toute dévotion et humilité, et qui les a secourus et fait prospérer en tous biens spirituels et temporels. Lorsque la cité sainte après sa délivrance se trouva entièrement habitée par des Chrétiens, comme il y venait en pèlerinage un grand nombre de Teutons et d'Allemands qui ignoraient la langue que l'on parlait dans la ville, la clémence divine inspira à un Teuton, homme honorable et religieux, qui habitait à Jérusalem avec sa femme, la pensée de fonder, avec ses propres ressources, un hôpital dans lequel il pût accueillir les Teutons pauvres et infirmes. Comme beaucoup de pauvres et de pèlerins affluaient en ce lieu, à raison des secours qu'ils y trouvaient pour parler la langue qui leur était connue, le fondateur, avec le consentement et l'approbation du seigneur patriarche, fit construire un oratoire à côté de son hôpital, en l'honneur de la bienheureuse Marie, mère de Dieu. Pendant long-temps cet établissement demeura dans une grande pauvreté, et celui qui l'avait formé entretint les pauvres et les infirmes, tant avec ses revenus particuliers qu'avec le produit des aumônes qu'il levait parmi les fidèles. Quelques hommes, principalement de la race des Teutons, remplis du zèle de la charité et des bonnes œuvres et renonçant à tout, consacrèrent leur personne et leurs biens à Dieu et à cet hôpital; et déposant l'habit séculier, s'engagèrent par des vœux au service des pauvres. Dans la suite des temps et lorsque des hommes non seulement de la classe inférieure, mais même de l'ordre équestre et de la noblesse d'Allemagne, dévoués à Dieu, se furent obligés par leurs vœux à servir dans cet hôpital, choisissant une pauvreté volontaire et aimant mieux « être à la porte de « la maison de Dieu que d'habiter dans les tentes de « l'impie [1] », ils jugèrent qu'il serait agréable et bien venu devant Dieu, qu'ils eussent non seulement à servir les pauvres infirmes, mais en outre à livrer leurs vies pour l'amour du Christ et à combattre pour lui, tant spirituellement que corporellement, en défendant la Terre-Sainte contre les ennemis de la foi chrétienne. En conséquence, comme je l'ai dit ci-dessus, ils adoptèrent la règle et les institutions des frères du Temple, sans abandonner les œuvres de piété et les pratiques d'hospitalité si agréables à Dieu,

[1] Ps. 83, v. 11.

ayant comme les animaux sacrés « une face d'homme « et une face de lion ¹ », accomplissant leur double service si religieusement et avec tant de zèle, qu'ils méritèrent la grâce de Dieu et la faveur des hommes, et portant, pour se distinguer des autres Ordres, des croix noires sur des manteaux blancs. Et comme jusqu'au temps présent ils se sont maintenus dans une humble pauvreté et dans leur ferveur religieuse, veuille le Seigneur éloigner d'eux les richesses orgueilleuses, avides, querelleuses, qui n'engendrent que des sollicitudes et sont ennemies de la religion! Car, que servirait à un homme de gagner tout le monde, s'il perdait son ame ² ?

La Terre-Sainte, telle qu'un bienheureux paradis, portait en outre un grand nombre d'hommes vivant régulièrement, religieux, anachorètes, moines, chanoines, religieuses et recluses, vierges dévouées à Dieu, ou veuves chastes et saintes ; et elle exhalait de suaves parfums, semblables à ceux des roses, des lis ou des violettes. « Le Seigneur avait comblé des biens « de sa bonté le cercle de l'année ³ », et les vastes déserts étaient devenus tellement fertiles, que là où habitaient auparavant les serpens et les dragons, on voyait verdoyer les cannes et les joncs. Quoique le Seigneur l'eût un peu abandonnée pour un moment, dans ses grandes miséricordes, il rassembla ensuite ses enfans. De toutes les races, de toutes les nations, de toutes les langues des hommes, il rendit cette terre tellement populeuse, que ces paroles prophétiques parurent accomplies : « Vos fils viendront de

---

¹ Ezéch., ch. 1, v. 10. — ² Évang. selon saint Matth., ch. 16, v. 26. — ³ Ps. 64, v. 12.

« bien loin et vos filles seront nourries à vos côtés [1]. »
Son cœur s'épanouissait et était rempli d'admiration,
en voyant se tourner vers elle la multitude des habitans de la mer, et principalement les Vénitiens,
les Génois et les Pisans, et accourir à elle la force des
nations, et particulièrement les habitans des pays de
France et d'Allemagne, hommes belliqueux; ceux-
là, plus forts sur la mer, ceux-ci, plus puissans sur
la terre; ceux-là, plus propres aux combats de mer,
plus accoutumés et mieux exercés à combattre sur les
eaux; ceux-ci, plus braves sur terre, très-savans à la
guerre, plus vaillans pour combattre dans une armée
de chevaliers et pour manier le glaive et la lance;
ceux-là plus habiles sur leurs galères, ceux-ci, sur
leurs chevaux. Les hommes d'Italie, plus graves et
plus rassis, sages et prudens, sobres pour la boisson
comme pour la nourriture, ornés et polis dans leur
langage, pleins de circonspection dans les conseils,
actifs et zélés pour le soin de leurs affaires publiques,
opiniâtres et sachant prendre leurs précautions pour
l'avenir, refusant toujours de se soumettre aux autres
et défendant leur liberté plus que toute autre chose,
fixant dans leur communauté leurs droits et leurs institutions, et les observant fidèlement sous l'autorité
d'un capitaine qu'ils élisent entre eux, se rendent
absolument nécessaires dans la Terre-Sainte, non
seulement pour les combats, mais en outre pour le
service de la mer et pour le transport des marchandises, des pélerins et des vivres; et comme ils sont modérés pour la boisson et pour les alimens, ils vivent
dans les contrées de l'Orient plus long-temps que les

[1] Isaïe, ch. 60, v. 4.

autres peuples occidentaux. Les Allemands, les enfans de la France, les Bretons, les Anglais et les autres peuples d'au-delà des monts, moins graves et plus impétueux, moins circonspects dans l'action, s'abandonnant davantage aux excès de la boisson et des alimens, plus prodigues dans leurs dépenses, moins prudens dans leur langage, prompts, mais moins prévoyans dans les conseils, dévots à l'église, plus ardens pour les aumônes et pour les autres œuvres de miséricorde, plus courageux dans les combats, sont infiniment utiles pour la défense de la Terre-Sainte (principalement les Bretons), et se rendent formidables aux Sarrasins : toutefois la légèreté et l'intempérance de quelques-uns d'entre eux les ont fait appeler *enfans d'Hernaude* par les *Poulains;* et l'on désigne sous ce nom de *Poulains* ceux qui, depuis la délivrance de la Terre-Sainte, sont nés dans ce pays, soit que cette dénomination fasse allusion au mot *pullus*, petit poulet, et les signale, comparés aux Syriens, comme les plus jeunes, les nouveaux venus ; soit plutôt parce qu'ils tiennent, par leurs mères selon la chair, à la race des habitans de la Pouille. En effet, comme les princes de l'Occident n'avaient amené qu'un petit nombre de femmes à la suite de leurs armées, du moins en le comparant à celui des hommes, ceux qui demeurèrent dans la Terre-Sainte firent venir des femmes du royaume de la Pouille, comme étant plus rapproché que toute autre contrée, et contractèrent des mariages avec elles.

Il y a en outre dans la Terre-Sainte beaucoup d'autres peuples ayant des rites divers, et divisés entre eux pour le culte divin et les pratiques de la religion, tels que les Syriens, les Grecs, les Jacobites, les Maronites, les Nestoriens, les Arméniens et les Grégoriens; mais tous sont infiniment nécessaires dans la Terre-Sainte pour le commerce, l'agriculture et d'autres sortes d'industrie; « ils ensemencent les « champs, plantent les vignes, et leurs terres pro-« duisent les fruits de la récolte [1]. »

Ainsi donc tandis que le Seigneur dans sa bonté faisait tomber les rosées du ciel, « que la Terre-Sainte « produisait son fruit [2], » qu'elle était comme la demeure de tous les gens remplis de joie, qu'elle était célébrée par le peuple du Seigneur, comme la voix qui s'élève dans les solennités, « tous se réjouissaient « en présence du Seigneur, comme on se réjouit pen-« dant la moisson, comme les victorieux se réjouissent « lorsqu'ils ont enlevé les dépouilles et qu'ils parta-« gent le butin [3], » et on accourait en foule de toutes les parties du monde. Un vaisseau attirait un autre vaisseau, et ceux qui entendaient disaient : « Venez, « montons, à la montagne du Seigneur et à la maison « du Dieu de Jacob [4], car le Seigneur a visité sa terre « et l'a abreuvée, et partout sous ses pas a répandu « l'abondance [5]. » Or les peuples venaient non seulement de Saba, mais de tous les points du monde, « apporter de l'or et de l'encens à Jérusalem, et pu-« blier les louanges du Seigneur [6]; » son sépulcre était glorieux, tellement qu'on voyait accomplies à la lettre ces paroles du prophète : « La montagne de la « maison du Seigneur sera comme placée à la tête des « montagnes; toutes les nations y accourront en foule,

[1] Ps. 106, v. 37. — [2] Ps. 84, v. 13. — [3] Isaïe, ch. 9, v. 3. — [4] Isaïe, ch. 2, v. 3. — [5] Ps. 64, v. 10 et 12. — [6] Isaïe, ch. 60, v, 6.

« et plusieurs peuples y viendront¹, » et l'on pouvait redire ce que nous lisons dans Tobie au sujet de Jérusalem : « Tu brilleras d'une lumière éclatante, et
« tu seras révérée de tous les peuples jusqu'aux ex-
« trémités de la terre; les nations viendront à toi des
« climats les plus reculés, et t'apportant des présens,
« elles adoreront en toi le Seigneur². Ce que le Seigneur n'accomplit pas au temps des Juifs, pour les punir de leurs péchés, parut enfin s'accomplir alors, ainsi qu'on le trouve dans le livre du Deutéronome :
« Tout lieu où vous aurez mis le pied vous sera assu-
« jéti, et vos limites seront depuis le désert du midi
« jusqu'au Liban, et depuis le grand fleuve de l'Eu-
« phrate jusqu'à la mer occidentale³. »

Mais tandis que la vigne du Seigneur répandait ainsi ses suaves odeurs jusqu'aux extrémités de la terre, l'antique serpent, le dragon vénéneux, l'ennemi du genre humain, ne put supporter long-temps ces doux parfums; en voyant les changemens opérés dans les contrées de l'Orient par la droite du Très-Haut, la sainte Église faisant des progrès en tous sens, le culte divin se répandant, les infidèles confondus et les Chrétiens exaltés, les miracles se renouvelant, des événemens admirables se reproduisant, le feu du ciel descendant au jour du saint sabbat de la Pâque dans l'église de la Résurrection du Seigneur, le peuple accourant en toute dévotion pour célébrer la gloire de Dieu et louer ses grands bienfaits, les infidèles couverts de rougeur et les fidèles réjouis dans le Seigneur; envieux à cette vue, recouvert de nouvelles

¹ Isaïe, ch. 2, v. 2 et 3. — ² Tobie, ch. 13, v. 13 et 14. — ³ Deut., ch. 11, v. 24.

ténèbres par une si vive lumière, et comme frappé au cœur dans sa méchanceté et atteint d'une blessure mortelle, il commença à chercher mille moyens, à inventer toutes sortes de machinations pour parvenir à insinuer en secret son venin, à détruire la vigne du Seigneur, « et à semer de l'ivraie dans le « champ du Seigneur, pendant que les bergers sont « endormis [1]. »

Dans le principe, il ne put trouver à se reposer dans des lieux arides et dépourvus d'eau, c'est-à-dire, au milieu de ces premiers pélerins, pauvres encore, épuisés et exténués par de longues fatigues ; mais enfin il trouva une maison en plein repos et affranchie de tout péril, et des hommes livrés à l'oisiveté, résidant en sécurité dans leur nouvelle demeure, multipliant au milieu de leurs récoltes de froment, de vin et d'huile, et jouissant dans une excessive abondance de tous les biens temporels; alors prenant avec lui sept esprits plus pervers que lui, il entra avec les sept péchés capitaux, plus méchans qu'autrefois à cause de leur ingratitude ; et les événemens qui suivirent furent pires que ceux qui avaient précédé, car les blessures des hommes étant renouvelées, « leur folie a fait « naître la corruption et la pourriture dans leurs « plaies [2]. Ils sont devenus rebelles après avoir été « bien engraissés et chargés d'embonpoint [3], et l'ini- « quité de ces hommes insensés est sortie du sein « des richesses et des délices [4]. Le Seigneur les avait « rassasiés, et ils sont devenus adultères [5], » et ils se sont livrés à la débauche dans les maisons des femmes

---

[1] Évang. selon saint Matth., ch. 13, v. 25. — [2] Ps. 37, v. 6. —
[3] Deut., ch. 32, v. 15. — [4] Ps. 72. — [5] Jérém., ch. 5, v. 7.

prostituées; ils se sont fondus comme de l'eau; ils s'en sont allés à la poursuite de leurs desirs : ils n'ont point été transvasés d'un vaisseau dans un autre; ils se sont reposés dans leur lie, comme les bêtes de somme reposent dans leurs immondices; ils sont devenus comme des chevaux qui hennissent, et « chacun « d'eux a poursuivi de même avec une ardeur fu- « rieuse la femme de son prochain [1]. Le feu est tombé sur eux et ils « n'ont point vu le soleil [2], » car ils ont détourné les yeux vers la terre, et sont devenus superbes, orgueilleux, gonflés de vent, insultans, séditieux, se déchirant les uns les autres, et semant la discorde parmi leurs frères, remplis de malice, s'abandonnant au sortilége et au sacrilége, irascibles et iniques, engourdis par la paresse et la lâcheté, insatiables dans leur avidité, courbés sous la crapule et l'ivresse, dégoûtans de débauche et d'impureté, voleurs, ravisseurs, homicides, hommes de sang, traîtres, ne sachant obéir ni à leurs parens ni à leurs supérieurs, dénués de sagesse et de mesure, dégagés de toute affection, de tout lien, de tout sentiment de compassion, enfin, pour me servir des paroles du prophète : « Les malédictions, le mensonge, « le meurtre, le larcin et l'adultère ont inondé ce « peuple, et le sang est tombé sur le sang [3]. » Aussi l'enfer s'ouvrit-il largement; il prépara des logemens pour tous les crimes et tous les vices, et multiplia ses attaques à l'infini. Les pensées de ces hommes impies « n'étaient en tout temps que mé- « chanceté [4], » et avaient corrompu toutes leurs voies

---

[1] Jérém., ch. 5, v. 8. — [2] Ps. 57, v. 9. — [3] Osée, ch. 4. v. 2. — [4] Genèse, ch. 6, v. 5.

sur la terre; toute vertu et toute religion avaient tellement disparu, la charité se glaçant de plus en plus, on trouvait si « peu de foi sur la terre[1] » parmi les enfans des hommes, qu'à peine pouvait-on rencontrer quelqu'un qui « fît le discernement entre « les choses saintes ou profanes, » ou qui séparât « ce « qui est pur de ce qui est impur[2]. » Tous étaient entraînés dans le précipice et la confusion; « depuis « la plante des pieds jusqu'au haut de la tête il n'y « avait en eux rien de sain[3], » et « tel était le peuple, « tel aussi le prêtre. »

Et en effet, pour commencer par le sanctuaire du Seigneur, lorsque le monde presque entier fut devenu, par ses aumônes, ses oblations et ses présens divers, tributaire des prélats des églises et des hommes vivant dans les ordres réguliers, les pasteurs « se paissaient eux-mêmes[4], » recherchant la laine et le lait des brebis, ne prenant aucun soin des ames et donnant au contraire à leurs sujets des exemples de trahison; vaches engraissées sur la montagne de Samarie, ils passèrent de la pauvreté du Christ à la richesse, de son humilité à l'orgueil, de son ignominie à la vanité; ils devinrent gras du patrimoine du Crucifié, ils s'enrichirent, s'agrandirent, et cependant le Seigneur a dit à Pierre, « Paissez mes brebis, » et nous ne voyons nulle part qu'il lui ait jamais dit : « Tondez mes brebis. » Ainsi, « recherchant leurs « propres intérêts et non ceux de Jésus-Christ[5] », ils devinrent aveugles conducteurs d'aveugles, et chiens

---

[1] Évang. selon saint Luc, ch. 18, v. 8. — [2] Ezéch., ch. 22, v. 26. — [3] Isaïe, ch. 3, v. 6. — [4] Ezéch., ch. 34, v. 8. — [5] Ép. de saint Paul aux Philipp., ch. 2, v. 21.

muets ne sachant pas aboyer. « Entrant » avec pompe « dans le sanctuaire pour prier [1] ; ayant la clef de la « connaissance et cependant n'y entrant point eux-« mêmes et empêchant d'y entrer ceux qui le vou-« laient [2] »; misérablement travaillés de la lèpre de Giesi [3], eux-mêmes dressaient çà et là dans les églises, « les siéges de ceux qui vendaient des colombes « et les tables des changeurs [4] », disant avec Judas le traître : « Que voulez-vous me donner, et je vous le « livrerai [5] ? » Ainsi donc « tous aimaient les présens, « ne cherchaient que le gain [6] » ; enlevant les clefs à Simon-Pierre pour les remettre à Simon le magicien; adonnés à un luxe extraordinaire, engourdis dans une honteuse oisiveté, ils employaient, « non seule-« ment les miettes qui tombent de la table du maî-« tre [7] », mais même les pains entiers et les mets les plus délicats, pour nourrir « les petits chiens [8] » qu'ils avaient eus de leurs viles concubines, plus vils eux-mêmes que celles-ci.

Lorsque les religieux réguliers, infectés du poison des richesses, se furent agrandis outre mesure et eurent acquis d'immenses possessions, méprisant leurs supérieurs, « rompant les chaînes qui les unissaient à « eux et rejetant au loin leurs liens [9] », non seulement ils se rendirent incommodes aux églises et aux hommes des églises, mais se jalousant et se décriant les uns les autres, au grand scandale de toute la chrétienté, ils en vinrent bientôt aux insultes publiques,

[1] Isaïe, chap. 16, v. 12. — [2] Évang. selon saint Luc, ch. 11, v. 52. — [3] Rois, liv. IV, ch. 5, v. 27. — [4] Évang. selon saint Matth., ch. 21, v. 12. — [5] Ibid., ch. 26, v. 15. — [6] Isaïe, ch. 1, v. 23. — [7] Évang. selon saint Matth., ch. 15, v. 27. — [8] Ibid., ch. 15, v. 26. — [9] Ps. 2, v. 3.

aux inimitiés découvertes, et presque jusqu'aux engagemens, aux violences et aux combats, non seulement
de paroles, mais quelquefois aussi de fait. Après qu'ils
eurent commencé « à bâtir leur tour de Babel [1] », se
séparant les uns des autres dans la confusion de leurs
langues, non seulement ils se désunissaient entre eux,
mais faisant eux-mêmes des partis, ils mettaient la
discorde entre les autres. Toutefois un grand nombre
d'entre eux, mieux intentionnés, hommes justes et
remplis de crainte, observant la règle salutaire et les
saintes institutions de leur ordre, autant du moins
qu'il leur était permis au milieu de la tempête, tels
que le grain dans les tas de paille, tels « que le lis
« entre les épines [2] », touchés et remplis de componction, pénétrés et vivement blessés au fond du cœur
d'une douleur violente, « ne se laissèrent point aller
« aux conseils des impies, ne s'arrêtèrent point dans
« la voie des pécheurs [3] », et ne s'assirent point dans
les siéges empestés. Cependant l'impiété des méchans et des malintentionnés prévalut, et leur iniquité abonda tellement que très-souvent ils ne crai-
gnirent pas d'admettre eux-mêmes aux offices divins
ceux que leurs prélats avaient interdits et enchaînés
nominativement des liens de l'anathème, en sorte
que ceux qui devaient « être dans la joie avec ceux
« qui sont dans la joie et pleurer avec ceux qui
« pleurent [4], » étaient seuls à se réjouir tandis que
les autres s'affligeaient. Par là, les liens vigoureux de
la discipline ecclésiastique se trouvant relâchés, les
hommes du monde et les hommes empestés se jouaient

---

[1] Genèse, ch. 11. — [2] Cant. des cant., ch. 2, v. 2. — [3] Ps. 1, v. 1
— [4] Ép. de saint Paul aux Rom., ch. 12, v. 15.

des sentences de leurs prélats et méprisaient la justice terrible du glaive spirituel. En effet, les abbés, les prieurs, les moines et leurs chapelains mercenaires et misérables, rejetant toute crainte de Dieu, ne redoutant point de porter leur faux sur la moisson étrangère, unissaient en mariage clandestin les personnes qui n'y avaient aucun droit, ou qui étaient en fuite, visitaient les infirmes par des motifs de cupidité et non de piété, et leur administraient les sacremens, en dépit même de leurs propres pasteurs, liant et déliant, au mépris de Dieu et des statuts des saints canons, les ames dont le soin ne leur appartenait point, puisque l'Apôtre lui-même a dit : « Qui es-tu, toi qui « condamnes le serviteur d'autrui[1]? » Quant aux morts, ils les admettaient indistinctement à la sépulture, malgré les défenses de leurs prélats, usurpant ainsi le droit de paroisse, car « c'est l'office des moi-« nes de pleurer et de prier et non d'administrer les « sacremens aux laïques. » Et non seulement les moines, mais aussi les religieuses se montrèrent également désobéissantes envers leurs supérieures. Secouant le joug de la discipline, celles-ci sortaient du cloître; telles que les pierres du sanctuaire, elles se dispersaient sur toutes les places, et dans l'excès de leur irréligion, elles allaient fréquentant les bains publics avec les personnes du monde. Tout ce que nous venons de dire nous ne l'avons point rapporté pour reprocher les crimes de leurs prédécesseurs à ceux qui les ont suivis et qui appartiennent au temps présent, mais uniquement afin qu'eux mêmes, « la-« vant leurs pieds dans le sang de l'impie[2] », appren-

---

[1] Ep. de saint Paul aux Rom., ch. 14, v. 4 — [2] Ps. 57, v. 11.

nent à imiter les bons, à détester et à improuver les méchans. Qu'ils sachent donc s'humilier avec le Christ, embrasser sa pauvreté, sa pureté et sa charité, afin que, renonçant au monde non seulement par l'habit extérieur, ils puissent « posséder leurs ames par la « patience [1]. »

Quant aux laïques et aux gens du monde, plus ils étaient grands et puissans, plus ils se corrompirent méchamment dans leurs voies. « Race pleine de per- « versité et de détours [2], » enfans scélérats et dégénérés, hommes corrompus et prévaricateurs contre la loi divine, descendans de ces pélerins dont j'ai déjà parlé, hommes religieux, agréables à Dieu, et remplis de grâce, comme la lie provient du vin, le marc de l'huile, l'ivraie du froment, et la rouille de l'argent, ils succédèrent aux possessions, mais non aux vertus de leurs pères, et abusèrent des biens temporels que leurs parens avaient conquis au prix de leur propre sang, en combattant vaillament en l'honneur de Dieu contre les impies. Leurs enfans, que l'on nomme maintenant *Poulains*, nourris dans les délices, mous et efféminés, accoutumés aux bains plus qu'aux combats, adonnés à l'impureté et à la luxure, portant comme les femmes des vêtemens bien souples, sont ornés et arrangés comme un temple ; et cependant quiconque a appris combien les Sarrasins en font peu de cas, sait aussi à quel point ils se sont montrés lâches et craintifs, pusillanimes et timides contre les ennemis du Christ. Aussi, tandis que l'immense multitude des Sarrasins tremblait en présence de leurs pères, quoiqu'ils fussent en bien petit nombre, « comme

[1] Évang. selon saint Luc, ch. 21, v. 19. — [2] Deut., ch. 31, v. 5.

« au bruit du tonnerre [1], » si les *Poulains* n'avaient avec eux des Francs et des peuples de l'Occident, les Sarrasins ne les redouteraient pas plus dans leur lâcheté, qu'on ne redoute des femmes. Eux-mêmes, concluant des traités avec ceux-ci, se réjouissent de la paix des ennemis du Christ; ils se livrent entre eux à des dissensions pour les plus futiles motifs, se suscitent sans cesse des guerres civiles, très-souvent demandent des secours contre les Chrétiens aux ennemis mêmes de notre foi, et ne rougissent pas de consumer en vains efforts, au détriment de la chrétienté, les forces et les richesses qu'ils devraient tourner contre les païens en l'honneur de Dieu. Se couvrant et s'ornant des plus belles feuilles, comme des saules stériles qui ne produisent point de fruits, ils ont si bien appris à dissimuler les pensées de leur esprit sous des paroles bien arrangées, que ceux qui n'ont pu les connaître par une longue expérience ont grand' peine à apprécier les feintes de leurs cœurs, et à se sauver de leurs tromperies. Hommes soupçonneux et dévorés de l'esprit de jalousie, ils tiennent leurs femmes étroitement enfermées, et les gardent avec tant de soin et de sollicitude, qu'à peine permettent-ils à leurs frères et à leurs parens les plus proches de parvenir jusqu'à elles; ils leur interdisent les églises, les processions, les prédications salutaires de la parole divine et tous les exercices qui se rapportent au salut des ames, tellement que, tout au plus une fois par an, leur est-il permis de visiter les églises. Quelques-uns cependant leur accordent de sortir trois fois par semaine pour aller au bain, mais sous une sévère

---

[1] Ps. 103, v. 7.

surveillance. Les plus riches et les plus puissans d'entre eux, pour paraître encore chrétiens, et se ménager quelque excuse, font dresser des autels à côté des lits de leurs femmes, et leur font dire la messe par de misérables chapelains et de mauvais petits prêtres bien ignorans. Mais plus leurs femmes sont étroitement tenues renfermées par eux, et plus elles s'appliquent à chercher, par toutes sortes d'artifices et d'inventions rusées, à pratiquer des trouées pour leur échapper. On ne saurait croire combien les femmes syriennes et sarrasines leur enseignent de sortiléges, de maléfices et d'abominations de tout genre. En outre, ils se montrent non seulement ingrats, mais même oppresseurs de toutes sortes de manières pour les pélerins qui viennent de loin, des contrées les plus reculées, à grands frais et à travers mille fatigues, tant par des motifs de dévotion, que pour leur porter secours. Ils aiment mieux croupir à jamais dans leur oisiveté, et se livrer aux desirs de la chair, que de rompre les trèves qu'ils ont conclues avec les Sarrasins, et de combattre contre eux. Après qu'ils se sont immensément enrichis, en faisant payer aux pélerins des prix immodérés dans leurs hospices, en les circonvenant et les ruinant par la vente de leurs marchandises, par leurs trafics et leurs négociations de tout genre, dédaignant enfin, et livrant à la risée ces champions du Christ, qui se sont exilés pour l'amour de lui, ils les accablent d'injures et d'affronts, les appelant *enfans d'Hernaude*, comme s'ils étaient des imbéciles et des idiots........ [1], et ne cessent d'adresser des reproches à ceux pour qui ils ne devraient

[1] Il y a ici une lacune.

avoir que de la charité. Telles sont, et bien pires encore, la perverse malice et la malicieuse perversité de ces hommes réprouvés, « qui se portent avec « joie à faire le mal [1], » se livrent avec transport aux choses les plus mauvaises, et à qui est réservée pour l'éternité une tempête de ténèbres. Ils vivent au milieu de leurs richesses, mais bientôt ils descendront dans les gouffres les plus profonds de l'enfer. Et comme nous détestons la malice des impies, selon ces paroles du prophète : « L'horreur me saisit, lors-« que je considère les impies qui abandonnent no-« tre loi [2]; » et celles-ci encore : « Je les hais d'une « haine parfaite, et ils sont devenus mes ennemis [3], » de même nous louons dans le Seigneur les hommes de bien, s'il en est quelques-uns parmi eux. Si quelqu'un s'irrite contre moi des choses que je viens de dire, il semblera confesser pour lui-même qu'il est du nombre de ceux dont j'ai parlé.

Quant à ceux qui sont originaires des illustres villes de Gênes, de Pise et de Venise, et des autres contrées d'Italie, qui habitent maintenant en Syrie, et dont les pères et les prédécesseurs, triomphant glorieusement des ennemis du Christ, se sont fait un nom immortel, et ont acquis la couronne éternelle, ils seraient encore infiniment redoutables aux Sarrasins, s'ils renonçaient à leur jalousie et à leur insatiable avidité, et n'avaient pas entre eux des querelles et des combats interminables. Mais comme ils se battent plus souvent et plus volontiers les uns contre les autres que contre la perfide race des païens, comme ils se livrent beaucoup plus à leurs trafics et à toutes

[1] Prov., ch. 2, v. 14. — [2] Ps. 118, v. 53. — [3] Ps. 138, v. 22.

sortes de commerce qu'à la guerre pour le Christ, ils réjouissent et maintiennent ainsi en sérénité nos ennemis, qui jadis redoutaient à l'excès leurs ancêtres, hommes belliqueux et remplis de vaillance.

Il y a encore d'autres hommes, qui, dès les temps antiques, ont habité cette même terre, sous l'autorité de ses divers maîtres, Romains, Grecs, Latins et Barbares, Sarrasins et Chrétiens, subissant pendant long-temps et avec des chances variées le joug de la servitude, partout esclaves, toujours tributaires, réservés par leurs maîtres pour les travaux de l'agriculture et d'autres services de condition inférieure, hors d'état de combattre, inutiles à la guerre autant que des femmes, à l'exception d'un petit nombre d'entre eux, qui, sans être armés et toujours prêts à prendre la fuite, portent cependant des arcs et des flèches. Ceux-là sont appelés Suriens, soit du nom de la ville de Sur, qui, dès les temps les plus reculés, tient le premier rang parmi les villes de la Syrie, soit de ce nom même de la Syrie, par suite de la conversion de la lettre *y* en *u*, car ils sont les mêmes que l'on trouve appelés Syriens dans les anciennes Écritures. Ces hommes sont pour la plupart sans foi, pleins de duplicité, à l'instar des Grecs, rusés comme des renards, menteurs et inconstans, dévoués à la fortune, traîtres, faciles à corrompre par des présens, ayant un langage à la bouche et d'autres sentimens dans le cœur, ne trouvant enfin aucun mal au larcin et aux rapines. Devenus espions à vil prix, ils dénoncent les secrets des Chrétiens aux Sarrasins, au milieu desquels ils sont élevés, dont ils emploient la langue de préférence à toute autre, et dont ils partagent presque en tout point la perversité, car ils se sont mêlés avec eux et ont appris à pratiquer leurs mœurs. Ainsi, de même que les Sarrasins, ils tiennent leurs femmes enfermées et les enveloppent de voiles ainsi que leurs filles, afin qu'elles ne puissent être vues : comme les Sarrasins, les Grecs, et presque tous les peuples orientaux, ils ne se font point la barbe, l'entretiennent au contraire avec grand soin, et en font un objet spécial de vanité, la considérant comme un signe de virilité, l'honneur du visage, le caractère d'autorité et la gloire de l'homme. Et comme chez les Latins, les eunuques, qui manquent absolument de barbe, sont tenus pour des êtres dépourvus de noblesse et entièrement efféminés, de même les Syriens regarderaient comme le plus grand opprobre non seulement qu'on leur coupât la barbe, mais même qu'on en enlevât un seul poil. Ainsi les envoyés de David, à qui Naas, roi des Ammonites, fit raser la moitié de la barbe, en témoignage de mépris pour leur maître, ne voulurent point enlever le reste de leur barbe, et se cachèrent dans Jéricho jusqu'à ce qu'ils eussent recouvré leur honneur avec leur barbe toute entière[1]. Ainsi encore, lorsque le comte d'Édesse, Baudouin, eut laissé croître sa barbe à la manière des Orientaux, parce qu'il avait pris pour femme la fille d'un noble chef arménien de nation, mais Grec par la foi, nommé Gabriel, voulant dans sa pauvreté extorquer de l'argent à son beau-père, qui était fort riche, il lui dit que, forcé par la nécessité, il avait engagé sa barbe à quelques-uns de ses créanciers pour prix d'une somme considérable;

---

[1] Rois, liv. II, ch. 10, v. 1-5.

et alors Gabriel, rempli à la fois de douleur et d'étonnement, voulant sauver sa fille et son gendre d'un éternel opprobre, donna à ce dernier trente mille byzantins, sous la condition expresse que désormais il ne se hasarderait plus à engager sa barbe, dans quelque circonstance qu'il se trouvât, ou à quelque excès de pauvreté qu'il fût réduit. Dans le commerce ordinaire de la vie, les Syriens emploient habituellement la langue des Sarrasins; ils s'en servent aussi pour l'écriture dans leurs contrats, leurs transactions, et pour tous les autres usages; seulement, quant aux divines Écritures et à toutes les affaires spirituelles, ils se servent de la langue grecque; en sorte qu'aux offices divins, leurs laïques, qui n'entendent que la langue sarrasine, ne les comprennent pas, tandis que les Grecs, qui font usage de la même langue pour la parole et l'écriture vulgaire, comprennent leurs prêtres dans leurs églises et dans le langage lettré, qui est le même que le langage vulgaire. Les Syriens observent complètement les coutumes et les institutions des Grecs dans les offices divins et dans toutes les affaires spirituelles, et leur obéissent comme à leurs supérieurs ; quant aux prélats latins, dans le diocèse desquels ils habitent, ils disent qu'ils leur obéissent, non de cœur mais de bouche seulement et pour la forme, et uniquement à cause de la crainte qu'ils ont de leurs seigneurs séculiers: car ils ont pour eux en particulier des évêques grecs, et ils ne redouteraient aucunement les excommunications des Latins ou toute autre sentence venue d'eux, si nos laïques n'évitaient toute communication avec eux pour les contrats et toutes autres relations nécessaires, car ils disent entre eux que tous les Latins sont excommuniés et ne peuvent par conséquent enchaîner personne par aucune sentence. Le concile de Nicée en effet, l'un des quatre principaux conciles que l'Église reconnaît sans aucune réserve, comme les quatre évangélistes, et auquel assistèrent trois cent dix-huit évêques, déclara et affirma, entre autres choses, que le Saint-Esprit procède du Père; et à la fin de ce même concile il fut décidé que tous ceux qui à l'avenir ajouteraient ou retrancheraient quelque chose à ses décisions, seraient frappés d'anathème. Et quoiqu'on eût affirmé dans cette assemblée que le Saint-Esprit procède du Père, on n'y nia point cependant qu'il procède aussi du Fils, car beaucoup de principes qui n'ont pas été exprimés dès le commencement ont été successivement déterminés et déclarés par les conciles suivans lorsqu'il a fallu combattre les erreurs. Ainsi les Grecs disent dans leur Symbole, « et au Saint-Esprit Sei« gneur vivifiant qui procède du Père, » et les Latins disent plus expressément encore, « qui pro« cède du Père et du Fils; » et de même là où les Grecs disent : « Le Saint-Esprit, qui n'a pas été fait, « ni créé, ni engendré par le Père, mais qui en pro« cède, » les Latins ajoutent, « qui procède du Père « et du Fils, » sans ajouter cependant une chose différente ou contraire. Telle est l'opinion généralement reçue, et que l'on a présentée en explication contre ceux qui voudraient ajouter quelque interprétation contraire. Par exemple, Paul dit dans son Épître aux Galates : « Si quelqu'un vous annonce un autre Évan« gile que celui que nous vous avons annoncé,

« qu'il soit anathème¹. » Or il est certain que les saints ont annoncé beaucoup d'autres choses que celles que Paul a annoncées, mais non des choses contradictoires à celles-ci, et c'est en ce sens seulement qu'il faut entendre de telles prohibitions.

Les Grecs donc, aussi bien que les Syriens, misérablement déçus au sujet du Symbole que les saints Pères arrêtèrent dans le concile de Nicée, nient que le Saint-Esprit procède du Fils, quoique le Seigneur Jésus, en l'inspirant à ses disciples et en leur disant : « Recevez le Saint-Esprit², » ait manifestement démontré que lui-même souffle ce Saint-Esprit, et qu'il procède par conséquent de lui comme du Père, comme le lien et l'amour qui les unit tous deux. C'est pourquoi il a dit lui-même dans l'Évangile : « Je « sais que la vertu est sortie de moi, » car la vertu du Saint-Esprit étant sortie ou procédant de lui, il guérit la femme qui avait touché le bord de son habit³. Lorsqu'il disait lui-même au Père : « Tout ce qui est « à toi est à moi, et tout ce qui est à moi est à toi⁴, » il est évident que de même que le Saint-Esprit est au Père, de même il est aussi au Fils, comme l'a dit le bienheureux apôtre Paul : « Dieu a envoyé dans nos « cœurs l'Esprit de son Fils, par lequel nous crions « Abba, c'est-à-dire Père⁵. » Le bienheureux Jean, dans son épître canonique sur le Christ, a dit : « Vous « avez reçu l'onction de la part du Saint, et vous con« naissez toutes choses⁶ ; » et plus loin : « Que l'onc-

---

¹ Ép. de saint Paul aux Galates, ch. 1, v. 8. — ² Évang. selon saint Jean, ch. 20, v. 22. — ³ Évang. selon saint Matth., ch. 9, v. 20-22. — ⁴ Évang. selon saint Jean, ch. 17, v. 10. — ⁵ Ép. de saint Paul aux Rom., ch. 8, v. 9 et suiv. — ⁶ Irᵉ Ép. de saint Jean, ch. 2, v. 20.

« tion que vous avez reçue de lui demeure en vous¹. » Par toutes ces preuves il est évidemment démontré que de même que le Saint-Esprit, ou l'onction (ce qui est la même chose), est l'esprit du Père, il est aussi l'esprit du Fils, et que comme le Père l'envoie, de même le Fils l'envoie aussi, ainsi que l'a attesté le Seigneur, en disant : « Si je ne m'en vais, le con-
« solateur ne viendra point à vous, et si je m'en vais,
« je vous l'enverrai². » Ainsi donc le Saint-Esprit est commun aux deux personnes, et procède de l'une et de l'autre. « Une flamme de feu, dit Daniel, sor-
« tait et se répandait de devant sa face³. » Aussi, comme tous les Latins confessent que le Saint-Esprit procède du Fils, de même les plus sages d'entre les Grecs ne nient point cette doctrine, mais ils n'admettent pas les paroles qui la consacrent, et nulle part chez eux on ne trouve exprimé en termes formels le dogme que « le Saint-Esprit procède du
« Fils. »

Comme les Grecs, ainsi que les Syriens, tiennent tous les Latins pour excommuniés, suivant ce que j'ai déjà dit, ils sont dans l'usage de faire purifier les autels sur lesquels les Latins ont célébré les offices divins, avant de les célébrer eux-mêmes. Ils ne témoignent non plus aucun respect pour nos sacremens, et ne veulent point se lever lorsque nos prêtres portent le corps du Seigneur pour visiter les malades. En outre, tandis que la sainte Église romaine et toutes les églises de l'Occident célèbrent le sacrement avec du pain azime, à l'imitation du Sei-

¹ Iʳᵉ Épît. de saint Jean, ch. 2, v. 27. — ² Évang. selon saint Jean, ch. 16, v. 7. — ³ Daniel, ch. 7, v. 10.

gneur (car le Seigneur, après avoir mangé l'agneau de la pâque avec des pains sans levain, selon le rit des Juifs, convertit en son corps le pain dont il se servait à table[1]); eux au contraire célèbrent les sacremens avec du pain levé. Et cependant, en nous faisant rejeter « le vieux levain, le levain de la ma-
« lice et de la méchanceté, » on nous enseigne d'une manière mystique à célébrer le festin « avec le pain
« sans levain de la sincérité et de la vérité[2]. » En beaucoup d'autres points encore, adoptés par la sainte et souveraine Église romaine, dont ils se sont séparés de leur propre autorité, les Grecs et les Syriens la contredisent en schismatiques, s'opposant ainsi aux dispositions de Dieu, qui a voulu faire de la ville de Rome la souveraine et la métropole du monde entier, et a ordonné que comme elle avait commandé à tous dans les choses temporelles, de même elle commandât à tous les fidèles dans les choses spirituelles. Céphas en effet (qui signifie tout simplement tête), c'est-à-dire Pierre, a été établi par le Seigneur le chef du monde entier, et le Seigneur a dit de lui sans aucune exception : « Tout ce que tu lieras sur la terre,
« sera   dans les cieux[3] ; » et il a dit encore : « Pais
« mes brebis, » sans désigner seulement les Latins ou les Occidentaux, mais tout simplement « mes brebis, » afin qu'il n'y ait « qu'un seul troupeau et un seul ber-
« ger[4]. » Il est donc évident, puisque après le Christ son Église fut édifiée et fondée sur cette pierre, pour laquelle le Seigneur pria que sa foi ne défaillît

---

[1] Évang. selon saint Matth., ch. 26, v. 17 et suiv. — [2] Ire Ép. de saint Paul aux Corinth., ch. 5, v. 8. — [3] Évang. selon saint Matth., ch. 16, v. 19. — [4] Évang. selon saint Jean, ch. 10, v. 16.

point [1], que tous ceux qui se retirent de l'Église romaine bâtissent sans fondement et travaillent par conséquent en vain, et que puisqu'ils sont séparés de celui que le Seigneur a appelé *Cephas*, ils doivent être à juste titre considérés comme des hommes privés de tête et des êtres monstrueux.

Les Syriens, de même que les Grecs, n'admettent point les quatrièmes noces. Leurs prêtres et leurs diacres, quoiqu'ils ne contractent point de mariage dans les Ordres susdits, gardent cependant les femmes auxquelles ils se sont unis avant d'y parvenir. Le sous-diaconat n'est point regardé par eux comme un Ordre sacré. Aussitôt après le baptême, leurs petits enfans sont marqués du chrême au front par de simples prêtres, ce qui n'est permis chez les Latins qu'aux évêques et aux prélats supérieurs, qui tiennent la place des apôtres dans l'Église de Dieu. En effet, l'imposition des mains par les apôtres conférait par le Saint-Esprit la force et la confirmation, et le sacrement dont je viens de parler tient lieu chez les Grecs et les Syriens de l'imposition des mains. Ils tiennent le jour du sabbat pour tellement solennel, qu'il n'est permis à personne de jeûner en ce jour-là, si ce n'est lors du saint sabbat de la Pâque. Le jour du sabbat ils célèbrent solennellement les offices divins, comme le jour du dimanche, mangent de la viande et se nourrissent splendidement, selon l'usage des Juifs. Cette célébration solennelle du sabbat a été réprouvée par les Latins, pour éviter les apparences même du judaïsme.

Il y a en outre dans la Terre-Sainte et dans d'autres

---

[1] Évang. selon saint Luc, ch. 22, v. 32.

parties de l'Orient d'autres peuples barbares qui sont en dissidence sur plusieurs points avec les Grecs et les Latins. Les uns s'appellent Jacobites, du nom de leur maître, Jacques, qui fut disciple d'un patriarche d'Alexandrie. Ces Jacobites excommuniés déjà depuis long-temps par le patriarche de Constantinople Dioscore, et séparés de l'église grecque, habitent une grande partie de l'Asie et de tout le pays d'Orient, quelques-uns au milieu des Sarrasins, d'autres ayant occupé des contrées entières et les habitant sans aucun mélange avec les infidèles, comme par exemple, la Nubie limitrophe de l'Égypte, une grande portion de l'Éthiopie, et tout le pays qui s'étend jusqu'à l'Inde, et qui contient, à ce qu'on assure, plus de quarante royaumes. Tous sont chrétiens, et furent convertis à la foi par le bienheureux apôtre Matthieu, et par d'autres hommes apostoliques. Mais dans la suite « l'en« nemi étant venu et ayant semé de l'ivraie parmi le « blé[1], » ils furent pendant long-temps enveloppés de ténèbres et livrés à de déplorables erreurs. La plupart font circoncire leurs petits enfans de l'un et de l'autre sexe, à la manière des Sarrasins, imprudens qui ne font point attention que, lorsque la grâce du baptême est survenue, elle a rendu inutile la circoncision de la chair, de même que, lorsque le fruit arrive, les fleurs tombent et se flétrissent. Ainsi le bienheureux Paul a dit dans son épître aux Galates : « Si vous vous faites circoncire, Christ ne vous ser« vira de rien. Je proteste à tout homme qui se fait « circoncire qu'il est obligé d'observer toute la loi. « Christ vous devient inutile, à vous tous qui voulez

[1] Évang. selon saint Matth., ch. 13, v. 26.

« être justifiés par la loi, et vous êtes déchus de la
« grâce ¹. »

Une autre erreur des Jacobites, non moins grande que la première, est qu'ils font la confession de leurs péchés, non à des prêtres, mais à Dieu seulement et en secret, déposant à côté d'eux l'encens sur le feu, comme si leurs péchés devaient monter devant le Seigneur avec la fumée ; malheureux qui vont errant sans comprendre les Écritures, et qui périssent par le défaut de doctrine, cachant leurs blessures aux médecins spirituels, auxquels il appartient de discerner la lèpre dans la lèpre, de régler les pénitences d'après l'examen des diverses circonstances des péchés, de lier et délier avec les clefs qui leur ont été remises ², et de prier spécialement pour ceux qui se confessent à eux. Aussi le Seigneur a-t-il dit aux lépreux dans l'Évangile : « Allez et montrez-vous aux
« sacrificateurs ³. » Nous lisons dans saint Matthieu, au sujet du bienheureux Jean-Baptiste, que les hommes
« étaient baptisés par lui dans le Jourdain, confessant
« leurs péchés ⁴. » La rougeur, l'anxiété de la honte, l'humilité de celui qui se confesse sont en effet les principaux caractères de la pénitence. Ceux qui ne croient pas devoir révéler leurs turpitudes devant les hommes deviennent plus enclins à pécher, et il a été écrit : « Celui qui cache ses crimes ne réussira
« point ; mais celui qui les confesse et qui s'en retire,
« obtiendra miséricorde ⁵. »

---

¹ Ép. de saint Paul aux Galates, ch. 5, v. 2, 3 et 4. — ² Évang. selon saint Matth., ch. 18, v. 18. — ³ Évang. selon saint Luc, ch. 17, v. 14. — ⁴ Évang. selon saint Matth, ch. 3, v. 6. — ⁵ Prov., ch. 28, v. 13.

La troisième erreur des Jacobites ou Jacobins, plongés dans une ignorance et enveloppés de ténèbres en quelque sorte palpables, consiste en ce que la plupart d'entre eux, avant le baptême de leurs enfans, les brûlent et les marquent au front avec un fer chaud. D'autres leur font, sur les deux joues ou sur les tempes, une empreinte en forme de croix, pensant faussement qu'ils sont ainsi purifiés par le feu matériel, parce qu'il est écrit dans l'évangile du bienheureux Matthieu, que le bienheureux Jean disait, en parlant du Christ : « Il vous baptisera du Saint-« Esprit et de feu [1], » tandis qu'il est constant pour tous les fidèles que la rémission des péchés se fait par le feu spirituel, c'est-à-dire par le Saint-Esprit et non par un feu visible. Aussi voit-on que le Seigneur accuse fréquemment les enfans d'Israel par les prophètes et leur adresse de terribles menaces, parce que, selon l'usage des Gentils, ils passaient leurs enfans par le feu. Ainsi le Seigneur a dit dans le Deutéronome, par Moïse le prophète : « Vous ne pratiquerez aucune « des abominations que commettent ces nations. Qu'il « ne se trouve personne parmi vous qui fasse passer « par le feu son fils ou sa fille [2]. » Et il est constant pour tous les fidèles, que ni Notre-Seigneur, ni ses apôtres, ni les saints Pères n'ont laissé subsister dans l'Église aucune coutume de ce genre et n'ont point ordonné de pratiquer rien de semblable. Nous avons vu nous-mêmes de ces hommes, tant jacobites que syriens, qui habitent au milieu des Sarrasins, ayant sur les bras des croix marquées avec un fer chaud, et

[1] Évang. selon saint Matth., ch. 3, v. 11. — [2] Deut, ch. 18, v. 9 et 10.

ils disaient qu'ils portaient ainsi la figure de la croix, tant pour se distinguer des païens, que pour témoigner leur respect pour la sainte croix. Lorsque nous avons demandé avec beaucoup de soin aux Grecs et aux Syriens pour quels motifs ils détestaient les Jacobites et les avaient rejetés de leur communion, ils nous ont répondu que leur principal motif était que ceux-ci avaient adopté la plus condamnable et la plus mauvaise des hérésies, savoir, qu'ils ne reconnaissent qu'une seule nature et affirment qu'il n'y a qu'une seule personne en Christ. Les hérétiques de cette classe ont été condamnés et excommuniés dans le concile de Chalcédoine. Quelques-uns d'entre eux affirmaient méchamment que Christ, après avoir revêtu la nature humaine, n'était pas composé de deux natures, et que la nature divine demeurait seule en lui. Cette erreur fut introduite dans l'Église par Eutychès, abbé de Constantinople. D'autres affirment que les deux natures se sont fondues en Christ en une seule. Deux évêques d'Alexandrie, Théodore et Galien, furent les promoteurs de cette erreur. Or, il est certain que, selon la nature humaine, le Seigneur Jésus-Christ eut faim et soif, fut soumis aux autres besoins de la vie et souffrit la mort sur la croix, et que, selon la nature divine, il ressuscita les morts et opéra d'autres actes de puissance, ainsi qu'il le dit lui-même de lui : « Avant « qu'Abraham fût, j'étais [1]. Je suis dès le commen« cement, moi qui vous parle. Moi et mon Père nous « ne sommes qu'un [2]. » Il a dit encore, selon la nature humaine : « Le Père est plus grand que moi. » Et lorsqu'il le priait d'éloigner de lui la coupe : « Tou-

---

[1] Évang. selon saint Jean, ch. 8, v. 58. — [2] Ibid., ch. 10, v. 30.

« tefois qu'il en soit non comme je voudrais, mais
« comme tu le veux [1]. » Ayant eu occasion de demander plusieurs fois à des Jacobites si en effet ils ne reconnaissaient qu'une seule nature en Christ, ils me l'ont nié, sans que j'aie pu savoir si cette réponse était provenue en eux d'un sentiment de crainte ou quel autre motif les avait guidés. Lorsque je leur demandai pourquoi ils se signaient avec un doigt seulement, ils me répondirent qu'ils désignaient par l'unité du doigt l'unité de l'essence divine et la Trinité par les trois actes successifs; qu'ainsi ils se fortifiaient par le signe de la croix, au nom de la Trinité et de l'unité. Quelques-uns d'entre eux emploient les lettres chaldéennes, d'autres les lettres arabes, autrement dites sarrasines. Dans l'usage vulgaire, leurs laïques parlent divers idiomes, suivant les diverses contrées ou nations auxquelles ils appartiennent, et n'entendent pas la langue dont se servent leurs clercs pour les divines Écritures. Celle-ci, quoiqu'elle soit la langue sarrasine, ne reproduit pas cependant le sarrasin vulgaire et est un idiome particulier, que les lettrés seuls comprennent.

Il y a encore d'autres nations, vivant non seulement dans la Terre-Sainte ou au milieu des Sarrasins, mais séparément, et occupant la majeure partie de l'Inde; on les appelle Nestorins ou Nestoriens, du nom d'un certain hérésiarque Nestorius, dont la doctrine perverse infecta mortellement une portion considérable des contrées de l'Orient, et principalement les peuples qui habitent sur le territoire de ce prince très-puissant que le vulgaire a appelé

[1] Évang. selon saint Matth., ch. 26, v. 39.

le prêtre Jean. Tous ces Nestoriens, qui ont un roi, sont, dit-on, avec les Jacobites, beaucoup plus nombreux que les Latins ou les Grecs. Sans parler de ceux qui vivent séparés et dont le nombre est infini, au milieu des Sarrasins, il n'y a pas, à ce qu'on assure, moins de Chrétiens unis aux infidèles et soumis à leur domination, qu'il n'y a de Sarrasins mêmes; et quoiqu'ils n'aient pas voulu dans le principe adopter la loi empestée de Mahomet, ils ont été cependant corrompus par les hérétiques. Ce susdit Nestorius, enfant de perdition, évêque de Constantinople, et tous ses sectateurs nient que la bienheureuse Vierge Marie soit mère de Dieu. Ils reconnaissent toutefois qu'elle est mère du Christ homme, et affirment qu'il y a en Christ une personne divine et une personne humaine. Selon les deux natures ils distinguent deux personnes en Christ, ne croient point au Christ unique par le Verbe de Dieu et par la chair, et soutiennent que, séparés et distincts, l'un est le Fils de Dieu, l'autre le fils de l'homme. Cette détestable hérésie fut réprouvée et condamnée dans le concile d'Éphèse, auquel assistèrent trois cents Pères; car, de même que l'ame raisonnable et la chair ne font qu'un seul homme, de même Dieu et l'homme ne sont qu'un seul Christ; quoique la nature de l'ame et la nature de la chair soient autres, cependant il n'y a pas un homme selon l'ame et un homme selon la chair, et quoique la nature du fer et la nature du feu soient autres, cependant le fer igné est une seule chose. D'après la susdite hérésie, on ne pourrait admettre des locutions telles que celles-ci : « Le Christ est Dieu et homme ; le Fils « de Dieu est mort et a été enseveli, » parce que, en tant que Fils de Dieu, il est impassible et immortel. Et cependant Isaïe a dit : « Un petit enfant nous est « né et il sera appelé Dieu le fort [1]. » Ainsi ce petit enfant a été Dieu, ce qui contredit formellement la perverse doctrine des Nestoriens. De même Jérémie a dit, en parlant du Fils de Dieu : « Après cela il a « été vu sur sur la terre et a conversé avec les hom- « mes [2]; » quoique cependant, en tant que Dieu, il soit invisible. Le bienheureux Paul a dit aussi : « Dieu a envoyé son Fils, né d'une femme et assujéti « à la loi [3]. » Par où il est évident que le Fils de Dieu est le Fils de la Vierge, et qu'ainsi Marie est mère de Dieu, « car des hommes sans nombre sont nés en « elle et c'est le Très-Haut qui lui-même l'a fondée [4]. » Ainsi, l'homme qui est né de la Vierge Marie la créa, et ainsi cet homme fut Dieu. Reconnaissons pareillement que cet enfant créa les astres et qu'il fut de toute éternité consubstantiel et égal au Père, « car la « parole a été faite chair et a habité parmi nous [5]. » Et puisque lui-même a dit de lui : « Je suis ce que « je vous ai dit dès le commencement [6], » il ne saurait être douteux, pour tout être doué de raison, que celui qui parlait ainsi aux hommes ne fut la même personne que celui qui est le principe et le créateur de toutes choses; et il est de la dernière évidence que la personne divine et la personne humaine est la même, malgré toutes les dénégations de ces misérables Nestoriens. Ceux-ci emploient la langue chaldéenne pour les divines Écritures, et à la manière

---

[1] Isaïe, ch. 9, v. 6. — [2] Baruch, ch. 3, v. 38. — [3] Ép. de saint Paul aux Galates, ch. 4, v. 4. — [4] Ps. 86, v. 5. — [5] Évangile selon saint Jean, ch. 1, v. 14. — [6] Ibid., ch 8, v. 25.

des Grecs, ils célèbrent le mystère divin avec du pain fermenté.

Des hommes, habitant en assez grand nombre auprès de la chaîne du Liban, dans la province de Phénicie, et non loin de la ville de Biblios, armés d'arcs et de flèches, et habiles dans les combats, sont appelés Maronites, du nom d'un certain homme, leur maître, Maron, hérétique qui affirmait qu'il n'y a en Christ qu'une seule volonté et une seule opération. Un certain évêque d'Antioche, nommé Macaire, fut le premier inventeur de cette erreur. Il fut, ainsi que ses complices, condamné dans le sixième concile de Constantinople, auquel assistèrent cent cinquante Pères, et, en qualité d'hérésiarque, enchaîné des liens de l'anathème, et rejeté de l'Église des fidèles. Car de même qu'il y a dans l'homme simple la volonté de la raison et la volonté des sens, de même il y eut en Christ la volonté humaine, comme lorsqu'il voulait manger, boire, et éloigner de lui la coupe de la passion; et la volonté divine, qui était la même que celle du Père. Ces deux volontés furent évidemment manifestées, lorsqu'il dit : « Qu'il en soit, non « comme je le voudrais, mais comme tu le veux [1]. » Or, qui ignore que le manger, le boire, et les autres besoins semblables qui étaient dans l'homme Christ, sont des opérations de l'humanité, qui n'appartiennent nullement à l'immuable divinité; tandis que ressusciter les morts, reprendre son âme après la mort, sont des actes qui ne tiennent point de l'humanité, mais uniquement de la puissance divine? Par où il est évident que l'opération de l'humanité est autre

---

[1] Évang. selon saint Matth., ch. 26, v. 39.

que celle de la divinité. Ainsi le bienheureux apôtre Paul, dans son épître aux Romains, nous montre dans la dernière évidence la double volonté d'un homme quelconque, disant : « Je ne fais pas le bien que je « voudrais faire, mais je fais le mal que je ne vou- « drais pas faire ¹; » tel est en effet le combat qui se livre entre la volonté de la raison et la volonté des sens; et plus haut, le même apôtre dit aussi : « J'ai « bien la volonté de faire ce qui est bon, mais je ne « trouve pas le moyen de l'accomplir ². L'esprit est « prompt, » selon la volonté de la raison, « mais la « chair est faible ³, » selon la volonté des sens. C'est selon celle-ci, « qu'un autre ceignit Pierre, et le « mena où il ne voulait pas ⁴, » et cependant il retourna spontanément à Rome, et voulut être crucifié par la volonté de sa raison. Ces deux volontés ont été parfaitement représentées par Paul l'apôtre comme deux lois qui luttent dans l'homme, lorsqu'il a dit : « Je prends plaisir à la loi de Dieu, selon l'homme « intérieur, mais je vois une autre loi dans mes mem- « bres, qui combat contre la loi de mon esprit, et « qui me rend captif sous la loi du péché, qui est « dans mes membres ⁵. » Imprudemment aveuglé par une illusion diabolique, Maron entraîna un grand nombre d'hommes dans son erreur; et ses sectateurs, que l'on appela Maronites, séparés pendant près de cinq cents ans de la sainte Église et de la société des fidèles, célébrèrent particulièrement leurs sacremens. Alors cependant rentrant dans leur cœur, ils firent

---

¹ Ép. de saint Paul aux Rom., ch. 7, v. 19. — ² Ibid., ch. 7, v. 18. — ³ Évang. selon saint Matth., ch. 26, v. 41. — ⁴ Évang. selon saint Jean, ch. 21, v. 18. — ⁵ Ép. de saint Paul aux Rom., ch. 7, v. 22 et 23.

profession de la loi catholique, en présence du vénérable père Amauri, patriarche d'Antioche, abjurèrent leur erreur, et adoptèrent les traditions de la sainte Église romaine. Ainsi, tandis que tous les prélats de l'Orient, excepté toutefois les Latins, ne portent point l'anneau et la mitre pontificale, n'ont point en main le bâton pastoral, et au lieu d'employer les cloches pour appeler le peuple dans les églises, ont coutume de faire battre sur les tables avec le bâton ou le marteau, les Maronites, en témoignage d'obéissance, suivent les coutumes et les rites des Latins. Aussi leur patriarche assista-t-il au concile général de Latran, qui fut solennellement tenu dans la ville de Rome, sous le pontificat du vénérable Innocent III. Les Maronites emploient les lettres chaldéennes, et parlent vulgairement l'idiome sarrasin.

Le peuple arménien qui habite à part dans la province d'Arménie, auprès d'Antioche, entre les Sarrasins et les Chrétiens, est entièrement séparé de toute race chrétienne, et a des rites particuliers et des observances qui lui sont propres. Les Arméniens ont un primat à eux, qu'ils appellent *Catholique,* et auquel tous, depuis le plus grand jusqu'au plus petit, obéissent comme à un pape, lui rendant les honneurs suprêmes, et lui témoignant le plus profond respect. Il y a entre les Arméniens et les Grecs une haine et des dissensions implacables; les uns et les autres détestent réciproquement leurs rites et leurs institutions. Ils ont une langue parlée et une langue écrite qui leur sont propres, et lisent les Écritures divines en langue vulgaire, en sorte que leurs prêtres et leurs clercs sont entendus dans les églises par les laïques, de même que chez les Grecs, comme je l'ai déjà dit. Ils ne célèbrent point la nativité du Seigneur selon la chair, et jeûnent eux-mêmes aux jours qui rappellent cette époque. Leur jeûne fini, et le jour de l'apparition du Seigneur, ils célèbrent, en même temps que la solennité de l'apparition, la fête du baptême du Seigneur; et ce même jour, ils affirment qu'ils célèbrent aussi la fête de la naissance spirituelle du Sauveur, quoique cependant on ne puisse dire proprement que le Seigneur ait été régénéré, ou qu'il soit né de nouveau, puisqu'il n'a pas été purifié par les eaux du baptême celui qui n'a pas le péché originel, « qui n'a pas commis de péché, et dans la bouche du-« quel il ne s'est trouvé aucune fraude [1]. » Les Arméniens observent le carême avant la Résurrection du Seigneur, et jeûnent avec une telle sévérité, que non seulement ils s'abstiennent de viande, de fromage, d'œufs, de lait, mais même de poissons, d'huile et de vin; et toutefois doit-on appeler ces abstinences un jeûne, puisqu'ils mangent des fruits et des légumes toutes les fois qu'il leur plaît pendant le jour? En outre, et afin de se mettre plus manifestement en opposition avec leurs rivaux, les Grecs et les Syriens, il est certains vendredis où ils mangent de la viande. Dans le sacrement du sang du Christ, ils ne mettent point d'eau dans le vin, coutume perverse, par laquelle ils tombent évidemment dans une bien grande erreur, car lors de la Cène, Notre-Seigneur Jésus-Christ, suivant l'usage non seulement des Juifs, mais de tous les peuples d'Orient, qui ne boivent jamais de vin pur, mit la table,

[1] Ire Ép. de saint Pierre, ch. 2, v. 22.

fit le mélange du vin, et célébra le sacrement avec du vin tempéré, car, dans ces contrées, personne ne pourrait boire sans inconvénient du vin qui ne serait pas tempéré par l'eau. Ainsi le bienheureux Cyprien a dit, en parlant de ce mélange du vin avec l'eau : « Si quelqu'un de nos prédécesseurs, par ignorance « ou par simplicité, n'a pas observé et enseigné ce « que le Seigneur nous a appris à faire par son exemple « et par ses leçons, on peut, par l'indulgence du Sei- « gneur, en accorder le pardon à sa simplicité. Quant « à nous, on ne peut nous le pardonner, puisque main- « tenant nous avons été avertis et instruits par le Sei- « gneur à présenter la coupe du Seigneur avec du vin « mêlé, comme le Seigneur l'a présentée lui-même. » Il est donc évident que le Seigneur présenta dans la Cène la coupe remplie de vin mêlé d'eau, et que les Arméniens, dans le sacrement de l'autel, n'imitent point le Seigneur, et ne se conforment pas à ce mystère. L'eau, qui est glissante et coulante, désigne le peuple mortel et transitoire, et l'on mêle l'eau avec le vin pour indiquer l'association qui doit être faite du peuple, tant avec le Christ qu'avec le sang de notre rédemption. Car si quelqu'un présente seulement le vin, le sang du Christ commence à être sans nous; et s'il n'offre que l'eau, le peuple commence à être sans le Christ, et l'on n'indique pas l'union qui doit se faire, tandis que « le sacrement doit être le signe de la « chose consacrée. » Ainsi l'on ne doit pas offrir dans la coupe du Seigneur du vin seul, ou de l'eau seule, car nous voyons dans l'Évangile, qu'après la Passion, on lui perça le côté, et qu'il « en sortit du sang et de

« l'eau [1]. » Les Arméniens promirent obéissance au souverain pontife et à la sainte Église romaine, lorsque leur roi reçut leur pays de l'empereur romain Henri, et la couronne royale de l'archevêque de Mayence; mais en même temps ils ne voulurent pas renoncer aux antiques observances auxquelles ils étaient accoutumés.

Il y a en outre dans la région de l'Orient un autre peuple chrétien, peuple très-belliqueux, vaillant dans les combats, doué d'une grande force, puissant par son innombrable population de guerriers, infiniment redoutable aux Sarrasins, aux Perses, aux Mèdes et aux Assyriens, dans le voisinage desquels il habite, et environné de toutes parts de peuples infidèles, auxquels il fait beaucoup de mal dans les fréquentes expéditions qu'il entreprend. Ces hommes sont appelés Georgiens, parce qu'ils ont saint George pour défenseur et patron dans les combats qu'ils livrent à la race des infidèles, parce qu'ils le servent et l'adorent avec le plus profond respect comme leur porte-bannière, et l'honorent d'une façon particulière, au-dessus de tous les autres saints. Ils se servent de la langue grecque pour les diverses écritures, et suivent d'ailleurs dans les sacremens les coutumes des Grecs. Leurs clercs ont la tonsure en rond, et les laïques l'ont en carré. Toutes les fois qu'ils arrivent en pèlerins dans la cité sainte pour visiter le sépulcre du Seigneur, ils y entrent sans payer aucun tribut et bannières déployées, et les Sarrasins n'osent les tracasser en quoi que ce soit, de peur que, de retour

---

[1] Évang. selon saint Jean, ch. 19, v. 34.

dans leurs foyers, ils ne rendent la pareille à ceux des Sarrasins qui vivent dans leur voisinage. Leurs nobles femmes, nouvelles Amazones, manient les armes comme les chevaliers, lorsqu'elles vont au combat. Les Géorgiens éprouvèrent une vive indignation contre le prince de Damas, Noradin, et l'accablèrent de menaces, parce qu'il avait osé renverser les murs de Jérusalem sans leur consentement, tandis que le peuple latin assiégeait la ville de Damiette. Ils soignent beaucoup leur barbe et leurs cheveux, et les portent presque de la longueur d'une coudée; ils ont aussi des bonnets sur la tête.

Les Chrétiens qui habitent en Afrique et en Espagne au milieu des Sarrasins de l'Occident, et que l'on nomme Mosarabes, se servent de lettres latines et de la langue latine pour les écritures, obéissent à la sainte église romaine, en toute humilité et dévotion, comme les autres Latins, ne se distinguent d'eux sur aucun autre article de foi ou de sacrement, et comme eux célèbrent le sacrement de l'autel avec du pain sans levain. Quelques-uns d'entre eux divisent en sept parties la cérémonie de la sainte eucharistie, d'autres en neuf parties, et cependant la sainte église romaine et ceux qui lui sont soumis ne la divisent qu'en trois parties. Mais comme cette distribution ne touche point à l'essence même du sacrement, elle n'y change rien et ne fait aucun obstacle à son efficacité.

Il y a encore dans les contrées de l'Orient d'autres misérables peuples odieux à la Divinité, méprisables et méprisés devant les hommes, dont les uns s'appellent les Esséens, et sont descendans de la race des Juifs. Ils enseignent le dogme de la vie après la mort, et espèrent en effet la recouvrer. Ils ne contractent point de mariage, afin de se préserver de l'intempérance des femmes, qu'ils prétendent n'être jamais fidèles à un seul homme. D'autres se marient, et n'ont plus aucune relation avec leurs femmes dès qu'elles sont grosses, pour montrer que ce n'est pas par l'attrait de la volupté, mais uniquement pour procréer des enfans qu'ils entretiennent un commerce avec les femmes. Ils nient qu'après la mort les ames soient réservées à des supplices ou à des récompenses honorables. Mais ceux qui s'engagent misérablement dans de telles sectes, perdent dans leurs folies tout le fruit de leurs travaux. Les Assissins, dont nous avons déjà parlé, tirent, dit-on, leur origine de ces peuples. Aussi ont-ils conservé en partie l'écriture des Juifs, et leur langue écrite est un mélange de lettres hébraïques et chaldéennes. Autres sont les *Sadducéens*, qui ne croient pas à la résurrection des morts, admettent cependant les livres de Moïse, mais ne les entendent pas. Le Seigneur les accuse dans l'Évangile, lorsqu'il dit : « Vous êtes dans l'erreur, « parce que vous n'entendez pas les Écritures, ni « quelle est la puissance de Dieu[1] ; » et après avoir rappelé devant eux le témoignage des livres de Moïse : « Je suis le Dieu d'Abraham, le Dieu d'Isaac et le « Dieu de Jacob, » il acheva de les convaincre en disant : « Dieu n'est pas le Dieu des morts, mais il est « le Dieu des vivans[2]. » Les *Samaritains*, autre peuple, emploient les lettres hébraïques comme les Juifs ; ils n'admettent que le Pentateuque de Moïse, et rejettent les prophètes et les autres livres des Juifs. Lors-

---

[1] Évang. selon saint Matth., ch. 22, v. 29. — [2] Ibid., ch. 22, v. 32.

que Salmanazar, roi des Assyriens, eut réduit en captivité les dix tribus d'Israël, il transféra à Samarie les susdits Samaritains, et les y établit à la place des Juifs, afin qu'ils eussent à cultiver leurs terres[1]. Lorsque la ville de Samarie eut reçu la parole de Dieu par la prédication des apôtres[2], quelques-uns de ses habitans persistèrent dans leur antique erreur ; c'est pourquoi le Seigneur frappa leurs femmes de stérilité, desséchales mamelles, et condamna leur terre maudite et réprouvée à des feux éternels, qui la rendaient incapable de reproduction, à tel point qu'aujourd'hui, à ce qu'on assure, on pourrait à peine trouver trois cents individus de cette race.

Parmi les Juifs, il en est qui n'admettent les livres de Moïse, les prophètes et tout l'ancien Testament, que selon la lettre ; et c'est contre ceux-là que l'apôtre Paul a dit : « La lettre tue, mais l'esprit donne la « vie[3]. » Et le Seigneur a dit dans l'Évangile : « C'est « l'esprit qui vivifie, mais la chair (c'est-à-dire l'in- « telligence charnelle) ne sert de rien[4]. » Par où il est évident que les divines Écritures ne servent de rien aux Juifs, mais plutôt leur nuisent, comme le dit le prophète David : « Que leur table soit devant « eux comme un filet, que par une juste punition, « ils y trouvent un piége ; que leurs yeux soient tel- « lement obscurcis, qu'ils ne voient point[5], » désignant par ce mot de table les divines Écritures. La plupart d'entre eux habitent isolés dans cette contrée de l'Orient située au dessous des monts Caspiens, où

---

[1] Rois, liv. IV, ch. 17. — [2] Actes des Apôt., ch. 8. — [3] IIe Ép. de saint Paul aux Cor., ch. 3, v. 6. — [4] Évang. selon saint Jean, ch. 6, v. 63. — [5] Ps. 68, v. 23 et 24.

le roi de Macédoine, Alexandre, enferma, dit-on, cette race d'hommes qui, au temps de l'Antechrist, doivent en être retirés, pour être ramenés dans la Terre-Sainte. Entre ces monts Caspiens et la mer, le même Alexandre enferma aussi les peuples de Gog et Magog, dont la multitude est innombrable comme le sable de la mer, parce qu'ils se nourrissaient de chair humaine et de la viande crue des animaux immondes, et parce qu'il détestait leurs abominations.

Les autres Juifs, dont les ancêtres s'écrièrent : « Que son sang soit sur nous et sur nos enfans [1] ! » dispersés à tout vent, et presque dans toutes les parties du monde, sont partout esclaves, et partout tributaires ; « et les forts, comme dit le prophète « Isaïe, ont été séchés de maigreur [2]. » Ils sont devenus faibles et incapables de combattre, comme des femmes ; aussi dit-on qu'à chaque nouvelle lune ils éprouvent des pertes de sang, car le Seigneur les a frappés et les a rendus à jamais « un objet d'oppro- « bre, de moquerie et d'insulte [3]. » En effet, après qu'ils eurent mis à mort leur véritable frère Abel, ils devinrent errans et fugitifs sur toute la terre, comme Caïn, chargé de malédiction, ayant la tête tremblante, c'est-à-dire le cœur rempli d'effroi, frappés de crainte le jour comme la nuit, et ne comptant plus sur la vie. Les Sarrasins au milieu desquels ils vivent les haïssent et les méprisent bien plus encore que ne font les Chrétiens. Tandis que les princes chrétiens, dans leur détestable avidité, les soutiennent dans l'espoir d'un gain temporel, leur permettent

---

[1] Évang. selon saint Matth., ch. 27, v. 25. — [2] Isaïe, ch. 10, v. 16. — [3] Ps. 78, v. 4.

même d'avoir des serviteurs chrétiens, et de dépouiller les Chrétiens par tous les excès d'une usure effrénée, ces mêmes Juifs, employés parmi les Sarrasins aux œuvres les plus viles et les plus honteuses qu'ils font de leurs propres mains, sont les serviteurs et les esclaves des païens, et n'obtiennent la faculté de demeurer au milieu d'eux que sous les plus dures conditions. Cependant ni les Sarrasins eux-mêmes, ni les Chrétiens ne les mettent à mort, car le Seigneur tient en réserve ce tronc sauvage destiné au feu de l'hiver, cette vigne réprouvée pour un temps, parce qu'à la fin du monde, lorsque les débris d'Israel seront sauvés, elle doit germer en un fruit précieux, et produire des raisins, après avoir été chargée d'amertume, « et n'avoir porté que des grappes sau-
« vages [1]. » Et comme le prophète David a dit, en parlant d'eux : « Dieu me fait voir la ruine de mes
« ennemis ; ne les tuez pas, de peur que mon peu-
« ple n'oublie votre loi [2], » de même ils renouvellent pour nous le souvenir de la mort du Christ, et nous trouvons dans leurs propres écritures le témoignage des choses que le Seigneur a faites pour nous. Ainsi Daniel a dit : « Le Christ sera retranché de la terre
« des vivans ; et le peuple qui l'aura renversé ne sera
« plus son peuple [3] ; » et David : « Les enfans étran-
« gers m'ont manqué de fidélité, et ont été forcés de
« sortir des lieux où ils se tenaient enfermés [4]. » Il n'est pas un de leurs prophètes qui ne rende témoignage pour nous contre eux-mêmes. Et cependant le cœur de ce peuple, qui va frappant et tâtant en plein

[1] Isaïe, ch. 5, v. 2-5. — [2] Ps. 58, v. 11 et 12 — [3] Daniel, ch. 9, v. 26. — [4] Ps. 17, v. 46.

midi comme au milieu des ténèbres, est tellement aveuglé, ses oreilles sont tellement sourdes, et ses yeux tellement fermés, que dans sa folie et dans son endurcissement, il ne comprend pas et ne s'aperçoit pas même à quel point il a exaspéré le Seigneur contre lui par la mort du Christ. Lorsqu'avant la Passion du Christ, il offensait si fréquemment le Seigneur, en adorant des idoles, et en s'abandonnant à d'autres pratiques abominables, le Seigneur le livra souvent entre les mains de ses ennemis, afin qu'il les servît tantôt dix ans, tantôt vingt, tantôt quarante, comme on le voit dans le livre des Juges [1]. Une autre fois, il demeura soixante-dix ans en captivité à Babylone, et ensuite il fut délivré par le Seigneur [2]; mais depuis que les Juifs ont mis à mort le Seigneur, quoiqu'on ne voie point qu'ils aient adoré des idoles, ils sont depuis plus de mille ans demeurés en captivité, sans avoir pu encore obtenir la miséricorde du Seigneur. Mais comme le Christ avait demandé à Dieu dans sa prière : « Seigneur, ayez pitié de moi, ressus« citez-moi, et je le leur rendrai, » il l'obtint de Dieu le Père; et déjà long-temps auparavant Moïse avait prédit, en parlant de la personne du Seigneur : « C'est à moi qu'appartient la vengeance, et je l'exer« cerai en son temps; leurs pieds vont chanceler [3]; » et il avait dit aussi : « Je sais qu'après ma mort, vous « suivrez des voies dépravées..... parce que vous au« rez commis l'iniquité aux yeux du Seigneur, en « l'irritant par les œuvres de vos mains [4]: » enfin Daniel le prophète avait prédit leur dernière captivité

---

[1] Juges, ch. 3 et 4. — [2] Paralipomènes, liv. II, ch. 36. v. 21. — [3] Deut., ch. 32, v. 35. — [4] Ibid., ch. 31, v. 29.

dans les termes suivans : « Un peuple conduit par un
« chef qui doit venir détruira la ville et le sanctuaire;
« la fin de cette ville sera comme celle d'une ville
« submergée, et la guerre ne finira que par une ex-
« trême désolation; il mettra fin aux sacrifices et aux
« oblations; l'abomination de la désolation sera sur
« les ailes et aux environs de la ville, et la colère du
« Seigneur se répandra sur ce lieu désolé jusqu'à une
« entière ruine [1]. »

Toutefois ceux qui, dès le moment de la délivrance
de la Terre-Sainte, ont le mieux connu la situation
de ce pays, et ont examiné avec le plus de soin
toutes les vicissitudes de sa fortune, ses progrès
ainsi que ses revers, affirment en toute sincérité qu'aucune race d'hommes, aucune catastrophe de quelque nature que ce soit, ne lui ont nui autant que
ses propres habitans, hommes criminels et empestés,
scélérats et impies, sacriléges, voleurs et ravisseurs,
homicides, parricides, parjures, adultères et traîtres,
corsaires ou pirates, coureurs de rues, ivrognes,
mauvais bouffons, joueurs, mimes et histrions, ces
moines apostats, ces religieuses devenues femmes
publiques, et ces femmes encore qui abandonnaient
leurs maris pour s'attacher à leurs amans, et ces
hommes qui fuyaient leurs propres femmes et en
épousaient d'autres ensuite. Des hommes également
abominables et habitans de l'Occident traversaient la
mer Méditerranée, et se réfugiaient dans la Terre-
Sainte, changeant de ciel, mais non de dispositions
intérieures; ils souillaient cette terre de vices et de
crimes innombrables, et se livraient avec d'autant plus

[1] Daniel, ch. 9, v. 26 et 27.

d'audace à leurs méchantes habitudes, que, se trouvant plus éloignés de leurs connaissances et de leurs parens, ils péchaient sans pudeur, ne craignant point le Seigneur et n'ayant aucun respect pour les hommes. La facilité qu'ils trouvaient à s'évader, l'impunité de tous les crimes et leur extrême impiété relâchaient encore plus tous les liens de la société; aussitôt que ces hommes avaient commis quelque crime, ou bien ils s'enfuyaient auprès de leurs voisins les Sarrasins et reniaient le Christ, ou bien ils se retiraient sur les galères et les navires et passaient de là dans les îles, ou bien ils parcouraient les maisons des Ordres réguliers qu'ils trouvaient de tous côtés sur leur chemin et y obtenaient l'impunité, par l'effet d'un pernicieux privilége qui garantissait dans ces retraites la liberté de ces impies. Quelques-uns, hommes de sang et enfans de la mort, après avoir été dans leur pays saisis au milieu de leurs iniquités et de leurs méfaits, et condamnés à une mutilation de membres ou à être pendus, obtenaient à force de prières, et plus souvent encore à prix d'argent, de faire convertir leur peine en un exil perpétuel dans la Terre-Sainte, sans espoir de retour. Ces hommes, qui n'étaient point touchés de repentance et n'avaient fait que céder à la force, devenus habitans de la Terre-Sainte, faisaient payer aux pélerins leurs logemens à des prix excessifs, trompaient les gens imprudens et les étrangers de toutes les manières qu'il leur était possible d'inventer, leur attrapaient de l'argent par toutes sortes d'entreprises illégales, et soutenaient ainsi leur misérable existence du produit des dépouilles de leurs hôtes. Dans l'espoir d'un gain plus considérable, ils offraient aussi des retraites chez eux aux sicaires et aux voleurs, à ceux qui jouaient aux jeux de hasard et aux femmes de mauvaise vie; et quant aux riches et aux puissans, afin de s'assurer leur protection et d'être soutenus par eux dans leurs iniquités, ils leur donnaient un revenu annuel, pour mettre le comble à leur impiété et à la damnation des uns et des autres. Ceux qui achetaient à grand prix la direction et le commandement des maisons de prostitution et de jeu extorquaient de fortes sommes d'argent aux femmes de mauvaise vie et aux joueurs. Or, ceux qui, au mépris des commandemens du Seigneur, reçoivent le prix de la maison de prostitution[1], se rendent participans de tous les péchés et de toutes les abominations qui se commettent dans ces maisons, car « celui qui consent et celui qui « agit sont soumis à la même peine. » D'autres hommes, que dominaient la vanité, l'inconstance ou la légèreté de leur esprit, partaient en pèlerins pour aller visiter les lieux saints, et s'y rendaient bien moins par un sentiment de dévotion que par curiosité, par l'attrait de nouveauté que leur inspiraient des pays inconnus, voulant voir eux-mêmes, non sans braver de très-grandes fatigues, les merveilles (objets de l'étonnement de gens sans expérience) qu'ils avaient entendu raconter sur les pays de l'Orient. Le Seigneur en effet avait opéré dans ces contrées beaucoup de choses merveilleuses; mais de même que les hommes justes, bien intentionnés et sages faisaient tourner ce spectacle à la louange et à la gloire de Dieu (comme fit le bienheureux Brendan, qui employa un long temps à naviguer sur les mers, pour voir les merveilles de

---

[1] Deut., ch. 23, v. 18.

Dieu dans les profondeurs de l'abîme), de même les hommes légers et curieux tournent en vanité tout ce que le Seigneur a daigné faire en témoignage de sa puissance et pour fournir des matériaux à ceux qui célèbrent ses louanges. Dans la multitude de ces merveilles, nous avons jugé convenable d'en choisir quelques-unes pour les raconter dans cet ouvrage, et peut-être ce récit ne sera-t-il pas sans utilité pour les lecteurs studieux et attentifs.

On voit, non seulement dans le royaume de Jérusalem, mais aussi dans tous les pays environnans, de fréquens tremblemens de terre, remplis de péril et qui répandent partout l'horreur et l'épouvante. Ils ont lieu plus particulièrement sur les côtes de la mer, par l'effet de la violence des vents, qui, formés dans les lieux caverneux et dans les grottes par le souffle et l'impulsion des ondes, et ne pouvant se dilater en liberté dans les étroites enceintes qui les renferment, ébranlent et secouent la terre avec une extrême violence; lorsqu'elle ne peut résister à ce choc, elle se déchire, il se fait une immense excavation, et quelquefois, à la suite de ces mouvemens, des villes entières ont été englouties dans l'abîme. Lorsque la terre ne se déchire pas, elle est si violemment agitée et ébranlée par le souffle de ces tempêtes intérieures, que les villes, leurs murailles, leurs tours et leurs autres édifices sont subitement renversés, et les hommes surpris à l'improviste, étouffés et ensevelis sous ces ruines. Aussi les hommes sages qui habitent dans ces contrées, ignorant à quelle heure peut survenir une pareille tempête, veillent-ils sur eux-mêmes avec grand soin, ne négligeant point de tenir leur ame toujours bien préparée et ne se permettant pas de vivre dans une situation dans laquelle ils ne voudraient pas mourir. Un malheureux événement de ce genre frappa la ville de Tyr, après qu'elle fut tombée aux mains des Latins, et la ville et ses habitans furent entièrement anéantis.

Dans les pays de l'Occident, on ne voit ordinairement les éclairs et les tonnerres que pendant l'été; dans la Terre-Sainte l'hiver est leur saison; il n'y pleut jamais, ou du moins très-rarement en été; mais en hiver, quoique les pluies ne soient pas très-fréquentes, lorsqu'elles commencent, elles durent trois ou quatre jours et autant de nuits de suite, et avec une telle violence, que la terre en est abreuvée et submergée, au point que ces inondations représentent un véritable déluge. On voit très-rarement de la neige sur la terre, et seulement auprès des montagnes remarquables par leur très-grande élévation, comme par exemple le mont Liban. Durant tout l'été, et principalement dans le temps le plus brûlant de la canicule et pendant le mois d'août, on transporte du mont Liban, à deux journées de marche et même plus, de la neige extrêmement froide, qui, mêlée avec du vin, le rafraîchit comme ferait de la glace. On la conserve en la transportant sous de la paille, pour la préserver à la fois de l'ardeur des rayons du soleil et de la chaleur de l'atmosphère.

On trouve, tant au fond de la mer que sur la terre, des sources d'eau douce et très-limpides. Les eaux de l'une de ces sources, située dans les environs de Samarie, changent, dit-on, de couleur quatre fois par an, et, par une métamorphose merveilleuse autant qu'agréable, paraissent aux yeux de ceux qui les examinent, ou vertes, ou rouges de sang, ou couleur de poussière et troubles, ou d'une grande transparence. La fontaine de Siloé, dont les eaux sont douces, ne les fournit pas tous les jours et continuellement, mais un jour et l'autre non, et ainsi trois ou quatre fois par semaine. Auprès des montagnes du Liban, entre les deux villes d'Archis et de Raphanée, est un fleuve dont le courant est rapide, dont les eaux sont très-abondantes et que l'on appelle le fleuve du Sabbat, parce qu'il ne donne point du tout d'eau durant six jours de la semaine, et que tout-à-coup le septième jour, son lit se remplit d'une telle quantité d'eau, qu'elle inonde tous les environs. Sur les territoires des villes de Tyr et d'Accon, on fabrique avec une grande habileté un verre très-pur, composé du sable et du gravier des bords de la mer.

La mer Rouge, que les enfans d'Israel traversèrent à pied sec, se trouve placée sur les confins de l'Égypte et de l'Arabie; ses eaux paraissent rouges par l'effet de la terre qui l'avoisine et qui est comme couleur de sang; mais dans le fait elles sont absolument de la même couleur que les eaux d'une autre mer. Il y a dans la Perse un fleuve qui se gèle toujours pendant la nuit, si bien que les hommes et les animaux peuvent traverser sur la glace, et qui se dégèle toujours aussi durant le jour. Quelques-uns des fleuves de l'Orient charrient, dit-on, du sable d'or. Une source très-limpide et très-belle, qui a son origine dans le paradis terrestre, dans les contrées reculées de l'Orient, produit à elle seule une si grande masse d'eaux, que celles-ci se partagent en quatre fleuves, lesquels se cachent soudain dans la terre, circulent dans ses entrailles, et après avoir traversé ces canaux intérieurs, vont sortir de nouveau dans des pays fort éloignés de leur point de départ. Ainsi le Phison ou Gange sort d'une certaine montagne de l'Inde et recommence à couler à la surface de la terre, sous les yeux des habitans du pays. Le Gihon, qui est le même que le Nil, sort de terre non loin du mont Atlas, s'y engloutit de nouveau et sur-le-champ, traverse ainsi et sans être vu la mer Rouge, reparaît une seconde fois sur le rivage même de cette mer, fait le tour de l'Éthiopie, et entre alors sur le territoire d'Égypte. Le Tigre et l'Euphrate, venant de la même source, et sortant d'une montagne de la grande Arménie, se séparent tout aussitôt, et vont se jeter l'un et l'autre dans la mer Méditerranée. Tandis que cette source, dont je viens de parler, arrose, dit-on, toute la surface de la terre par le moyen de ces quatre fleuves, les diverses qualités de terre produisent cependant diverses autres sources, dont les unes donnent des eaux froides, les autres des eaux chaudes et puant le soufre. En Épire il y a une admirable source, dans laquelle s'éteignent les torches allumées, et lorsqu'elles sont éteintes elles se rallument de nouveau. En Éthiopie, chez les Garamantes, est une autre source tellement froide pendant le jour, qu'on ne peut en boire, et tellement chaude durant la nuit, qu'on ne peut y toucher. Il y a encore dans une contrée de l'Orient une source dont les eaux, mélangées avec quelques autres substances, servent à faire ces feux grecs, qui, lorsqu'ils sont bien allumés, ne peuvent être éteints qu'à grand'peine, et seulement par le vinaigre, l'urine des hommes et le sable. Les Sarrasins achètent et paient fort cher les eaux de cette source. Parmi ces eaux il en est qui guérissent les blessures, les maux d'yeux, et d'autres qui donnent de la voix à ceux qui en boivent et les font chanter. Il y a des sources qui donnent de la mémoire, d'autres qui la font perdre; il en est qui irritent les desirs des sens, d'autres qui les détruisent; les unes fécondent les femmes stériles, d'autres rendent stériles les femmes fécondes. Il y a des fleuves où les moutons qui boivent de leurs eaux deviennent noirs, d'autres où ils deviennent blancs comme la neige. Sur certains étangs nulle chose ne peut surnager et tout s'y enfonce aussitôt; sur d'autres tout surnage et rien ne s'enfonce. Il y a des lacs où les eaux deviennent amères trois fois par jour, et douces trois fois par jour. Il y a certaines sources d'eaux froides qui guérissent les yeux malades et accusent les voleurs. Celui qui se défend d'un vol en prêtant serment, s'il se trouve parjure, est aveuglé par ces eaux, et s'il n'est pas coupable, il y voit plus clair qu'auparavant. Ce dernier fait tient du miracle plus que d'une cause naturelle. Enfin, il y a une source calme et tranquille d'ordinaire, mais qui, lorsqu'une flûte résonne dans son voisinage, s'élève, comme transportée de joie par ces sons, et s'enfle au-dessus de son niveau habituel, comme pour admirer la douceur de ces accords.

Indépendamment des arbres que l'on trouve communément en Italie, en Allemagne, en France et dans les autres parties de l'Europe, il y a encore dans la Terre-Sainte d'autres arbres particuliers, tant arbres à fruit que d'autres espèces. On y voit des dattiers à écorce raboteuse, grêles par le bas, et qui vont grossissant à leur extrémité, et portant des fruits que l'on appelle dattes; au sommet de ces arbres les parties supérieures sont tellement tendres et ont une saveur si douce, qu'on les mange comme des noix blanches et toutes fraîches. Là sont des arbres admirables, que leur mérite supérieur a fait surnommer *arbres du paradis;* ils portent des fruits oblongs, très-suaves, pour ainsi dire onctueux, et qui ont une très-douce saveur; ces fruits sont enfermés par centaines dans une seule enveloppe, et serrés les uns sur les autres. Les feuilles de ce même arbre sont longues d'une coudée et larges d'une demi-coudée. D'autres arbres portent des fruits très-beaux et couleur de citron, sur lesquels on croirait voir clairement la morsure d'un homme et l'impression de ses dents, ce qui les a fait nommer *pommes d'Adam.* D'autres donnent des fruits acides et d'une saveur piquante, que l'on appelle limons. En été les habitans se servent avec plaisir du suc de ces fruits pour manger les viandes et les poissons, parce qu'il est froid, rafraîchit le palais et provoque l'appétit. Outre les figues communes, on y trouve aussi quelques espèces particulières de figuiers, qui n'ont ni branches ni feuilles, et portent leurs fruits sur le tronc même; ces figues qui ne tiennent ni entre les feuilles, ni entre les branches supérieures, comme il arrive chez les autres arbres, et qui demeurent attachées à leur tronc, sont appelées *figues de Pharaon.* Les cèdres du Liban sont de très-beaux arbres, qui s'élèvent à une grande hauteur, mais ne produisent point de fruits. D'autres cèdres, que l'on appelle les cèdres de mer, sont petits, mais donnent beaucoup de fruits, et ceux-ci, qui sont très-beaux et très-bons à l'homme, sont appelés *citrons* ou pommes de citron, et contiennent trois substances et trois saveurs diverses. La partie supérieure de ce fruit est chaude, celle du milieu tempérée, et celle qui est cachée dans le cœur même est froide. On assure que c'est en parlant de ce fruit que le Seigneur a dit dans le Lévitique : « Vous prendrez au premier jour les branches « des plus beaux arbres avec leurs fruits [1]. » On trouve sur d'autres petits arbres d'autres pommes de citron, moins fraîches et moins acides, que les indigènes ont nommées pommes d'orange. Les concombres, les melons et les courges, quoique ces fruits soient plus gros que des têtes d'âne, appartiennent à des plantes plutôt qu'à des arbres à fruit.

On trouve en outre dans la Terre-Sainte des arbustes qui viennent par semence, sur lesquels on recueille le *bombax*, que les Français appellent *coton*, qui tient en quelque sorte le milieu entre la laine et le lin, et avec lequel on tisse des vêtemens très-fins. La soie n'est point le produit d'une semence jetée en terre, d'un arbuste ou d'un arbre ; on la tire des excrémens ou de la bave de certains vers. Il y a une espèce de ronce, que l'on appelle *sparée*, et dont les fruits sont très-bons à manger, avant qu'elle dégénère en *rhamnus* ou ronce épineuse. De même que ces fruits, d'abord mous et très-agréables à manger, deviennent par la suite durs et se remplissent de piquans, de même la douceur que l'on trouve d'abord dans le péché devient plus tard l'aiguillon de la conscience bourrelée et du châtiment éternel.

[1] Lévit., ch. 23. v. 40.

On trouve aussi dans la Terre-Sainte les cannes à miel, dont on tire le sucre par le moyen d'une pression. Très-anciennement on ne trouvait dans le monde entier la vigne de baume que dans la Terre-Sainte et dans le lieu appelé Jéricho ; plus tard les Égyptiens la transplantèrent dans la plaine de la ville égyptienne appelée Babylone, et elle y est cultivée par les Chrétiens qui vivent captifs sous la domination des Sarrasins. Les Égyptiens disent et ont fait l'expérience que, lorsqu'il est cultivé par les Sarrasins, cet arbre demeure stérile, comme s'il dédaignait de produire des fruits pour eux. Il y a dans la plaine dont je viens de parler six fontaines, dans l'une desquelles on dit que la vierge Marie fit baigner le Christ encore enfant. Il est donc bien certain et prouvé que la liqueur du baume, que les naturalistes appellent *opobalsamum*, ne peut être produite en aucun autre lieu, si l'on transplante la vigne ou arbuste qui la donne.

On trouve dans les régions de l'Orient, et principalement dans l'Inde, des arbres précieux, aromatiques et d'une grande beauté, dont les fruits sont le gérofle, les noix muscades, la casse, le cardamome, le poivre blanc, le poivre noir, qui est rond, et le poivre oblong. Quelques personnes cependant prétendent que tout poivre est d'abord blanc, mais que comme une grande quantité de serpens habitent au milieu des arbres à poivre, on est forcé de brûler ces animaux, et que l'effet de ces feux est de noircir le poivre. Lorsqu'on recueille ce fruit sans qu'il ait subi l'action du feu, on le passe au four, afin qu'il ne puisse être semé et produire des fruits en d'autres pays, et aussi afin qu'il se conserve plus long-temps. D'autres arbres ont des racines utiles, telles que le gingembre et le zédoard, vulgairement appelé *citouart*. Quelques personnes prétendent que ces racines proviennent de plantes, et non d'arbres de l'Orient. La mandragore est la racine d'une plante qui a quelque chose de la forme d'un homme; il y a des mandragores mâles et des mandragores femelles. Sur d'autres arbres, on emploie les branches, telles que la casse ligneuse et le bois d'aloës. Quant à celui-ci, personne encore n'a pu connaître l'arbre dont il tire son origine. On trouve les branches sur le fleuve de Babylone. Elles tombent du haut des montagnes par l'effet de la force des vents, ou par vétusté, et on les arrête alors avec des filets. Quelques personnes disent que le bois d'aloës nous vient du paradis terrestre, transporté, comme je l'ai raconté, par le courant du fleuve. La cannelle est l'écorce d'un arbre, le *cinnamome*, que l'on trouve aussi dans l'Orient. Le *macis* est la fleur, ou, selon quelques autres, l'écorce de la noix muscade. Le cumin est la graine, non d'un arbre, mais d'une plante.

Les gommes qui découlent des arbres ou arbustes sont l'*opobalsamum*, ou baume, la myrrhe, la gomme adragant, le suc de lentisque, l'encens, la térébenthine. L'ambre n'est point le produit d'un arbre ou d'une plante, mais du sperme de la baleine; il est très-aromatisé et très-fortifiant. De même le musc, qui a une odeur si suave, et que l'on compte parmi les aromes, est, à ce qu'on dit, l'excrément ou le fluide qui découle de l'aîne d'un animal que l'on trouve dans l'Orient, et qu'on appelle *muquiliet*;

aussi le musc reprend-il le parfum qu'il a perdu, lorsqu'on le met dans les latrines ou dans le fumier.

Il y a une plante, que l'on appelle le dictame, et que les bêtes sauvages, lorsqu'elles sont blessées d'une flèche, recherchent avec beaucoup de soin; elles en mangent, et sa vertu est de faire ressortir les flèches de leurs corps. Le chêne membré, sous lequel Abraham habitait, a vécu jusques au temps de l'empereur Constantin; car, dans ces contrées, les arbres vivent infiniment long-temps, d'où vient que les habitans prétendent que le cèdre et le bois d'ébène sont inaccessibles à la putréfaction. Le génevrier conserve si long-temps le feu, que des charbons recouverts de ses cendres demeurent sans s'éteindre pendant une année. Il y a dans l'Inde quelques îles où les arbres sont verts en tout temps, et où l'on voit deux hivers et deux étés en une seule année. Dans ces mêmes régions sont les montagnes d'or, que gardent les dragons et les griffons. En Sardaigne, il y a une herbe qui ressemble assez à la mélisse, et qui fait contracter les lèvres à ceux qui en mangent, en sorte qu'ils meurent comme en riant. On trouve dans les régions de l'Inde, sur les bords des fleuves, des roseaux semblables aux pins, qui s'élèvent à soixante pieds de hauteur, et avec lesquels les habitans construisent des navires et des maisons. Il y a chez les Tartares orientaux des arbres dont les feuilles fournissent une espèce de laine, avec laquelle on tisse des vêtemens très-fins. D'autres arbres, qui portent des fruits odoriférans, se lèvent avec le soleil, se couchent de même avec lui, et s'enfoncent alors sous terre. Il y en a qui s'élèvent jusqu'à cent pieds, ressemblent aux lauriers et aux oliviers, et produisent du baume et de l'encens. D'autres donnent des noix plus grosses qu'une tête d'homme, et l'on trouve auprès d'eux beaucoup de serpens et une grande quantité de singes. Les vignes, dans ces mêmes contrées, produisent des grappes d'une telle grosseur qu'il faut plusieurs hommes pour en porter une seule sur une barre. Quant aux arbres que le grand Alexandre trouva dans les pays les plus reculés de l'Inde, et qui lui prédirent qu'il mourrait dans Babylone par l'effet du poison, quoiqu'il soit certain que l'ânesse de Balaam a parlé jadis par l'ordre du Seigneur [1], je ne puis croire autre chose, si ce n'est que les démons parlaient dans ces arbres; et cependant il paraît étonnant qu'ils aient pu répondre si bien aux pensées d'Alexandre, et prédire les choses de l'avenir, si longtemps avant qu'elles se réalisassent. Je suis trop ignorant des faits pour pouvoir parler dans cet ouvrage de ces arbres infiniment précieux, médicinaux et aromatiques, que le Seigneur planta dès le commencement dans les jardins de volupté et dans les contrées les plus reculées, les plus éclairées et les plus tempérées de l'Orient. Un immense chaos sépare maintenant notre terre d'exil de ce paradis de volupté. De vastes espaces de terre, d'innombrables serpens ont rendu ce lieu inaccessible pour nous. On dit en outre qu'il est fermé jusqu'aux cieux par une muraille de feu, et que l'ange du Seigneur en interdit l'accès non seulement aux hommes, mais aussi aux esprits malins. Nous ne savons quelque chose de ces arbres du paradis que par les divines Écritures. L'un est ap-

[1] Nombres, ch. 22, v. 28 et suiv.

pelé *l'arbre de la science du bien et du mal* [1]; et c'est du fruit défendu de cet arbre que nos premiers parens mangèrent, au détriment de leur postérité; l'autre est nommé *l'arbre de vie;* et celui qui en mangeait devait demeurer dans le même état, et être immortel.

On voit dans la terre de promission et dans d'autres contrées de l'Orient certains animaux qu'on ne trouve point dans les autres pays du monde. Là sont les lions, qui ont une grande force dans la poitrine, dans les pattes de devant et dans la queue, et dont les petits demeurent, jusqu'au troisième jour de leur naissance, dans un état absolu d'insensibilité, et sont alors comme tirés de la mort par les rugissemens de ceux qui leur ont donné la vie. Le lion dort les yeux ouverts; avec sa queue il efface la trace de ses pas, afin de n'être pas découvert par les chasseurs; il ne nuit point aux hommes, à moins qu'il ne soit provoqué par eux et mis en fureur; il épargne les supplians, attaque lui-même ceux qui l'attaquent, et redoute son maître, quand il est tout petit, et que celui-ci le bat. Là est un animal très-cruel que l'on nomme la *lanzani.* Nulle autre bête n'est à l'abri de sa férocité, et l'on assure qu'elle effraie même le lion. Les léopards, ainsi nommés parce qu'ils sont semblables au lion par la tête et par la forme de leurs membres, quoiqu'ils ne soient ni aussi grands, ni aussi forts, deviennent tellement doux entre les mains de l'homme, qu'ils le suivent à la chasse comme des chiens; ils saisissent leur proie, non en courant après, mais en sautant sur elle par bonds; et s'ils ne l'attei-

[1] Genèse, ch. 2, v. 9.

gnent pas au troisième bond, ils y renoncent comme avec un sentiment d'indignation. Les *papions*, que l'on appelle aussi chiens sauvages, sont plus hardis que les loups, et ne cessent de pousser de terribles hurlemens pendant la nuit. La lionne fait cinq petits la première fois qu'elle met bas; puis, à chaque nouvelle portée, elle va diminuant toujours d'un; et après qu'elle est venue à n'en porter qu'un seul, elle devient stérile. Les *onces*, animaux très-cruels, pas plus hauts que les chiens, mais ayant le corps plus allongé, sont les ennemis déclarés de ceux-ci. Les onces ne mangent leur proie que lorsqu'elles peuvent la transporter en l'air. Dès qu'elles trouvent un arbre, elles grimpent sur la branche la plus élevée, y suspendent et dévorent leur butin. Elles ont le corps couvert de petites taches noires et blanches. Si elles viennent à blesser quelqu'un tandis qu'elles sont en chaleur, les souris cherchent à approcher du blessé, et à uriner sur lui, s'il leur est possible; et dans ce cas, celui-ci meurt aussitôt. J'ai même à cette occasion entendu raconter à un homme, qui l'avait vu, qu'un autre ayant été ainsi blessé, se fit porter à la mer, enfermé dans une caisse, et que les souris y vinrent, pour tâcher de parvenir jusqu'à lui, mais sans pouvoir y réussir. Le fiel de ces animaux est un poison mortel.

Les panthères sont aussi de très-beaux animaux, qui semblent avoir été peints en petits points ronds noirs et blancs; elles ont une odeur à laquelle d'autres animaux sont merveilleusement sensibles, et qui les attire sur leurs traces. En effet, lorsqu'elles se sont repues et rassasiées du produit de leur chasse, elles passent trois jours et trois nuits de suite à dormir dans leur tanière. Lorsqu'elles s'éveillent et poussent leurs rugissemens, il sort de leur gosier une odeur extrêmement suave, infiniment plus agréable que celle des aromes les plus précieux ; si bien qu'elles attirent toutes les bêtes par la douceur de leur haleine, à l'exception cependant des serpens, que les bonnes odeurs font mourir. Les panthères femelles ne mettent bas qu'une fois, car lorsqu'elles sont près de ce moment, leurs petits, n'attendant pas l'heure assignée par la nature, leur déchirent le corps avec leurs ongles, et les mettent ainsi hors d'état de porter de nouveau.

On trouve en outre dans ces mêmes contrées les éléphans, munis de membres vigoureux, et dont le corps est grand comme une montagne, animaux belliqueux et remplis d'audace, et qui s'animent encore plus à la guerre lorsqu'on leur montre du sang. Les Perses et les Indiens sont dans l'usage de s'en servir dans les batailles, et de mettre sur leur dos des tours en bois, remplies d'hommes armés. Ils ont un bec très-grand, qui s'avance en saillie, qu'on appelle une trompe, qui est pour eux comme de vastes intestins, et avec lequel ils saisissent les hommes, les dévorent et les avalent. Alexandre le Grand allant combattre les Indiens, ordonna de remplir des statues en bronze avec des charbons ardens ; les éléphans prenant ces statues pour des hommes, portèrent leurs trompes en avant et se brûlèrent, et aussitôt ils prirent la fuite devant les hommes et devant les statues de bronze, n'osant plus toucher à personne. Une autre fois, à l'aide des grognemens et des cris des cochons et du retentissement des trompettes, Alexandre triompha d'un grand nombre d'éléphans qui n'étaient pas accoutumés à de pareils sons. Ces animaux marchent en troupes, s'aimant beaucoup les uns les autres, et cheminant en bonne intelligence; ils font tous les mouvemens dont ils sont capables pour se témoigner leur satisfaction réciproque, se saluant en quelque sorte les uns les autres, et se secourant mutuellement. Ils sont d'un tempérament froid, d'où vient que l'ivoire qu'on tire de leurs os est froide et blanche. Si l'on met cette ivoire entre du feu et un morceau d'étoffe, l'étoffe ne brûle pas et la froideur naturelle de l'ivoire finit par éteindre le feu, à ce qu'on assure. Les éléphans femelles ne mettent bas qu'une fois, et portent leurs petits pendant deux ans; ils vivent trois cents ans, redoutent et fuient les rats, et bien plus encore les dragons, qui les enveloppent et les entortillent dans leurs nœuds, les renversent par terre et les mettent à mort. Aussi, pour les éviter, les éléphans femelles vont-elles, lorsqu'elles ont mis bas, déposer leurs petits dans les îles. Elles mettent bas dans les eaux, car si leurs petits tombaient sur la terre, ils ne pourraient se relever. Ils ont les os durs et sans jointures, en sorte qu'ils ne peuvent fléchir les genoux et les jambes. Quand ils veulent se reposer, ils s'adossent et se couchent contre les arbres. Les chasseurs coupent les arbres et les étançonnent ensuite avec des supports en bois, pour qu'ils ne tombent pas tout-à-coup, puis ils se placent en embuscade, afin que l'éléphant, en revenant, tombe avec l'arbre sur lequel il s'appuie de nouveau et ne puisse plus se relever. Aux cris et aux gémissemens qu'il fait à s'entendre, presque toujours d'autres éléphans accourent auprès de lui, et comme ils ne peuvent se baisser pour aider leur compagnon à se relever, ils crient et gémissent comme lui, et comme s'ils éprouvaient un sentiment de compassion, ils pleurent avec celui qui pleure. Les petits éléphans se glissent sous lui, autant qu'il leur est possible, le soulèvent ainsi un peu, et alors l'animal se relève et se délivre souvent des mains des chasseurs. La sueur qui sort de l'aîne et des poils de l'éléphant est vénéneuse pour tous les animaux et les met en fuite.

D'autres animaux à une seule corne, et que les Grecs appellent rhinocéros, portent au milieu du front cette corne très-forte et longue de quatre pieds. Cette arme leur suffit pour éventrer un animal quelconque ; ils en percent même un éléphant en le frappant aussi dans le ventre, et après l'avoir renversé, ils le tuent. Lorsqu'ils sont saisis par les chasseurs, ces animaux remplis d'orgueil meurent uniquement de colère. Il n'y a pas de chasseurs, si forts qu'ils soient, qui puissent s'en rendre maîtres. Pour y parvenir, ils présentent à leurs regards une jeune fille belle et bien parée ; celle-ci ouvre son sein, et aussitôt oubliant toute sa férocité, l'animal vient se reposer sur le sein de la vierge, et est pris alors dans un état d'assoupissement.

Le *monocéros* ou licorne est une autre bête, espèce de monstre horrible, qui a un affreux mugissement, la tête à peu près semblable à celle d'un cerf, le corps d'un cheval, la queue du porc et les pieds de l'éléphant ; il est armé au milieu du front d'une corne très-pointue ; pris, on peut bien le mettre à mort ;

mais il n'y a aucun moyen connu de le dompter.

Le lynx, que l'on trouve aussi dans ces contrées, a les yeux tellement perçans que l'on assure que ses regards pénètrent à travers les corps solides. Ceux qui connaissent parfaitement bien l'histoire de cet animal disent que son urine se convertit en la substance d'une pierre précieuse, que l'on appelle pour cela *lyncurius*. Aussi, par un sentiment naturel de jalousie, le lynx prend-il soin, autant qu'il lui est possible, de cacher son urine sous les sables, afin qu'elle ne puisse fournir à l'homme un produit de quelque utilité.

Les tigres, que l'on trouve surtout en abondance dans la région de l'Hircanie, ont la peau brillante et couverte de taches jaunes; ils sont à la course d'une grande rapidité, et semblent voler plutôt que marcher. Ces tigres sont extrêmement féroces, et se livrent à des accès de rage inconcevables, surtout lorsqu'ils poursuivent les chasseurs, après que ceux-ci leur ont enlevé leurs petits; les chasseurs même ne pourraient leur échapper, s'ils n'avaient soin de jeter sur leur chemin de petits boucliers en verre, devant lesquels les tigres s'arrêtent en voyant leur image, comme dans un miroir, et croyant avoir retrouvé leurs petits, ils embrassent et accablent ce verre de leurs caresses; mais ensuite ils le brisent avec leurs pieds, sans y trouver rien de plus, et pendant ce temps les chasseurs leur échappent par la fuite.

Le castor, animal d'une toute autre espèce, lorsque les chasseurs le poursuivent, se châtre, dit-on, lui-même de ses propres dents, et rejette ses parties génitales, qui sont propres à la médecine, jugeant que c'est pour les avoir que les chasseurs se mettent à sa poursuite, et que par ce moyen il se délivrera de leurs recherches. Comme il ne peut vivre long-temps sans avoir la queue dans l'eau, il construit sa maison sur les eaux et y fait plusieurs étages, de façon à pouvoir monter aux étages supérieurs lorsque les eaux s'élèvent, et descendre à l'étage le plus bas lorsqu'elles décroissent.

On trouve dans les mêmes contrées des ours très-grands, dont la principale force est dans les bras et les reins, et qui d'ailleurs ont la tête petite et faible. L'ourse se hâte toujours de mettre bas avant que le fœtus soit bien formé dans son corps, mais alors elle lèche la masse informe qu'elle a déposée sur le sol, et la soigne ainsi jusqu'à ce que tous les membres se soient developpés.

Il y a dans la Cappadoce des jumens qui conçoivent par le souffle du vent, mais les petits qu'elles mettent au monde ne peuvent vivre que trois ans. On voit aussi des chevaux qui ne souffrent aucun écuyer que le maître auquel ils appartiennent, s'affligent sans mesure lorsque celui-ci vient à mourir, pleurent, refusent de manger et meurent de faim et d'inanition.

Le chameau est un animal horrible et difforme à tel point qu'il fait peur aux chevaux et à quelques autres animaux. Il a une bosse sur le dos, le cou long, et les jambes très-longues aussi. Il crie d'une manière affreuse, et après avoir avalé de l'orge sans le mâcher, il le tient en réserve pour le manger ensuite, en ruminant toute la nuit. Il est en outre fort paresseux et marche très-lentement. Il y a une espèce de chameaux, que l'on appelle coureurs ou dromadaires, qui font en effet plusieurs journées de marche en un seul jour et courent très-rapidement.

Un autre animal monstrueux, que l'on appelle la *mantichore*[1], a la face d'un homme, le corps d'un lion, la queue d'un scorpion, une triple rangée de dents dans la mâchoire, le teint rouge, les yeux verdâtres, le sifflement du serpent, et tellement sonore qu'il imite les modulations de la flûte ; il recherche la chair humaine avec une grande avidité, et est aussi rapide à la course qu'un oiseau au vol.

Un autre animal, nommé *cencrocota*, surpasse tous les autres en rapidité : il a le corps d'un âne, le derrière d'un cerf, la poitrine et les jambes d'un lion, la bouche large, et qui se fend jusqu'aux oreilles ; au lieu de dents, il a un os très-fort, et il imite la voix de l'homme. Un autre animal, que l'on appelle *eale*, a le cou du cheval, la mâchoire du sanglier, la queue de l'éléphant ; il est noir et horrible à voir, et a autant de force sur la terre que dans l'eau. Armé de très-grandes cornes, tandis qu'il combat avec l'une d'elles, il rejette l'autre derrière son dos, et lorsque la première est émoussée, il se sert de la seconde pour continuer à se battre.

L'hyène est un animal très-cruel et aussi rusé, qui se repaît de chair humaine, va creuser dans les fosses, et déterre les cadavres. Elle suit les bergers au pâturage, pour apprendre, en les écoutant sans cesse, à imiter la voix humaine, et pendant la nuit reproduisant les mêmes sons, elle attire les hommes, les tue et les dévore. Elle imite aussi l'homme dans ses sanglots et dans ses efforts pour vomir, et déchire tous

---

[1] Animal fabuleux, suivant Daubenton.

les chiens qu'elle rencontre ; ceux-ci, lorsqu'ils sont arrivés à la portée de son ombre, perdent toute faculté d'aboyer. On dit aussi que tout animal sur lequel l'hyène fixe ses regards, ne peut plus faire aucun mouvement. On trouve dans les yeux de cet animal une pierre précieuse qui porte son nom.

L'*onocentaure* est, dit-on, un animal monstrueux et à double forme, ayant la tête comme celle d'un âne et le corps à peu près comme celui de l'homme. Le *parandre* tient, à ce qu'on assure, de plusieurs espèces différentes ; il est grand comme le bœuf, a les cornes et la tête du cerf, la couleur de l'ours et des poils velus et très-serrés. On dit que la peur le fait changer de peau et de couleur, en sorte que lorsqu'il se cache en un lieu, ou derrière des rochers blancs, ou au milieu d'arbustes verdoyans, il prend une teinte tout-à-fait semblable à ces divers objets.

Le *crocodile* est un quadrupède qui naît sur la terre, y habite aussi bien que dans les fleuves, et conserve toute sa force dans l'un et l'autre élément. Pendant le jour il est le plus habituellement couché sur le sol, et la nuit dans les eaux ; il fait des œufs comme les oies, et les dépose sur la terre. On trouve des crocodiles dans le Nil plus qu'en tout autre lieu. Ils déposent toujours leurs œufs sur des points où les eaux du fleuve ne puissent parvenir dans ses plus grandes crues. On en trouve aussi dans le fleuve qui passe à Césarée de Palestine. Ils dévorent les hommes aussi bien que les animaux. Leur longueur ordinaire est de vingt coudées. Ils n'ont point de langue et font mouvoir leur mâchoire supérieure. Leur morsure est horrible et d'une extrême tenacité ; ils ont les pattes armées d'ongles cruels; leur peau est d'une grande dureté et leur sert comme de bouclier. Les Sarrasins mangent la chair du crocodile.

L'hippopotame naît pareillement sur la terre, y habite de même que dans les eaux et est également fort en tout lieu. Il est presque toujours plus grand que l'éléphant; il a un bec recourbé en arrière, les pieds fourchus, la queue tortillée, les dents très-aiguës et poignantes, le dos et le hennissement tels que ceux du cheval. Pendant la nuit, il va paître au milieu des champs et s'y rend en marchant comme à reculons, pour dissimuler la trace de ses pas et prévenir les embuscades qui pourraient lui être préparées pour son retour. C'est dans l'Inde surtout que l'on trouve cet animal.

Il y a, dans les environs de Babylone, une autre bête que l'on nomme la *chimère* (la giraffe), haute de la partie antérieure du corps et basse du derrière. Dans les grandes solennités, les Sarrasins la recouvrent d'un manteau précieux et la présentent ainsi à leur seigneur, pour lui faire grand honneur et le servir avec magnificence.

On trouve aussi dans les contrées de l'Orient des taureaux jaunes, horribles à voir, ayant le poil dur et très-serré, la tête grosse, la bouche fendue d'une oreille à l'autre; leur dos, très-dur et impénétrable, repousse tous les traits, et ils ont en outre des cornes dont ils se servent alternativement pour combattre. Là sont aussi des bœufs à trois cornes, qui ont des pieds de cheval.

Le *myrmicoléon*, autrement dit *formicoléon*, est un petit animal, semblable à une fourmi pour tous les autres animaux, et qui est pour la fourmi tel qu'un lion. Il se cache dans la poussière; placé en embuscade et guettant la fourmi qui transporte son grain, il l'attaque à l'improviste, la tue et mange le grain. Les Grecs appellent *léontophonos* un autre petit animal, que les chasseurs prennent et tuent pour répandre sa cendre sur des viandes, parce que les lions, s'ils viennent à manger de celles-ci, en meurent subitement. Aussi ont-ils une haine bien naturelle pour cette petite bête; lorsqu'ils peuvent en prendre quelqu'une, ils la déchirent avec leurs ongles, mais ne se hasarderaient jamais à en manger.

On voit dans ces pays des porcs d'une taille étonnante, et qui ont des dents longues d'une coudée. D'autres animaux, noirs et d'un horrible aspect, ont la tête semblable à celle des chevaux, sont plus forts que les éléphans, et portent trois cornes sur le front. Il y a des rats, plus gros que des renards, qui tuent des animaux en les mordant et dont la morsure cependant ne fait que peu de mal à l'homme. D'autres bêtes, plus grandes qu'un bélier, ont la tête du bouc, le cou couvert de crins comme celui de l'âne, les pieds fourchus et la queue d'un veau. D'autres animaux, semblables à l'hippopotame, ont la poitrine comme celle du crocodile, des soies sur le dos comme le porc, des dents très-fortes et qui les servent bien dans les combats, et ils marchent aussi lentement qu'une tortue. Ni les lances ni les flèches ne peuvent les transpercer; ceux qui les attaquent les écrasent à coups de marteaux de fer. D'autres ont les pieds fourchus comme le porc, des cornes longues de trois pieds, la tête du porc et la queue du lion. D'autres, que l'on trouve dans les mêmes contrées, ont sur la tête des os faits en forme de scie et pointus comme une épée, avec lesquels ils mettent à mort les chevaliers qui s'élancent sur eux, quoique bien armés et munis d'un bouclier. Les *cynocéphales*, animaux dont le corps est énorme, ont une tête de cheval, et les flammes qui sortent de leur bouche tuent les hommes qui s'en approchent.

Les contrées de l'Orient fournissent une grande quantité et une extrême variété de serpens. Ces animaux sont d'un tempérament froid, et ne font que peu ou point de mal, si ce n'est lorsqu'ils se sont réchauffés. La nuit, ils font moins de mal que le jour, parce que la rosée les refroidit. Pendant les froids de l'hiver, ils se tortillent par nœuds; en été, ils se déroulent. Celui qui est atteint de leur venin est d'abord roidi par le froid; mais peu à peu le venin se réchauffe dans son corps, et tue l'homme en le desséchant. On dit que ce venin n'est nuisible que lorsqu'il parvient à atteindre le sang. On assure que le serpent fuit devant l'homme nu, et n'ose pas l'inquiéter. Il cache sa tête, et ne présente que son corps à celui qui le frappe, et cela parce que, pourvu qu'il conserve sa tête, il continue à vivre, quoiqu'il ait perdu son corps. Il perd son venin en entrant dans l'eau, et le retrouve en en sortant. Si un accident quelconque fait qu'il n'en ait plus, il enfonce très-souvent sa tête dans la terre, et meurt de douleur. Le serpent vit long-temps : devenu vieux, il détruit sa propre chair par le jeûne, jusqu'à ce que sa peau s'étant détendue par l'effet de l'amaigrissement, il passe par le trou d'une pierre, déposant là sa vieille peau, et retrouvant la jeunesse et une vie nouvelle. Il fuit toute bonne odeur, qui très-souvent est mortelle pour lui. Quelquefois la moelle de l'homme donne la vie à un serpent. De toutes les espèces de serpens, et même de tous les animaux de la terre, le plus grand est le dragon, qui, lorsqu'il sort de son repaire, s'élève quelquefois dans l'air, et s'agite violemment. Il porte une crête, et a la bouche petite; ses artères se contractent lorsqu'il aspire l'air, et pousse sa langue en dehors; il ne fait aucun mal avec ses dents; mais s'il enveloppe quelqu'un avec sa queue, il le tue; et l'éléphant même, malgré son énorme corpulence, n'est pas à l'abri de ses attaques. Lorsqu'il aspire, son souffle empoisonné répand la mort autour de lui; privé de pieds, il glisse sur la poitrine et sur le ventre. Comme le lion est le roi des animaux, le basilic est le roi des serpens; et c'est pourquoi les Grecs lui ont donné ce nom de *basiliscus,* qui signifie petit roi. Tous les serpens le redoutent et le fuient, parce qu'il les tue seulement par son souffle; son regard empoisonné est également mortel à l'homme, et nul oiseau ne passe devant ses yeux sans être aussitôt frappé. Il est long d'un demi-pied, et marqué de taches blanches; la terre qu'il touche en est souillée et brûlée; il détruit les plantes, corrompt et tue les arbres. Tout ce qu'il atteint d'une morsure périt aussitôt; il ne se nourrit ni d'animaux, ni d'oiseaux. Dans une maison où l'on conserve la moindre petite partie du corps d'un basilic, on ne voit jamais entrer ni serpens, ni oiseaux, et les araignées n'y tendent plus leurs filets. Les fouines cependant triomphent du basilic; si on en fait entrer une dans le lieu où ce serpent se cache, il fuit dès qu'il l'aperçoit, et la fouine le poursuit et le tue. Aux environs de Jéricho, et dans les déserts du Jourdain, on trouve un serpent que l'on appelle *tyr*, dont les chairs, mêlées à quelques autres ingrédiens, produisent une sorte d'électuaire que l'on nomme la tyriaque ou thériaque, et qui détruit dans le corps de l'homme l'effet de tout poison, excepté cependant celui qui provient de ce même animal. On appelle *salamandre* en grec, et *stellio* en latin, un animal que d'autres, à ce qu'on prétend, ont aussi nommé le caméléon. Il a quatre pieds, la face assez semblable à celle d'un lézard, la queue très-longue et tortillée, les ongles recourbés et très-acérés, le corps couvert d'aspérités, et la peau comme celle du crocodile. On tire de sa peau une espèce de laine, dont on fait des ceintures incombustibles. La salamandre vit dans le feu, non seulement sans y être brûlée, mais très-souvent même en l'éteignant. Elle marche lentement, et tue même après sa mort celui qui a triomphé d'elle; car si un oiseau, par exemple, veut en manger le plus petit morceau, il meurt aussitôt. De tous les animaux venimeux, la salamandre est celui qui a la plus grande puissance de destruction : les autres détruisent en détail et individuellement, elle frappe à la fois sur les masses. Si elle se glisse sur un arbre, elle infecte tellement tous les fruits de son venin, que tous ceux qui veulent en manger périssent. Si elle tombe dans un puits, la force du venin donne la mort à tous ceux qui boivent de son eau. La vipère est un serpent auquel on a donné ce nom, parce qu'il ne se reproduit que de force[1], car on assure que le mâle meurt dans l'acte même de la génération et que la femelle est tuée pendant qu'elle porte encore. Celle-ci tombant, dit-on, comme en démence par un excès de volupté, coupe la tête à son mâle au moment où il la met dans sa bouche, et elle-même est tuée par ses petits, qui n'attendent point le temps assigné par la nature, lui rongent les flancs, et s'ouvrent un passage de vive force, au prix de la vie de leur mère. Certaines paroles ont sur l'*aspic* un pouvoir d'enchantement qui détruit la force de son venin. Lorsqu'il voit ceux qui viennent à lui pour opérer cet effet, il applique une de ses oreilles contre terre, et se bouche l'autre avec l'extrémité de sa queue, pour ne pas entendre la voix du magicien. Le *saura* est un autre serpent, qui perd les yeux en vieillissant; alors il se place dans le trou d'une muraille qui soit située en face du soleil levant, attend dans cette position le retour du soleil, et recouvre ainsi la vue. L'*hypnapis* est une espèce d'aspic qui tue ceux qu'il a mordus pendant leur sommeil; son venin a la faculté d'endormir, ensuite il mord et tue ceux qu'il a d'abord fait dormir. Le *scytalis* ou musarague a le dos tacheté avec tant de variété qu'il arrête les curieux; et il a le corps tellement chaud qu'en hiver il dépouille sa peau. Ceux qui sont mordus par cet animal se sentent consumés comme d'une ardeur dévorante. L'*amphisbène* est un serpent à deux têtes, l'une à la place ordinaire, l'autre à la queue; et il court sur l'une ou l'autre de ces têtes. Le *seps* est un tout petit serpent dont le venin consume en même temps les chairs et les os.

[1] *Vi-paria*, qui engendre par force.

Les serpens appelés *tarentes* sont de moyenne grosseur. Ceux qu'ils ont piqués éprouvent de violentes souffrances, et meurent quelquefois dans une cruelle agonie, si l'on ne vient à leur secours, en leur administrant de la thériaque. Le *céraste,* autre espèce de serpens, porte des cornes sur la tête ; il cache tout son corps en terre, et ne laisse sortir que ses cornes, qu'il fait voir aux oiseaux ; et lorsque ceux-ci sont venus se poser dessus, il les tue. Le serpent *hémorroes* tire le sang, après avoir fait une piqûre ; et ouvrant ainsi les veines, il boit tout le sang, et donne la mort à sa victime. Le serpent d'airain fut fait et dressé sur une perche, pour être opposé aux trois espèces de serpens qui faisaient mourir les enfans d'Israel dans le désert [1]. On dit que ces serpens étaient les *dipsades,* les *situles* et les *scorpions.* Le *dipsade* est tellement agile qu'il blesse sans être vu ; on le foule aux pieds sans l'apercevoir, mais sa piqûre cause une enflure et une inflammation qui amène la mort. La *situle* fait mourir par la soif ceux qu'elle a blessés. Le *scorpion* a, dit-on, la tête blanche et presque semblable à celle d'une jeune fille, mais sa queue est armée d'un aiguillon très-venimeux. Il y a dans l'Inde des serpens tellement gros qu'ils dévorent, dit-on, des cerfs, et traversent même l'Océan. On en voit d'autres qui mangent le poivre blanc, et ont dans la tête des pierres précieuses ; tous les ans ils se livrent des combats entre eux, et se détruisent en grande partie les uns par les autres. Quelques-uns de ces serpens ont des cornes comme des béliers, et s'en servent, en les agitant dans l'air, pour frapper les hommes.

[1] Nombres, ch. 21, v. 6-9.

On trouve en outre dans les contrées de l'Orient des oiseaux admirables qu'on ne voit nulle autre part. Là, est le phénix, oiseau unique et d'une extrême beauté; son corps est grand, son plumage, ses serres et ses yeux sont remarquablement beaux. On dit qu'il porte sur la tête une crête semblable à celle du paon; son cou est d'un beau jaune doré, ses plumes sont roses, celles de derrière pourprées et sa queue bleu d'azur. Il vit plusieurs années, mais lorsqu'il se sent vieillir, il se rend sur un lieu très-élevé et dans un site agréable; au milieu est une grande fontaine qui fournit en abondance des eaux extrêmement limpides, et au bord de cette fontaine est un arbre d'une grande hauteur. Au sommet de cet arbre, le phénix se construit un nid ou un tombeau avec toutes sortes d'essences aromatiques; et s'exposant alors à l'ardeur du soleil et battant des aîles, il se brûle lui-même et se relève ensuite de ses propres cendres, tout rajeuni.

Le perroquet est un oiseau indien, vert et ayant un collier doré. Il a la langue grande, et prononce des mots bien articulés; si on ne le voyait on croirait entendre parler un homme. Il salue les passans et leur dit *ave* ou χάιρε. Dans la première et la seconde année de sa vie il apprend très-vite et retient très-bien ce qu'on lui enseigne; plus vieux, il devient moins docile et oublie promptement. Les plus beaux ont cinq doigts aux pieds, les autres n'en ont que trois. L'*ibis* est un oiseau du Nil, qui se purge lui-même, s'injectant de l'eau dans le derrière avec son bec. La femelle fait ses petits par la bouche : il fait une grande consommation d'œufs de serpens et en porte dans son nid à ses petits, qui les mangent aussi avec avidité. Le *pélican* est ainsi appelé parce qu'il a la peau blanche (*pellis cana*). Cet oiseau mange, dit-on, ses petits, et après les avoir pleurés pendant trois jours, il se blesse lui-même avec son bec et leur rend la vie en répandant son sang. On appelle en latin *diomediæ* les oiseaux que les Grecs ont appelés *herodios*, le héron : si un Grec s'approche d'eux, on dit qu'ils l'accablent de caresses, tandis qu'ils assaillent à coups de bec les hommes de toute autre nation. Les hérons sont grands comme des cygnes, blancs de neige, et ont un bec énorme et très-fort. Lorsqu'ils se plaignent d'un son de voix lamentable, ils annoncent, dit-on, ou leur propre destruction, ou la mort d'un roi. Les griffons sont des oiseaux extrêmement féroces, et qui se livrent à des excès furieux. Ils sont très-grands et tellement forts, qu'ils se battent avec succès contre des hommes armés et les tuent. L'*onocrotale* renferme beaucoup de nourriture dans son ventre, d'où il la retire successivement pour la manger. Les syrènes, qui ont le haut du corps semblable à celui d'une jeune fille, sont oiseaux pour les parties inférieures ; c'est pourquoi on les compte parmi les oiseaux de mer, quoiqu'elles soient au fait de véritables monstres.

On voit dans l'Inde des chauves-souris plus grandes que des pigeons, et ayant des dents comme les hommes ; elles frappent les hommes au visage et leur coupent les narines, les oreilles et d'autres membres. Il y a aussi dans le même pays d'autres oiseaux grands comme des vautours, rouges, et ayant les pieds et le bec noirs. Ils ne sont point nuisibles à l'homme, et se bornent à dévorer les poissons qu'ils pêchent dans les fleuves.

En Égypte on fait éclore de petits poulets avec des œufs de poule que l'on chauffe dans des fours et sans qu'il soit besoin que les femelles les couvent; par ce moyen on peut en un même jour avoir autant de poulets que d'œufs. On y trouve aussi des pigeons qui font l'office de messagers, portant sous leurs ailes les lettres de leurs maîtres, et traversant en peu de temps une vaste étendue de pays. Ils se rendent par là infiniment utiles, surtout lorsque des messagers humains ne peuvent traverser les terres occupées par l'ennemi. Quant aux oiseaux qu'Alexandre vit en Perse, qui rendaient la santé aux malades qu'ils regardaient en face, tandis que ceux sur lesquels ils ne voulaient pas tourner leurs regards mouraient sans aucun doute, et quant à ces autres oiseaux que saint Brendan vit sur un arbre très-grand et très-beau, et dont l'un lui répondit qu'ils étaient des esprits qui faisaient pénitence dans des corps d'oiseaux, je laisse à la sagesse du lecteur le soin de juger si cela est vrai ou possible.

Le fleuve du Gange contient des anguilles qui ont trente pieds de long, et certains vers qui ont, comme l'écrevisse, deux bras longs de six coudées, avec lesquels ils saisissent les éléphans et les plongent dans les eaux. La mer indienne produit des tortues dont les coquilles fournissent à l'homme un vaste abri. Dans la mer de l'Occident il y a des écrevisses qui saisissent les hommes et les noient, et qui ont le dessus du dos aussi dur que celui du crocodile. Là se trouvent aussi des poissons dont les hommes emploient les peaux pour se faire de beaux et larges vêtemens. Au fond de la mer sont des poissons qui ont des rapports de ressemblance avec les animaux vivans sur la terre, et dont quelques-uns marchent sur des pieds et mangent les fruits des arbres qui croissent dans ces abîmes. L'*échénéis* est un poisson d'un demi-pied de long, et qui a la faculté toute particulière d'arrêter un vaisseau, en se fixant sur lui ; que les vents se déchaînent, que les tempêtes s'agitent avec fureur, que les flots de la mer soient violemment soulevés, le navire demeure immobile et sans pouvoir avancer, comme s'il avait pris racine, et cependant le petit poisson le retient moins encore qu'il ne s'attache à lui. On dit qu'il n'y a que des lamproies femelles, et qu'elles naissent du serpent ; aussi les pêcheurs les appellent comme les serpens, au moyen du sifflement ; on ne les tue qu'avec peine, en les frappant d'un bâton ou d'un marteau ; on n'en vient à bout qu'après de grands efforts en les frappant à la tête, tandis qu'on les tue tout de suite par la queue.

Certains coquillages marins contiennent des pierres précieuses ; on dit en effet que ces coquillages abordent sur le rivage pendant la nuit, et que la rosée du ciel y forme les perles. Ils se vident lorsque la lune décroît, et se remplissent de nouveau lorsqu'elle croît. Les huîtres sont une espèce de coquillage dont les écrevisses mangent la chair par un merveilleux artifice. Comme elles ne peuvent ouvrir les coquilles, elles se placent en embuscade, pour épier le moment où ces animaux les entr'ouvrent eux-mêmes ; alors elles leur jettent une petite pierre, pour les empêcher de se refermer, et les mangent ensuite. Les poissons appelés *dauphins* s'élèvent à la surface de la mer lorsqu'une tempête s'approche, et se jouent sur les ondes. La baleine est le plus grand de tous les poissons. Elle a l'ouverture de la bouche fort étroite, et ne peut, par conséquent, avaler que de petits poissons; elle les attire à elle par le parfum de son haleine, et les fait passer dans son ventre. Lorsqu'une tempête commence sur mer, elle s'élève au dessus des flots. Quelques baleines sont tellement grandes, qu'on les prend pour des îles ou des montagnes. Pressés par la tempête, quelquefois les matelots y attachent leurs navires; et se croyant sur la terre ferme, allument des feux; mais lorsque l'animal en sent la première atteinte, il s'enfonce dans les profondeurs de la mer, et y entraîne les batimens et ceux qui les montent.

On trouve en outre dans les contrées de l'Orient des pierres précieuses qui ont des propriétés étonnantes et vraiment inconcevables pour les hommes qui n'en sont pas instruits. Le diamant, que l'on trouve à l'extrémité de l'Inde, est de couleur claire et ferrugineuse. Il n'excède jamais la grosseur de l'amande d'une aveline : il résiste à tous les métaux par son extrême dureté, et cependant le sang tout chaud du bouc le brise en morceaux : le feu ne le chauffe point, et il attire le fer par une vertu secrète. Une aiguille de fer en contact avec le diamant se tourne sans cesse vers l'étoile du nord, qui étant comme l'axe du firmament, ne remue pas, tandis que toutes les autres tournent. Cette propriété le rend indispensable aux navigateurs. Placé auprès de l'aimant, le diamant ne lui laisse pas attirer le fer; lorsqu'il l'a attiré, si l'on approche le diamant, celui-ci le lui ravit et lui enlève sa proie. On dit aussi que le diamant dissipe les poisons, qu'il résiste aux maléfices, que pendant la nuit il écarte les fantômes et les insomnies : le contact du diamant est aussi très-utile à ceux qui ont perdu la raison. L'aimant est aussi une pierre de l'Inde, de couleur ferrugineuse, et qui attire le fer au point de former une chaîne avec des anneaux. Les sorciers s'en servent dans leurs prestiges magiques, et on l'emploie utilement contre l'hydropisie et contre les brûlures. L'émeraude, que l'on trouve dans le même pays, est d'un beau vert. Lorsque sa surface est plane et assez large, elle reproduit les images comme un miroir qui réjouit et fortifie à la fois les yeux de ceux qui y regardent. On s'en sert avec succès contre la fièvre semi-tierce et contre le mal caduc ; elle est utile aussi pour apaiser les transports des sens, et la beauté de sa couleur augmente lorsqu'on la trempe dans le vin, ou qu'on la frotte d'huile d'olive. L'*escarboucle,* appelé *anthrax* par les Grecs, et vulgairement *rubis,* parce qu'elle est de couleur rouge, brille au jour et dans les ténèbres plus qu'un charbon embrasé, et jette aux yeux un éclat de flamme brillant comme le feu. Là est encore le *saphir,* dont la couleur ressemble à la teinte d'un ciel serein, et qui cependant, quelque pur qu'il soit, ne reproduit jamais les images comme un miroir. On dit qu'il a une végétation, qu'il fortifie les membres de ceux qui le portent, et qu'il abat les enflures ; il arrête les sueurs, rafraîchit les ardeurs internes, guérit les ulcères, enlève la chassie des yeux et les douleurs du front, et fait beaucoup de bien aux maladies de la langue. Les nécromanciens font usage de cette pierre pour leurs maléfices. La *topaze* est couleur d'or et reproduit transversalement l'image de ceux qui fixent leurs regards sur elle : elle est d'une nature froide, et sert utilement contre l'emportement des sens; elle refroidit l'eau bouillante, et on l'emploie avec fruit contre les hémorroïdes. Le *jaspe* est vert et transparent; on en trouve aussi d'autres couleurs, mais qui sont moins précieux. Cette pierre est bonne à préserver des fantômes, des fièvres et de l'hydropisie, et l'on assure aussi qu'elle est très-utile aux femmes en couche. L'*améthyste* est couleur de pourpre et d'autres fois violette. Elle est fort utile aux buveurs, parce qu'elle empêche l'ivresse. L'*agathe* est veinée, noir et blanc. On l'emploie avec avantage contre les poisons et contre la soif, et l'on dit qu'elle développe la vue. Ce que l'on dit encore, qu'elle donne la grâce et l'éloquence, doit être considéré comme une superstition plutôt que comme un fait digne de foi. L'*asbeste* est une pierre que l'on trouve en Arcadie, et qui une fois allumée ne peut plus s'éteindre. La *pyrite* est une pierre de Perse, de couleur noire; celui qui la presse fortement dans la main en est brûlé au point de ne pouvoir la retenir. Le *jais* ou *jayet* est noir, luisant, plat et léger; il brûle dans l'eau et s'éteint dans l'huile; échauffé par un frottement, il attire les brins de paille; il est bon pour les hydropiques; trempé dans l'eau, il devient un fortifiant pour les dents ébranlées; on en fait des fumigations qui rendent aux femmes leurs menstrues, et qui font du bien aux épileptiques. Cette pierre est propre aussi à soulager les douleurs du ventre et des entrailles. L'eau dans laquelle on l'a fait tremper pendant trois jours est bonne à boire pour les femmes en couche, et hâte leur délivrance. Elle est utile aussi contre les prestiges des sorciers; elle fait fuir les serpens, ce qui fait que l'aigle en met toujours dans son nid pour s'en défendre. Serge dit cependant que l'aigle a le corps si chaud, que s'il ne mettait dans son nid du jais, qui est une pierre très-froide, il brûlerait ses œufs en les couvant. Une autre pierre, appelée *aétite* s'allume facilement dans le voisinage du feu. L'aigle en met également dans son nid : cette pierre a un mâle et une femelle. Elles sont utiles non seulement à l'aigle pour lui faire pondre ses œufs, mais aussi aux femmes grosses, pour accélérer leur accouchement. L'*hyacinthe* est une pierre grenée, couleur de fleur de pourpre, et qu'on ne peut couper qu'avec des brisures de diamant. En la mettant dans la bouche, on l'en retire plus froide; elle fortifie l'homme et le délivre de la tristesse et des vains soupçons. Le *lyncurius* est un produit de l'urine du lynx, à peu près semblable par la couleur à l'ambre jaune : cette pierre attire les pailles, lorsqu'on l'échauffe par le frottement; elle est bonne contre la jaunisse, contre les douleurs d'entrailles et les dérangemens de l'estomac. L'*alectorius* est une pierre semblable au crystal ou à l'eau claire; on la trouve dans le jabot d'un coq lorsqu'il a été châtré et qu'il a vécu trois ans; elle n'est jamais plus grosse qu'une féve; et lorsque cet animal l'a eue dans le corps, il ne boit plus dès ce moment. Un homme, en la mettant dans sa bouche, dissipe aussitôt la soif qu'il ressent. Enfin elle est bonne aux tempéramens froids qui ne peuvent se livrer aux plaisirs des sens. La *chélidoine* est une petite pierre noire, et quelquefois rousse, que l'on trouve dans l'hirondelle, et qui est bonne pour guérir la folie, le mal caduc, les fièvres et les mauvaises humeurs; trempée dans l'eau, elle soulage les yeux malades. La *chrysolite* brille comme l'or, scintille comme le feu, et sa couleur tient le milieu entre le bleu et le vert. On la trouve dans l'Éthiopie, et elle est très-bonne à chasser les fantômes de la nuit. On trouve aussi en Éthiopie la *chrysoprase*, qui brille pendant la nuit et est terne pendant le jour. Dans l'Inde on trouve le *béryl*, belle pierre, dont la couleur est comme celle de l'huile ou de l'eau de mer; trempée dans l'eau, elle guérit les yeux malades; elle est bonne aussi pour soulager les mauvaises exhalaisons, l'asthme et les maux de foie. La *sardoine* et l'*onyx* sont deux pierres précieuses que le Seigneur ordonna de placer avec dix autres pierres fines dans le pectoral que le grand-prêtre devait porter [1]. La sardoine est couleur de terre rouge. L'onyx a la forme de l'ongle d'un homme; on le trouve dans le fleuve du paradis, nommé le *Phison;* il est d'un rouge veiné de blanc. Enfin, il y a encore dans les diverses contrées de l'Orient d'autres espèces de pierres précieuses; mais ce que nous venons d'en dire doit suffire pour montrer la grandeur de la puissance divine, et pour porter les hommes à confesser le Seigneur dans ses œuvres.

Il y a en outre dans l'Orient des hommes qui ne ressemblent nullement à ceux que l'on voit dans les autres parties du monde. Là sont les Amazones, femmes belles, habiles à manier les armes dans les combats, et qui habitent auprès des monts Caspiens, dans une île formée par les eaux d'un

[1] Exode, ch. 28, v. 17-20.

fleuve. Toutes portent le glaive et sont très-habiles à la guerre; lorsqu'elles reviennent victorieuses d'une bataille avec leur reine en tête, leurs maris, qui demeurent en dehors de l'île, vont les adorer. Une fois l'année elles se rendent auprès d'eux. Après leur retour, si elles sont grosses et si elles mettent au monde un enfant mâle, elles le soignent pendant six ans et l'envoient ensuite à son père; si l'enfant est une fille, elle demeure toujours auprès de sa mère. De même que chez quelques espèces d'oiseaux la femelle est plus forte que le mâle, de même les Amazones sont plus fortes que leurs maris, et tandis que les premières vont à la guerre, les autres demeurent en repos chez eux. Et comme il est certain que l'usage fréquent des plaisirs des sens absorbe une plus grande quantité d'esprits vitaux, moins ces femmes s'y livrent et plus elles conservent de forces et demeurent propres aux exercices de la guerre.

On voit aussi dans les contrées de l'Orient des hommes que l'on appelle *oxydraques* ou *gymnosophistes,* ce qui veut dire les sages nus. Ils marchent dans leur nudité et dans la pauvreté et l'humilité, méprisant les vanités trompeuses et fugitives de ce monde, vivant sous des cabanes ou dans des grottes, et n'ayant ni maisons ni villes. Ils ne nuisent à personne et n'ont pas même d'armes pour se défendre. Leurs femmes et leurs enfans habitent séparément avec les animaux qu'ils élèvent pour pourvoir à leur subsistance, vivant d'ailleurs avec une grande sobriété. Alexandre le Macédonien ayant rencontré ces hommes, leur dit dans un vif étonnement: « Demandez-moi ce que vous voudrez, et je vous le

« donnerai. » Ils lui répondirent alors : « Donne-
« nous l'immortalité, que nous desirons plus que
« toute autre chose, car nous ne nous soucions nul-
« lement des richesses. » Et lorsque Alexandre leur
eut dit : « Je suis mortel, comment pourrais-je
« vous donner l'immortalité? — Si tu te reconnais
« mortel, lui répondirent-ils, pourquoi cours-tu tou-
« jours faisant le mal? »

Au-delà du fleuve du Gange sont d'autres hommes
bien dignes d'admiration, et que l'on appelle Brachmanes. La lettre que je vais transcrire et qu'ils écri-
virent à Alexandre fera parfaitement connaître au
lecteur desireux de s'instruire, la religion, les mœurs
et les rites de ces hommes. Voici donc cette lettre,
que le roi Dindimus envoya à Alexandre.

« Dindimus, précepteur des Brachmanes, à
« Alexandre, roi, joie! Nous avons appris par tes
« lettres que tu desires savoir en quoi consiste la par-
« faite sagesse. Certes nous reconnaissons par là que
« tu es infiniment sage, et nous te louons beaucoup
« de vouloir connaître la parfaite sagesse, qui vaut
« mieux que tout royaume, car le souverain qui ne
« connaît point la sagesse ne domine pas ses sujets,
« mais ses sujets le dominent. Toutefois il nous sem-
« ble impossible que vous suiviez notre manière de
« vivre et nos usages, car notre doctrine est infini-
« ment différente de la vôtre. En effet, nous n'ado-
« rons point les dieux comme vous les adorez, et
« nous ne menons point la vie que vous menez. En-
« fin j'aurais desiré m'excuser de te répondre sur
« tous les points comme tu le demandes, car il est
« bien inutile que j'écrive le récit de notre vie et de

« nos coutumes, puisque tu n'auras pas le temps de
« me lire, étant toujours occupé à faire la guerre.
« Mais afin que tu ne dises pas que c'est la haine
« qui me fait parler ainsi, j'écrirai tout ce que je
« pourrai sur les choses sur lesquelles tu m'as in-
« terrogé.

« Nous autres Brachmanes, nous menons une
« vie simple et pure, nous ne faisons pas de pé-
« chés, et ne voulons rien posséder, si ce n'est ce
« qu'exige la condition de notre nature. Nous souf-
« frons et nous supportons tout; nous n'appelons
« nécessaire que ce qui n'est pas superflu. Chez nous
« il n'est pas permis de labourer les champs avec la
« charrue, de semer la terre, d'atteler des bœufs à
« un char, de jeter des filets dans la mer pour prendre
« des poissons, de nous livrer à la chasse, soit contre
« les quadrupèdes qui habitent sur la terre, soit con-
« tre les oiseaux des airs; car nous avons des vivres
« en abondance, et nous ne cherchons aucune autre
« subsistance que celle que la terre produit, et qu'elle
« produit sans le travail de l'homme. Nos tables sont
« couvertes de mets qui ne peuvent nous nuire, et
« même nous ne chargeons pas notre estomac de ces
« mets, parce qu'il n'est pas permis chez nous de satis-
« faire outre mesure ses appétits; aussi sommes-nous
« exempts de maladie. Pendant que nous vivons, et
« tant que nous vivons, nous avons toujours la santé;
« nous ne faisons point de médecine, nous ne cher-
« chons point de secours étrangers pour la santé de
« nos corps. Notre vie finit seulement au terme de la
« mort, parce que l'un ne vit pas plus que l'autre,
« et que chacun arrive à ce terme dans l'ordre de sa

« naissance. Nul de nous ne s'assied devant le foyer
« à raison du froid; nos corps ne ressentent jamais le
« froid; nous demeurons nus, toujours et à tout vent.
« Nous ne satisfaisons point aux desirs de nos corps,
« mais nous supportons toutes choses avec patience.
« Toi, empereur, triomphe de tout cela, et lorsque
« tu auras vaincu ces ennemis que tu portes dans
« ton corps, tu pourras être estimé plus fort que tous
« les autres. Tu ne combats contre les ennemis que
« tu as au dehors, que pour entretenir les ennemis
« que tu portes en toi. Nous autres Brachmanes,
« nous avons tué tous les ennemis que nous avions
« dans notre corps; c'est pourquoi nous ne crai-
« gnons point les ennemis que nous avons au de-
« hors; nous ne demandons à personne du secours
« contre eux, ni sur terre ni sur mer; toujours en
« sécurité, nous vivons sans aucune crainte. Nos
« corps sont couverts des feuilles des arbres dont
« nous mangeons les fruits; nous mangeons aussi
« du lait, et nous buvons de l'eau du fleuve. Nous
« chantons sans cesse les louanges de Dieu, et
« nous aspirons à la vie du siècle futur. Nous ne
« voulons entendre que ce qui peut être utile; nous
« ne parlons pas beaucoup; quand nous devons
« parler nous ne disons que la vérité, et ensuite
« nous nous taisons. Nous n'aimons point les ri-
« chesses; la cupidité est un besoin insatiable et qui
« d'ordinaire conduit les hommes à la pauvreté, parce
« qu'ils ne peuvent jamais voir le terme de leurs con-
« quêtes. Chez nous il n'y a point de haine; nul
« parmi nous n'est plus fort ou plus puissant qu'un
« autre. Nous avons de la pauvreté, et par elle nous

« sommes riches, puisque nous l'avons tous en com-
« mun. Nous ne faisons point de procès, nous ne
« prenons point les armes, nous avons la paix par
« habitude, non par vertu. Nous n'avons point de
« justice, car nous ne faisons rien qui doive nous
« faire aller en justice. Une seule loi est contraire
« à notre nature, nous ne faisons point miséricorde,
« parce que nous ne nous mettons point dans le cas
« d'avoir recours à la miséricorde. Nous ne remettons
« point les fautes à tout autre, dans l'intention que
« Dieu nous remette pour ce motif nos péchés. De
« même nous ne donnons pas nos richesses pour l'ex-
« piation de nos péchés, ainsi que vous le faites.
« Nous ne faisons aucun travail par desir du gain;
« nous ne livrons point nos corps aux emportemens
« des sens; nous ne commettons point d'adultère;
« nous ne nous abandonnons à aucun vice qui doive
« amener pour nous la pénitence; tandis que vous,
« lorsque vous faites pénitence, vous parlez contre
« vous-mêmes du mal que vous faites, comme vous
« avez coutume de parler contre vos ennemis. Nous
« ne nous plaignons jamais des actions des autres,
« parce que tous nous faisons bien. Nous ne craignons
« point la mort subite, parce que nous n'avons point
« d'actions honteuses qui doivent infecter l'air même.
« Nous ne teignons point nos vêtemens de diverses
« couleurs, nos femmes ne se parent point pour
« plaire; les vêtemens même leur sont à charge,
« parce qu'elles ne veulent point être belles par les
« ornemens, mais par ce que la nature même leur a
« donné à leur naissance. Qui peut en effet changer
« les œuvres de la nature? L'entreprendre et ne pas

« y réussir est criminel. Nous ne préparons pas de
« bains, nous ne faisons pas chauffer l'eau pour laver
« nos corps, car le soleil nous donne la chaleur et la
« rosée nous rafraîchit. Nous n'avons point de pen-
« sées sur les autres. Nous ne gouvernons point les
« hommes, qui sont nos semblables : c'est une cruauté
« d'opprimer par la servitude l'homme que la nature
« nous a donné pour frère, et qui est, comme nous,
« la créature d'un seul Père céleste. Nous ne rédui-
« sons point les pierres en chaux pour nous faire des
« maisons que nous habitions; nous ne faisons de
« vases qu'avec de la terre. Nous habitons dans les
« creux et dans les cavernes des montagnes, où l'on
« n'entend point le bruit des vents, où nous ne re-
« doutons point la pluie. Nous dormons exempts de
« sollicitude, car nous avons des maisons dans les-
« quelles nous habitons tant que nous sommes en vie,
« et qui nous servent de sépulture lorsque nous som-
« mes morts. Nous n'allons point, pour commercer,
« naviguer sur la mer, où ceux qui vont trafiquer
« rencontrent de grands périls et de grandes mer-
« veilles [1].

« Nous n'apprenons point l'art de bien parler, mais
« nous disons tout avec une simplicité qui ne nous
« permet jamais de mentir. Nous ne fréquentons point
« les écoles des philosophes, dont la doctrine est
« toute discorde, où l'on ne trouve rien de certain
« ni de stable, mais seulement et toujours le men-
« songe. Au lieu de cela, nous fréquentons les éco-
« les où nous apprenons la vie, qui nous démontrent
« ce qu'on montre par l'Écriture. Elles ne nous ensei-

[1] Ps. 106, v. 23 et 24.

« gnent point à faire tort aux autres; elles nous ap-
« prennent à les secourir selon la vraie justice, et ne
« nous disent rien qui doive exciter en nous le moin-
« dre sentiment de tristesse. Nous n'aimons point les
« amusemens; si nous voulons apprendre quelque
« chose de ce genre, nous lisons les faits de nos pré-
« décesseurs et des nôtres; et quand nous devrions
« en rire, nous pleurons. Toutefois, nous voyons
« des choses qui font notre étonnement et nos déli-
« ces, savoir le ciel tout resplendissant d'étoiles, le
« soleil brillant des feux dans sa course, et ses rayons
« illuminant le monde entier. La mer nous paraît tou-
« jours belle; et quand une tempête s'y élève, elle ne
« bouleverse point la terre du voisinage, ainsi qu'elle
« fait dans vos contrées, mais elle l'embrasse comme
« sa sœur. Nous nous plaisons aussi à voir les champs
« bien fleuris; les plus suaves parfums en émanent,
« et montent jusques à nos narines, de même que du
« sein de nos belles forêts et du bord des fontaines,
« auprès desquelles nous entendons les chants des
« oiseaux. Telles sont nos habitudes régulières. C'est
« la nature même qui nous les donne. Et toi, empe-
« reur, si tu voulais les suivre, nous croyons qu'elles
« te paraîtraient dures; et si tu ne veux pas les sui-
« vre, ce n'est pas notre faute, puisque nous t'infor-
« mons par cet écrit des choses que tu nous as de-
« mandé et ordonné de te dire. Toutefois, si cela te
plaît, nous te dirons encore quelque chose sur notre doctrine, qui nous mène à penser que notre vie
doit te paraître dure.

« Vous avez décoloré et rendu pauvres les fleuves
du Pactole et de l'Hermus, qui coulaient sur l'or bril-

« lant. Vous avez abaissé le fleuve du Nil dans sa
« course, en buvant de ses eaux; vous avez enseigné
« à l'homme à naviguer sur le terrible océan. Vous
« affirmez que le gardien du Tartare, le chien Cer-
« bère, peut être endormi à force d'or. Vous mangez
« de toutes choses, et vous portez un visage d'absti-
« nence. Vous immolez vos enfans dans les sacrifices.
« vous faites commettre adultère à vos mères. Vous
« semez la discorde entre les rois; ceux qui sont
« humbles, vous les rendez orgueilleux. Vous per-
« suadez aux hommes que les vastes espaces de la
« terre ne leur suffisent pas; vous les engagez, vous
« les poussez à chercher les habitations du ciel. A
« l'aide de vos dieux, vous faites beaucoup de mal,
« comme ils en ont fait eux-mêmes, car vous pouvez
« rendre témoignage de Jupiter, votre dieu, et de
« Proserpine, la déesse que vous adorez, que le pre-
« mier a provoqué beaucoup de femmes à l'adultère,
« que la seconde a admis beaucoup d'hommes dans
« sa couche. Vous ne permettez point aux hommes de
« vivre dans leur liberté, et vous les retenez esclaves.
« Vous ne jugez point selon la simple justice, et vous
« faites changer la loi par les juges. Vous dites beau-
« coup de choses qui devraient être faites, et qui ne
« le sont point; vous ne tenez pour sage que celui
« qui a l'éloquence de la parole. Tout votre bon sens
« est dans votre langue, toute votre sagesse réside
« dans votre bouche; et quoique vous ayez la faculté
« de dire beaucoup de choses avec la langue, ils sont
« cependant beaucoup meilleurs ceux-là qui savent
« se taire. Vous rendez un culte à l'argent et à l'or;
« vous voulez avoir de très-grandes maisons et beau-

« coup d'esclaves; et cependant vous ne mangez et ne
« buvez qu'autant que tout autre homme mange et boit.
« Vous possédez tout, vous employez avec empire les
« richesses que vous avez; mais la sagesse seule des
« Brachmanes vous surpasse en tout point, puisque,
« selon que nous le pensons, la mère qui vous a
« donné la vie a également créé les pierres. Vous or-
« nez vos sépulcres et vous déposez les cendres de
« vos corps dans des vases garnis de pierres précieu-
« ses. En effet, qu'y a-t-il de plus mauvais que des
« ossemens que la terre doit recueillir? Vous les brû-
« lez, vous construisez misérablement un superbe sé-
« pulcre, et vous ne souffrez pas que la terre reçoive
« dans son sein ceux qu'elle a engendrés. Que les
« hommes apprennent par là quels services vous ren-
« dez après leur mort à ceux que vous aimez. Pour
« nous, nous ne tuons point d'animaux en l'honneur
« des dieux, nous ne construisons point de temple
« pour y placer, comme vous faites, une statue en or
« ou en argent pour chaque dieu; nous n'élevons
« point d'autel enrichi d'or, d'argent et de pierres
« précieuses. Votre loi est telle que vous faites hon-
« neur à vos dieux de tous vos biens, afin qu'ils soient
« tenus de vous exaucer. Vous ne comprenez pas que
« ce n'est ni à prix d'argent, ni pour le sang d'un
« veau, d'un bouc ou d'un bélier, que Dieu exauce
« l'homme, mais seulement à cause des bonnes œu-
« vres, qu'il chérit; que ce n'est que par la parole
« que l'homme est semblable à Dieu, que Dieu est la
« parole [1], que cette parole a créé le monde, et que
« c'est par elle que toutes choses vivent. Quant à

---

[1] Évang. selon saint Jean, ch. 1.

« nous, nous honorons, nous adorons, nous aimons
« cette parole, car Dieu est tout esprit et tout ame,
« et il n'aime rien qu'une ame pure. C'est pourquoi
« nous disons que vous êtes par trop insensés, esti-
« mant que votre nature est céleste, qu'elle a tout en
« commun avec Dieu, et en même temps souillant
« cette nature par l'adultère, la fornication et le culte
« servile des idoles. Vous aimez ces choses, vous les
« faites sans cesse; et les faisant tant que vous vivez,
« vous ne pouvez être purs; en sorte qu'après votre
« mort, vous aurez à supporter des tourmens à cause
« de cela.

« Vous espérez vous rendre Dieu propice par la
« chair et le sang que vous lui offrez. Vous ne servez
« point un Dieu unique et qui règne seul dans le ciel,
« vous servez beaucoup de dieux, et autant de dieux
« qu'il y a de membres dans votre corps. En effet,
« vous dites que l'homme est un petit monde, et que
« comme il y a divers membres dans le corps de
« l'homme, de même aussi il y a divers dieux dans le
« ciel, à chacun desquels vous attribuez une partie
« du corps, leur immolant aussi des victimes parti-
« culières, et leur donnant des noms recherchés.
« Vous affirmez que *Minerve*, parce qu'elle inventa
« beaucoup de travaux, est sortie de la tête de Jupi-
« piter, et qu'elle possède la sagesse; et c'est pour-
« quoi vous dites qu'elle occupe le sommet de la tête.
« *Junon*, parce qu'elle était irascible, est selon vous
« la déesse du cœur. *Mars*, parce qu'il était le chef
« de la guerre, vous le nommez le dieu de la poi-
« trine. *Mercure*, qui parlait beaucoup, est pour vous
« le dieu de la langue. *Hercule*, parce qu'il fit douze

« merveilleux travaux, vous l'appelez le dieu des
« bras. *Bacchus*, qui fut l'inventeur de l'ivresse,
« vous le nommez le dieu du gosier, et vous dites
« qu'il repose sur le gosier de l'homme comme sur un
« tonneau rempli de vin. *Cérès*, parce qu'elle créa
« le froment, vous l'appelez la déesse de l'estomac.
« *Vénus*, qui fut la déesse de la luxure, vous la nom-
« mez la déesse des organes de la génération. Ainsi
« vous partagez tout le corps de l'homme entre les
« dieux, n'en réservant aucune portion en votre puis-
« sance, et ne pensant pas que Dieu seul, qui est
« dans le ciel, a créé nos corps. Et cependant vos
« dieux mêmes ne vous rendent pour cela aucune
« grâce, comme à des hommes libres; ils vous imposent
« tribut comme à des esclaves et des sujets, et vous of-
« frez à chacun d'eux diverses sortes de tributs. Vous
« présentez à Mars le sanglier, à Bacchus le bouc, à
« Junon le paon; pour Jupiter, vous immolez le tau-
« reau; pour Apollon, vous tuez le cygne; pour Vé-
« nus, vous sacrifiez la colombe; pour Minerve, vous
« mettez à mort le hibou; à Cérès, vous offrez des
« sacrifices de fleur de farine; pour Mercure, vous
« faites fondre le miel; les autels d'Hercule, vous les
« couronnez des feuilles du peuplier; le temple de
« Cupidon, vous l'ornez de roses. Souvent ils ne veu-
« lent point des sacrifices offerts en commun, ni des
« temples en commun; et le cas échéant, chacun de
« ces dieux demande et obtient des récompenses qui lui
« appartiennent en propre. A chacun des dieux que
« vous adorez, vous consacrez, soit un oiseau, soit du
« grain, soit des quadrupèdes, soit toute autre chose; et
« c'est là que réside leur puissance, et nullement dans

« vos corps. Vous donc, comment dites-vous qu'ils ont
« pouvoir sur vos corps, puisqu'ils n'ont de pouvoir
« que par les animaux qui leur sont offerts? Certes,
« vous aurez à supporter après la mort de justes tour-
« mens, à cause de vos erreurs. Dans la réalité, vous
« n'implorez point des dieux secourables, mais des
« bourreaux, qui déchireront vos membres de toutes
« sortes de tourmens, car il faut que vos corps sup-
« portent autant de tortures que vous dites avoir de
« dieux qui ont pouvoir sur eux. Un dieu vous fait
« livrer à la fornication, un autre vous fait boire, un
« autre vous fait poursuivre des procès. Tous vous
« commandent, et vous les servez tous; vous les ado-
« rez tous; votre misérable corps doit s'affaisser sous
« tant de services qui vous obligent envers tant de
« dieux. Il est juste que vous serviez de tels dieux,
« à cause de tous les maux que vous faites; et vous
« ne servez de tels dieux que parce que vous ne vou-
« lez pas renoncer au mal. Et cependant c'est sans
« motif que vous servez des dieux qui vous comman-
« dent de faire toutes sortes de maux. S'ils vous exau-
« cent quand vous les priez, ils portent dommage à
« votre conscience; s'ils ne vous exaucent pas, ils
« contrarient vos désirs, puisque vous ne les priez
« que pour le mal : ainsi, qu'ils vous exaucent ou
« ne vous exaucent pas, ils vous sont toujours
« nuisibles. De là vos déesses, que vous appelez *fu-*
« *ries,* et qui, dans leur fureur, se vengent des pé-
« chés des hommes après leur mort. De là les tour-
« mens dont vos docteurs vous ont parlé, et qui, dans
« ce monde même, vous agitent déjà comme des morts.
« Si vous voulez y regarder soigneusement, nul ne

« peut soutenir une plus mauvaise cause que celle
« que vous soutenez; vous êtes déjà ces fantômes que
« vos docteurs ont placés dans les enfers. Il y a un
« grand nombre de châtimens dans l'enfer, vous souf-
« frez déjà ces châtimens, quand vous veillez pour
« vous livrer à l'adultère, à la fornication, au vol.
« Ils disent qu'il y a tant de mal dans l'enfer que l'on
« a toujours soif, et que l'on n'est jamais désaltéré; et
« vous, vous avez une telle ardeur d'acquérir des ri-
« chesses, que vous n'êtes rassasiés en aucun temps.
« Ils disent qu'il y a dans l'enfer un Cerbère qui a
« trois têtes; et votre estomac, si vous le regardez,
« est comme ce Cerbère, à force de boire et de man-
« ger. Ils disent encore qu'il y a dans l'enfer un ser-
« pent qui s'appelle l'*hydre;* et vous aussi, vous pou-
« vez être appelés *hydres,* à cause des vices nombreux
« qui proviennent de vos estomacs rassasiés. Enfin,
« tout ce que vos docteurs ont placé dans l'enfer, vous
« l'êtes déjà sur la terre, si vous voulez l'examiner
« avec attention, à cause de tous les maux que vous
« faites. Ah! malheureux, qui vous attachez à des
« croyances selon lesquelles vous n'aurez plus, après
« votre mort, qu'à souffrir toutes sortes de tourmens! »

Dans une seconde lettre, le même Dindimus disait
encore entre autres choses : « Nous ne sommes point
« habitans de ce monde, comme si nous devions y
« demeurer toujours; nous sommes pèlerins en ce
« monde, parce que nous mourons et que nous mar-
« chons vers les demeures de nos pères; nos péchés
« ne nous chargent point, nous n'habitons point dans
« les tentes des pécheurs, nous ne commettons point
« de vol et nous avons une conscience pour laquelle

« nous ne nous produisons point devant le public.
« Dieu, qui créa tout dans le monde, fit beaucoup de
« choses diverses, parce que le monde ne pouvait se
« soutenir que par la diversité; et il donna à l'homme
« la faculté du discernement, au milieu de toutes les
« choses qui sont dans le monde. Quiconque donc
« aura laissé le mal pour suivre le bien, n'est pas
« Dieu, mais il est l'ami de Dieu. Nous qui vivons
« dans la sainteté et dans la continence, vous dites à
« cause de cela, ou que nous créons des dieux, ou
« que nous avons de la haine contre les dieux. Mais
« ce reproche que vous nous adressez vous revient.
« Tout énorgueillis de la prospérité dont vous jouis-
« sez, vous vous couvrez de superbes ornemens.
« Vous mettez de l'or sur vos doigts, comme font les
« femmes. Mais sachez que les choses par lesquelles
« vous vous croyez plus grands, ne tournent point au
« profit de la vraie humilité. Ce n'est point l'or qui
« fait les ames bienheureuses; le corps de l'homme
« n'est pas même rassasié par là, mais plutôt c'est ce
« qui le corrompt. Nous qui connaissons la véritable
« humilité, qui savons quelle est la nature de l'or,
« quand nous avons soif, nous allons vers le fleuve,
« nous buvons de son eau et nous foulons l'or sous
« nos pieds. L'or ne soulage ni la faim ni la soif; si
« l'homme a soif et s'il boit de l'eau, sa soif est apai-
« sée. De même s'il a faim et s'il mange, sa faim est
« calmée. Si l'or était de la même nature, dès que
« l'homme en aurait, sa cupidité serait satisfaite. Mais
« l'or est mauvais, parce que plus l'homme en possède,
« plus sa cupidité s'accroît. Quiconque est méchant
« est honoré et adoré par vous, parce que tout homme

« se complaît avec l'homme qui est tel que lui. Vous
« dites que Dieu ne prend pas soin des mortels ; mais
« vous, vous bâtissez des temples, vous dressez des
« autels et vous jouissez quand on immole des ani-
« maux et quand votre nom est prononcé. On en a fait
« autant pour votre père, pour votre aïeul, pour vos
« parens, on en fera autant pour vous. Quant à nous,
« qui voyons juste, vous voulez nous couvrir des té-
« nèbres de votre aveuglement et vous ne souffrez
« pas que nous pleurions sur vos misères. Le plus
« grand bienfait de l'homme envers l'homme tombé
« dans la perdition, est de pleurer sur lui. »

Ces citations font voir bien clairement que ces Brachmanes, qui ne connaissaient ni la loi de Moïse, ni la loi de l'Évangile, auraient vécu selon la religion et selon la loi de nature, s'ils se fussent humblement reconnus pécheurs, conformément à ces paroles de l'Apôtre : « Si nous disons que nous n'avons point de
« péché, nous nous séduisons nous-mêmes et la vé-
« rité n'est point en nous [1]. » Et en effet, nous ne trouvons nulle part, dans les livres des Gentils, cette eau de la vraie humilité qui découle de la fontaine du paradis.

Il y a, dans les contrées de l'Orient, des hommes qui, par amour de la vie future, ne craignent point de se jeter dans le feu. D'autres estiment que c'est un acte d'une extrême piété et d'une haute religion, d'immoler leurs propres parens lorsqu'ils sont accablés de vieillesse, et de faire cuire leurs chairs, pour les manger dans un festin, et ils regardent comme impies et irréligieux ceux qui se refusent à en faire au-

[1] Ire Ép. de saint Jean, ch. 1, v. 8.

tant. Quelques hommes sont grands comme des géans, tellement qu'ils franchissent très-facilement des éléphans; d'autres sont petits à tel point qu'ils n'ont guère plus d'une coudée de longueur. Il y a des mères qui font l'un après l'autre des enfans blancs, lesquels vivant long-temps, deviennent noirs dans leur vieillesse. D'autres femmes font des enfans dès l'âge de cinq ans, mais ceux-ci ne vivent pas au-delà de huit années. Il y a des hommes qui mangent des poissons crus et qui boivent de l'eau salée de la mer; d'autres ont les mains tournées à rebours et huit doigts à chaque pied. D'autres ont la plante des pieds retournée. D'autres portent une tête de chien et des ongles crochus, et, revêtus de peaux de mouton, ne font entendre que des aboiemens de chien. On en voit qui ont la bouche tellement petite, qu'ils ne peuvent avaler que des liquides, à l'aide d'un mince tuyau. D'autres se nourrissent de chair humaine et suivent à la piste la trace des hommes, jusqu'à ce que ceux qu'ils poursuivent aient traversé une eau quelconque. On y trouve aussi des hommes qui n'ont qu'un œil, et qu'on appelle *arimaspes* ou *cyclopes*. D'autres n'ont qu'un pied, et courent cependant très-rapidement. Mais leur pied est tellement large, qu'avec la plante ils se font une ombre spacieuse pour se défendre de l'ardeur du soleil et se reposent sous cet abri comme dans une maison. D'autres, n'ayant pas de tête, ont les yeux sur les épaules, et au lieu de nez et d'oreilles deux ouvertures sur la poitrine; ils sont en outre couverts, comme les animaux, de poils qui les rendent horribles. Il en est d'autres qui vivent de l'odeur seule d'un certain fruit; s'ils ont à se transporter plus loin, ils l'emportent avec eux; autrement, et s'ils sentaient quelque mauvaise odeur, ils en mourraient. Il y a aussi des hommes sauvages, qui ont chacun six mains. Il y a en outre des femmes très-belles, vivant dans un fleuve d'eaux chaudes, portant des vêtemens horribles et se servant d'armes d'argent, parce qu'elles n'ont pas de fer. Dans quelques forêts de l'Inde, on trouve des femmes qui ont une barbe tombant jusques sur les mamelles, revêtues de peaux d'animaux et qui ne vivent que du produit de leur chasse. On y voit aussi des hommes et des femmes qui marchent tout nus, qui sont couverts de poils comme les animaux, et qui habitent indifféremment dans l'eau et sur la terre. Quand ils voient venir des étrangers, ils plongent dans le fleuve et ne reparaissent plus. Il y a des hommes sauvages, très-grands, velus comme des porcs, qui mugissent comme des bêtes féroces. On trouve aussi dans un fleuve des femmes très-belles, mais qui ont des dents de chien, et qui d'ailleurs sont blanches comme la neige. Dans quelques montagnes de l'Inde habitent les pygmées, hommes qui ont deux coudées de longueur et sont en guerre avec les grues. Ils ont des enfans à trois ans et sont vieux à huit ans.

Tous les détails que je viens de rapporter, en interrompant un moment mon récit historique, je les ai empruntés soit aux écrivains orientaux et à la carte du monde, soit aux écrits des bienheureux Augustin et Isidore, et aux livres de Pline et de Solin. Si par hasard quelqu'un ne voulait point y ajouter foi, nous ne prétendons point le forcer à croire; « que chacun « agisse selon qu'il est pleinement persuadé dans son

« esprit [1]. » Toutefois nous pensons qu'il n'y a aucun danger à croire les choses qui ne sont point contraires à la foi ou à la bonne morale. Nous savons que toutes les œuvres de Dieu sont admirables, et cependant la force de l'habitude fait que ceux qui voient très-souvent les mêmes choses n'éprouvent plus aucun mouvement d'admiration. Peut-être les cyclopes qui n'ont qu'un œil n'éprouvent pas moins d'étonnement en voyant des hommes qui en ont deux, que nous n'en éprouverions nous-mêmes en les voyant, ou en voyant des hommes qui en auraient trois. Si nous regardons les pygmées comme des nains, eux, de leur côté, nous regarderaient comme des géans, s'ils voyaient quelqu'un de nous au milieu d'eux; et dans le pays des géans, le plus grand d'entre nous passerait pour un nain. Les Éthiopiens, qui sont noirs, nous les tenons pour une race avilie; parmi eux cependant, celui qui est le plus noir est réputé le plus beau.

On voit dans nos contrées beaucoup de choses dont nous ne nous étonnons point, et qui, si les peuples d'Orient en entendaient parler, exciteraient leur incrédulité, ou passeraient pour merveilleuses. Dans certaines parties de la Flandre, il y a des oiseaux qui naissent des arbres mêmes, et qui y demeurent suspendus et attachés par le bec : le temps de leur complet développement arrivé, ils tombent aussitôt des branches et se mettent à voler comme les autres oiseaux. Ceux qui voient habituellement ce fait ne songent nullement à en être étonnés et mangent la chair de ces oiseaux pendant le carême. Dans l'île de

[1] Ép. de saint Paul aux Rom., ch. 14, v. 5.

Thanatos, qui se trouve du côté de l'Irlande, on ne rencontre jamais de serpens; et la terre de ce pays, transportée partout ailleurs, fait mourir tous les serpens. Dans l'île de Sardaigne on ne voit ni serpens ni loups. Dans l'île de Thulé, les arbres ne se dépouillent jamais de leurs feuilles; durant les six mois d'été il y fait constamment jour, et les six mois d'hiver sont constamment enveloppés d'une nuit obscure. Dans l'île de Sicile, l'Etna est sans cesse en proie à un incendie sulfureux. Dans la mer Ionienne on voit Charybde et Scylla. En Irlande il y a un lieu que l'on appelle *le Purgatoire de saint Patrice*. Si quelqu'un y entre sans être véritablement pénétré de repentir et de contrition, il est aussitôt enlevé et mis à mort par les démons, et ne reparaît plus jamais. Mais celui qui y entre vraiment touché de contrition, et s'étant confessé, est saisi par les démons qui le font passer par le feu, par l'eau et par mille espèces de tourmens, par lesquels il est purifié. Celui qui a commis plus de fautes est puni plus rudement dans le même lieu; celui qui en revient purifié, ne peut plus dans la suite rire, ni se livrer aux amusemens, ni aimer aucune des choses du monde; il pleure et gémit toujours, oublie le passé et s'élance dans l'avenir.

On rapporte qu'il y a dans la petite Bretagne une fontaine dont les eaux tombant sur la pierre voisine, provoquent, à ce qu'on assure, la pluie et les tonnerres. Dans la Grande-Bretagne il y a eu quelques hommes qui avaient des queues; en France on a vu des hommes avec des cornes; nous en avons vu d'autres qui aboyaient comme des chiens. En Lombardie les enfans naissent avec des crapauds sur le front, et si quelque enfant vient au monde sans en avoir, sa mère est estimée adultère par son mari, et passe pour avoir eu des communications avec un étranger. Dans quelques pays, et particulièrement à l'extrémité de la Bourgogne, aux environs des Alpes, on voit des femmes avec des goîtres qui leur tombent jusque sur le ventre, et dont l'ampleur est semblable à celle d'une cruche ou d'une courge. D'autres ont sur le dos de telles bosses, que tout ce qui devrait tourner au profit de la croissance est absorbé par ces bosses, en sorte que ceux qui les portent demeurent petits comme des nains. Les hommes qui ont fréquemment sous les yeux des faits semblables n'en éprouvent aucun étonnement. Les sourds et muets font des enfans sourds et muets, les lépreux naissent presque toujours de lépreux ; et cependant on ne voit pas des aveugles avoir des enfans aveugles, des borgnes des enfans borgnes, des hommes mutilés des enfans mutilés. Un enfant, né le septième ou le neuvième mois de la grossesse, ne meurt point ; celui qui vient au monde dans le huitième mois ne peut en aucune manière continuer de vivre. Dans les pays d'Occident on a pris quelquefois dans les bois des hommes sauvages, qui, lorsqu'on les menait au milieu des hommes, refusaient absolument de manger, et mouraient ou s'échappaient. Beaucoup de personnes ont vu en France des hermaphrodites. Les Comans mangent la chair crue et boivent le sang des chevaux.

Et ce n'est pas seulement parmi les hommes, mais aussi chez les bêtes brutes et dans les objets inanimés, que l'on trouve des faits merveilleux, que cependant les hommes n'admirent point lorsqu'ils sont accoutumés à les voir fréquemment. Le renardeau, lorsqu'il veut prendre des oiseaux, s'étend sur le sol à la renverse, et fait semblant d'être sans respiration et comme mort. La fourmi coupe par le milieu un grain de blé pour qu'il ne germe pas en terre. Le cerf, pour se rajeunir, attire le serpent hors de son repaire, et après l'avoir dévoré, tourmenté par le venin et par la soif, il cherche une fontaine, et lorsqu'il a bu de l'eau, il se trouve tout rajeuni. Lorsqu'ils traversent les eaux à la nage, les cerfs supportent leurs bois pesans en les appuyant sur le derrière les uns des autres, et lorsque le premier est fatigué, le dernier vient le remplacer. L'araignée, pour prendre des mouches, tire de ses propres entrailles la substance avec laquelle elle tend ses légers filets. Si un loup voit un homme avant d'être vu par lui, l'homme devient enroué tout aussitôt. On dit que lorsque le loup a enlevé une brebis, si les bergers le poursuivent, il ne la blesse point avec ses dents, mais qu'il la pose doucement sur son dos, de peur, si elle se sentait mordue, qu'elle ne fît des mouvemens qui pourraient ralentir la fuite du ravisseur. La femelle du singe, si elle fait deux petits, en prend un en haine, et l'autre en grande affection ; celui qu'elle aime, elle le porte dans ses bras ; celui qu'elle hait s'attache à elle sur son dos ou sur son cou. Les chiens sont les seuls animaux qui se reconnaissent aux noms qu'on leur donne ; ils ont pour leurs maîtres une extrême affection, et bravent la mort pour eux ; ils n'abandonnent point le cadavre du maître qu'ils ont perdu, quelle que soit la faim qui les presse; et la nuit, quelque plaisir qu'ils puissent prendre à dormir, ils veillent pour garder la maison de leur maître. Le chat, ou preneur de souris, a la vue tellement perçante, que l'éclat de son regard dissipe les ténèbres de la nuit. La belette poursuit les serpens et les rats, et a tant de ruse dans l'esprit, que dans les maisons où elle élève ses petits, elle les transporte fréquemment d'un lieu dans un autre, afin qu'ils ne soient pas découverts. Le hérisson, lorsqu'il a coupé du raisin sur une vigne, ou des fruits sur un arbre, se roule autour de sa proie, et l'attachant ainsi aux piquans dont il est pourvu, l'emporte avec lui. Dès qu'il entend quelque bruit, il se forme aussi en rond, et prépare ses armes pour sa défense. L'agneau, aussitôt qu'il est né, reconnaît sa mère à son bêlement, au milieu d'une foule d'autres brebis : il a tellement horreur du loup qu'il le fuit, quoiqu'il n'en ait jamais vu, et cependant il ne fuit point et n'éprouve aucune crainte en voyant un cheval ou tout autre animal. L'aigle saisit ses petits avec ses serres et les tient suspendus en l'air et exposés aux rayons du soleil. Ceux d'entre eux qu'il voit demeurer le regard fixe et immobile, il les conserve et les élève, comme dignes de sa race; ceux dont la vue faiblit en présence du soleil, il les rejette comme des enfans dégénérés. Lorsque la vieillesse l'accable, il s'élance dans les airs et franchit tous les nuages; la chaleur du soleil, dont il s'est rapproché, dissipe le brouillard qui couvrait ses yeux, ses ailes appesanties deviennent plus légères; puis tout-à-coup plongeant avec rapidité, il se précipite dans les eaux et retrouve ainsi sa jeunesse; enfin il brise son bec crochu en le frappant sur une pierre ; et ainsi débarrassé de celui qui est vieux, il en recouvre un autre qui lui sert à mieux ravir sa proie. La tourterelle, tant que son mâle vit, ne se sépare jamais de lui, et lorsqu'il est mort, elle ne s'unit point à un autre, mais solitaire elle perche sur les branches mortes des arbres, et y demeure triste et gémissante. Le corbeau ne soigne ses petits que lorsque leurs plumes, commençant à noircir, lui font reconnaître son image. Les grues volent par bandes et dans un ordre savant. La première, qui commande la troupe, gourmande de la voix celles qui quittent leur rang, et lorsque ses sons deviennent rauques, une autre prend sa place et remplit le même office. Durant la nuit elles se distribuent le service des veilles ; elles portent dans leurs pattes de petites pierres, pour accuser celles qui les laisseraient tomber en sommeillant ; lorsqu'elles vieillissent, elles deviennent noires. Les cicognes, quand elles traversent les mers par bandes nombreuses, s'avancent précédées des corneilles qu'elles prennent pour guides. Elles ont tant d'affection pour leurs petits et en prennent tant de soins, qu'à force de demeurer dans leurs nids et de couver, elles en perdent leurs plumes ; elles sont en outre ennemies déclarées des serpens. L'autruche mange le fer ; négligeant de couver ses œufs, elle les laisse dans la terre, où la chaleur qui les recouvre les fait éclore. Le héron, lorsqu'il vole très-haut, annonce la tempête, car il redoute la pluie et les orages, et s'élève au-dessus des nues pour les éviter. La corneille, lorsqu'elle trouve de l'or ou une pièce de monnaie, l'emporte et va la cacher. Le paon, lorsqu'on le regarde et qu'on lui donne des éloges, forme sa queue en cercle et déploie sa beauté; puis s'apercevant de la difformité de ses pieds, il rabat sa queue. Cet oiseau a la voix forte, la démarche simple, la tête en serpent, la poitrine comme couverte de saphirs, les plumes un peu rousses, et la queue longue et tachetée d'yeux. Les éperviers, lorsqu'ils voient que leurs petits peuvent commencer à voler, ne leur portent plus à manger, les frappent de leurs ailes, les jettent ainsi hors de leur nid, et les forcent dès leur jeune âge à chercher leur proie, afin que, plus avancés, ils ne s'engourdissent pas dans la paresse. L'épervier sauvage enlève les oiseaux domestiques et les dévore aussitôt; apprivoisé, il enlève les oiseaux sauvages et les garde pour son maître. Le pigeon ramier, lorsqu'il a perdu sa compagne, demeure solitaire, ne cherche plus la verdure pour se reposer sous son abri, et ne se livre plus aux plaisirs de l'amour. La femelle du pigeon nourrit les petits qui lui sont étrangers, reconnaît dans l'eau l'ombre de l'épervier, et construit son nid très-haut pour se mettre hors la portée des bêtes malfaisantes; son chant est une espèce de gémissement; elle ne mange point de chair morte, et vit de grains; ces oiseaux n'ont point de fiel, ils volent en bandes, et ne font aucun mal avec leur bec. La huppe est un oiseau très-sale, qui porte sur la tête une crête en forme de casque, et qui habite toujours au milieu des tombeaux ou sur les fumiers. Quiconque s'est frotté de son sang et va ensuite dormir, voit des démons qui s'avancent vers lui comme pour l'étouffer. Les hirondelles ne vont jamais chercher les toits qui sont près de tomber; les oiseaux les plus cruels les respectent comme sacrées.

Elles ne mangent jamais en repos, et saisissent leur nourriture en l'air et à la volée : « Elles connaissent « la saison de leur passage[1]. » Le coq distingue les heures dans la nuit ; il bat des ailes avant de chanter ; plus la nuit est profonde et plus il chante avec force. La perdrix est un oiseau immonde et plein de ruse ; elle enlève et couve les œufs d'un autre ; mais les petits, lorsqu'ils entendent la voix de leur véritable mère, abandonnent celle qui les a fait éclore, et se réfugient auprès de l'autre. Si quelqu'un s'approche de leurs nids, les perdrix vont à sa rencontre, faisant semblant d'éprouver quelque faiblesse dans les pieds ou dans les ailes, et ralentissant leur marche comme pour se laisser prendre bientôt ; et lorsqu'elles ont par cet artifice attiré peu à peu les hommes loin de leur nid, elles s'envolent aussitôt. Leurs petits, lorsqu'ils redoutent d'être pris, soulèvent avec leurs pattes des mottes de terre et se cachent en dessous. Le hibou se cache durant le jour et cherche sa nourriture pendant la nuit ; il redoute les oiseaux, car tous les oiseaux le poursuivent et le déchirent lorsqu'ils peuvent l'atteindre. Le vautour se met à la suite des armées pour se repaître des corps morts ; il marche très-souvent sur ses pieds ; c'est pourquoi on l'appelle aussi *gradipes* (qui marche sur les pieds). Les cailles traversent les mers, lorsque l'été est passé, et sont, comme l'homme, sujettes au mal caduc. Le cygne a les plumes blanches et la chair noire : on dit qu'il s'approche des joueurs de harpe, et qu'il imite dans son chant le son de ces instrumens.

Dans les choses inanimées on voit aussi beaucoup de

[1] Lament. de Jérém., ch. 8, v. 7.

merveilles que les hommes ne remarquent point quand ils en ont l'habitude. Le vif argent a une si grande force que, si l'on pose dessus une pierre, quelque grosse qu'elle soit, il résiste cependant à son poids. L'eau froide, versée sur la chaux froide, fait bouillir celle-ci. Les rayons du soleil noircissent le blanc, comme par exemple, la peau de l'homme, et blanchissent le noir, comme les tissus de lin : ils dissolvent et réduisent la cire en fusion ; ils durcissent et condensent la vase. Le cristal est froid, et cependant, broyé dans de l'eau froide et exposé à l'action du soleil, il produit du feu. L'air mis en mouvement se refroidit, la terre et l'eau se réchauffent par le mouvement. Le feu divisé ne se détruit pas, le souffle de l'homme l'éteint et l'autre souffle le ranime. Le souffle de l'homme échauffe ce qui est froid, et ce qui est chaud se refroidit aussi bien par le souffle de l'homme. La terre est infiniment pesante en soi-même, et elle se maintient sans avoir ni base ni fondement.

Qui pourrait suffire à énumérer les œuvres grandes et merveilleuses que le Seigneur a faites par les actes de sa volonté, « pour éterniser sa mémoire [1] » et pour satisfaire à nos besoins? « Dieu vit l'assemblage de « tout ce qu'il avait fait et il le trouva très-bon [2]. Il « ne hait rien de tout ce qu'il a fait [3]. » Il n'y a que le péché, qui est le néant, qu'il haïsse, poursuive et détruise. Aussi, après avoir créé toutes choses en six jours, par la seule puissance de sa parole, fut-il plus de trente années à travailler pour détruire le péché dans le monde. Le péché seul lui dé-

---

[1] Ps. 110, v. 4. — [2] Genèse, ch. 1, v. 31. — [3] Salom., liv. de la Sagesse, ch. 11, v. 25.

plaît, parce qu'il offense la majesté de ses regards, parce qu'il fait d'un être parfaitement doux et bon, un maître rude pour nous. C'est le péché qui a fait de l'ange un diable, de l'ami un ennemi, de l'être libre un esclave, de l'être incorruptible un être mortel et corrompu, du bienheureux un malheureux, du citoyen un homme exilé et rejeté, de l'enfant de Dieu un enfant du diable ; c'est le péché que le Seigneur ne laisse jamais impuni. Ainsi, en punition des péchés et des crimes de ces hommes impies dont j'ai déjà parlé, de ces profanes qui souillèrent la Terre-Sainte de toutes sortes de forfaits, et provoquèrent la colère du Seigneur, celui qui par sa nature est plein de douceur et de bonté devint cruel pour nous. C'est pourquoi nous sommes devenus un objet de risée pour nos voisins, et nos ennemis se sont moqués de nous en éclatant de rire. « Les sons de notre harpe « ont été échangés en de tristes plaintes[1], » et notre force a été réduite en poussière. La souveraine des nations « est devenue comme veuve, et la reine des « provinces a été assujétie au tribut[2]. » Le Seigneur a tellement frappé son peuple de son glaive et tellement méprisé son héritage, nos ennemis ont si bien passé à la tête et nous à la queue, qu'ils nous ont enlevé de vive force, non seulement la terre de promission, mais encore presque toutes les contrées, les villes et les places fortes que nous possédions depuis les confins de la terre d'Égypte jusqu'en Mésopotamie, sur un espace de plus de vingt journées de marche, ne nous laissant parmi les villes maritimes que les deux villes de Tyr et de Tripoli, et en outre

---

[1] Job, ch. 30, v. 1-31. — [2] Lament. de Jérém., ch. 1, v. 1.

Antioche avec un petit nombre de forteresses, savoir : le château que l'on nomme Cursat, auprès d'Antioche; Crac, Margat, le Château-Blanc, Archis, la tour d'Entérade et le château de Nephim, dans le comté de Tripoli, et soumettant à leur impie domination toutes les autres villes et tous les forts qui se trouvent au milieu des terres. Ces calamités, ou amères tribulations, commencèrent d'une manière déplorable dans le comté d'Édesse.

Après la mort de cet homme vaillant et rempli de prévoyance dans sa conduite, Josselin, comte d'Édesse, son fils, Josselin le jeune, qui n'hérita ni de la valeur, ni des vertus honorables de son père, plongé dans la souillure et dans la débauche, abandonna et perdit par sa négligence la ville d'Édesse, quoiqu'elle fût très-bien fortifiée; et Sanguin, seigneur de la ville de Mossoul, capitale et métropole de la province d'Assyrie, assiégea Édesse, força ses murailles, et s'en empara de vive force. Ensuite le même Josselin ayant été, par un juste arrêt de la vengeance divine, fait prisonnier par les Sarrasins, jeté en prison à Alep, où il dépérit misérablement, et mourut de faim et de besoin, sa femme céda à l'empereur de Constantinople les terres qui lui restaient encore, à la charge d'une redevance annuelle; et l'empereur y envoya une immense multitude de Grecs, promettant de défendre le pays contre les Sarrasins. Mais Noradin, fils de ce Sanguin, tout joyeux de la retraite des Latins, quoiqu'ils fussent en bien petit nombre, et ne faisant nul cas de ces petits Grecs, inhabiles à la guerre, et qu'il connaissait bien pour des hommes mous et efféminés, les attaqua dans la même année, fit périr les uns, réduisit les autres en captivité, et tout le pays se trouva dès lors soumis à son empire. De là, Noradin alla mettre le siége devant le château dit de Harenc, qui appartenait à la principauté d'Antioche, et était situé à dix milles de cette ville. Et comme à cette époque, Raimond, prince d'Antioche, avait été tué dans un combat, comme Boémond, son fils, qui lui avait succédé dans cette principauté, était retenu captif chez les Sarrasins, Noradin ne rencontra que peu de résistance, et s'empara facilement de ce château fort. Il nous enleva aussi de vive force la ville de Panéade, et la soumit à sa domination, tandis que le roi de Jérusalem, Amaury, était absent et retenu en Égypte.

Dès ce moment, les nôtres commencèrent à se trouver en beaucoup plus mauvaise situation ; ils défendirent cependant le territoire qui leur restait tant que les royaumes d'Égypte et de Damas demeurèrent soumis à des maîtres différens et ennemis. Mais lorsqu'en punition de nos péchés, les forces de ces deux royaumes se trouvèrent doublées par leur réunion sous l'autorité d'un seul maître, le royaume de Jérusalem, placé entre deux, commença à être plus agité et plus rudement attaqué. Syracon, l'un des satrapes de Noradin, laissa à son neveu, fils de son frère Saladin, le royaume d'Égypte, qu'il avait conquis les armes à la main. Ce second Saladin avait l'esprit très-rusé ; il était exercé à la guerre et au maniement des armes, prévoyant et actif à la fois dans la conduite des affaires, libéral à l'excès et très-magnifique, non seulement pour les siens, mais aussi pour quelques-uns des nôtres, qu'il sut attirer à lui par ses présens et ses promesses. Le monde entier sait combien il nous a fait de mal, et qu'il fut comme le fléau du Seigneur, par lequel le peuple chrétien fut écrasé. Après qu'il eut tué, en l'attaquant à l'improviste, comme je l'ai déjà raconté, son seigneur le calife d'Égypte, Noradin, son seigneur, étant mort, et son fils encore enfant demeurant à cette époque à Alep, Saladin enleva à celui-ci le royaume de Damas, en entraînant les principaux seigneurs de ces États, soit par des présens et des promesses, soit par la peur et la violence. Il enleva en outre à son susdit seigneur, dont lui, ainsi que son père avaient été serviteurs, plusieurs villes extrêmement riches, savoir Hamah, Malbek, Émèse, vulgairement appelée Camelée, et la grande Césarée. Le fils de Noradin étant mort, la ville d'Alep passa à titre héréditaire entre les mains de son oncle paternel, le seigneur de Mossoul; mais Saladin enleva de vive force à ce dernier non seulement Alep, mais encore tout le comté d'Édesse, tout le pays qui s'étend jusqu'à l'Euphrate, deux nobles villes de la Mésopotamie, Édesse et Carrhes, et presque toute la Mésopotamie, et cela au grand détriment et dommage du peuple chrétien. L'élévation et la haute fortune de Saladin redoublèrent les craintes des nôtres, les exposèrent à de grands périls, et les abattirent beaucoup, surtout à cette époque où les Sarrasins (qui, dans le commencement, et lorsque les nôtres entrèrent pour la première fois dans la Terre-Sainte, étaient encore fort ignorans de la guerre, et s'avançaient pour combattre presque sans armes, et seulement avec des arcs), à force de s'exercer et de se battre souvent contre les nôtres, avaient enfin acquis une grande expérience, et connaissaient bien l'art de la guerre ; en ce temps en effet, ils combattaient, de même que les Latins, armés de cuirasses et de casques, et se servaient comme eux de glaives, de lances et de boucliers. Pour comble de malheur, le royaume de Jérusalem était alors tombé aux mains d'un homme étranger, qui n'appartenait plus à la race de ceux « par les mains desquels le salut fut donné à « Israel [1], » et cela avait amené de grandes discordes et beaucoup de dissensions entre nos barons.

En effet, le premier des Latins qui obtint la souveraineté du royaume de Jérusalem fut le duc Godefroi de Bouillon, prince agréable à Dieu, et par lequel Dieu opéra le salut et la délivrance de la Terre-Sainte. Il régna avec beaucoup de valeur, mais seulement pendant une année, et triompha dans une bataille du prince de la milice du soudan d'Égypte et d'une innombrable multitude d'Infidèles. Lorsqu'il fut entré dans la voie de toute chair, son frère Baudouin, comte d'Édesse, lui succéda dans le même royaume. Celui-ci fut le premier roi latin de Jérusalem, car Godefroi, son frère, avait refusé d'être couronné du diadème royal aux lieux où le Seigneur avait porté la couronne d'épines.

Le nouveau roi, à la tête de deux cent soixante chevaliers et de neuf cents hommes de pied, battit le prince de la milice du calife égyptien, qui avait amené à sa suite onze mille cavaliers et trente mille fantassins ; il tua ce prince et cinq mille hommes de son armée ; parmi les autres, les uns furent faits prisonniers, les autres s'échappèrent par la fuite. Dans

---

[1] Machab., liv, 1, ch. 5, v. 62.

un autre combat, Baudouin, avec un très-petit nombre d'hommes, remporta la victoire sur les Ascalonites et sur une grande multitude d'Égyptiens. Dans une troisième affaire, ayant avec lui cinq cents chevaliers et deux mille hommes de pied, il triompha de vingt-deux mille Égyptiens, leur tua quatre mille hommes, ainsi que le gouverneur d'Ascalon, et força le reste de l'armée à se sauver. Il mourut après avoir régné dix-huit ans.

Son successeur fut son cousin, Baudouin du Bourg, second roi latin de Jérusalem. La seconde année de son règne, ce roi se battit avec sept cents chevaliers contre Ghazi, prince très-puissant des Turcs. Ghazi, qui avait avec lui une multitude innombrable de Turcs, fut défait dans cette bataille; quatre mille des siens y périrent aussi; beaucoup d'autres, faits prisonniers, furent chargés de chaînes; Ghazi eut grand' peine à se sauver par la fuite avec le reste de son armée. Dans une seconde bataille, Baudouin du Bourg ayant avec lui onze cents chevaliers et deux mille hommes de pied, remporta une victoire sur le roi de Damas, dont l'armée était forte, dit-on, de quinze mille cavaliers. Deux mille d'entre eux furent tués, beaucoup d'autres faits prisonniers, et un plus grand nombre blessés. Les autres tournèrent le dos avec leur prince, et les nôtres perdirent dans cette affaire vingt-quatre hommes. Dans une troisième campagne, le roi détruisit une armée d'Ascalonites et les Égyptiens qui étaient venus à leur secours. Enfin, dans une quatrième bataille, il vainquit Doldequin, roi de Damas; les ennemis eurent deux mille hommes tués; les nôtres perdirent vingt-quatre chevaliers et quatre-vingts hommes de pied. Baudouin du Bourg régna treize ans, et mourut.

Il eut pour successeur son gendre Foulques, comte d'Anjou, du Maine et de la Touraine, auquel il avait donné en mariage sa fille aînée, nommée Mélisende. Foulques livra bataille dans le pays d'Antioche à une multitude infinie de Turcs, qui avaient débouché en nombreux essaims du golfe Persique, et remporta sur eux une glorieuse victoire; il leur tua trois mille hommes, leur fit beaucoup de prisonniers, et les autres échappèrent à la mort en fuyant. Il régna onze ans. Étant occupé sur le territoire d'Accon à poursuivre un lièvre dans une partie de chasse, il se précipita avec son cheval, et mourut ainsi d'une manière imprévue et par un accident déplorable, laissant deux fils, Baudouin, son premier-né, qui lui succéda, et Amaury.

Baudouin, la neuvième année de son règne, battit dans les environs de Jéricho quelques nobles satrapes turcs qui avaient avec eux une armée, leur tua cinq mille hommes, et força les autres à s'enfuir, couverts de honte et de confusion. La quinzième année de son règne, étant en guerre avec Noradin, prince de Damas, le roi le força de fuir avec une partie de son armée; et après lui avoir tué tout le reste, il demeura maître du champ de bataille. Il régna vingt-quatre ans, mourut sans laisser d'enfans, et eut pour successeur son frère Amaury.

Ce roi, la première année de son règne, eut un engagement sur le territoire d'Égypte avec Dargan, prince de la milice égyptienne, fit un grand carnage parmi les ennemis, et obtint du ciel la victoire. Dans une seconde affaire, ayant avec lui trois cent soixante et dix chevaliers, il livra bataille, dans le désert de l'Égypte, à Syracon, prince du soudan de Damas. Ce Syracon avait sous ses ordres douze mille Turcs et onze mille Arabes. Ce jour-là, la nuit étant survenue, les combattans se séparèrent, les nôtres ayant eu cent hommes tués, et les ennemis mille, à ce qu'on assure. Amaury régna douze ans; et lorsqu'il fut entré dans la voie de toute chair, le royaume passa à son fils Baudouin.

Frappé de la lèpre par un jugement du ciel, ce prince n'en gouverna pas moins vaillamment le royaume confié à ses soins. La troisième année de son règne, étant à la tête de trois cent soixante-quinze chevaliers, il rencontra Saladin dans les environs d'Ascalon, et le battit, ainsi que les vingt-six mille cavaliers qu'il commandait; Saladin prit la fuite avec une partie de son armée; les autres furent tués ou chargés de fers; et l'on dit que les nôtres n'eurent dans cette affaire que quatre ou cinq hommes tués. Dans une autre bataille, ayant avec lui sept cents chevaliers, le roi rencontra dans les environs de Tibériade Saladin, qui conduisait, à ce qu'on dit, vingt-deux mille cavaliers; il eut encore l'avantage, tua mille hommes à son ennemi, et les nôtres n'en perdirent qu'un très-petit nombre. Cependant le roi n'ayant pas voulu se marier, à cause de sa maladie, donna en mariage les deux sœurs qu'il avait, savoir Sibylle, l'aînée, et Isabelle, la cadette, à deux hommes de naissance illustre : Sibylle à Guillaume Longue-Épée, marquis de Montferrat; et Isabelle à Honfroi de Toron. Guillaume étant mort, et ayant laissé un fils encore enfant, qui fut nommé Baudouin, le roi donna sa veuve en mariage à un certain jeune homme du comté du Poitou, nommé Gui de Lusignan; et comme ses infirmités l'accablaient de plus en plus, il lui confia aussi toute l'administration du royaume; mais Gui, ayant encouru la colère du roi, perdit son crédit et le gouvernement du pays. Le roi ayant alors convoqué les grands du royaume, fit donner l'onction royale à son neveu Baudouin, encore tout petit, et remit cet enfant, ainsi que les affaires publiques, aux soins et sous la tutelle du comte de Tripoli. Peu de temps après, le roi Baudouin le Lépreux étant entré dans la voie de toute chair, et le jeune roi Baudouin étant mort également, Gui de Lusignan fut élevé au trône par l'assistance de sa femme Sibylle, à qui le royaume appartenait, en vertu de ses droits héréditaires; et il en prit possession, sans demander le consentement du comte de Tripoli, qui était à cette époque administrateur de tout le royaume. Rempli d'indignation, principalement parce que lui-même aspirait aussi au trône, le comte conclut une trève avec Saladin, sans consulter le roi, auquel il gardait rancune, et dont il se déclara l'ennemi; et afin de se mettre mieux en défense dans le royaume et contre le roi lui-même, et d'avoir plus de moyens de lui nuire, il contracta mariage avec la dame de Tibériade, qui était aussi souveraine de toute la Galilée. De là, naquirent dans le royaume des dissensions pleines de périls et infiniment pernicieuses, les uns ayant suivi le parti du comte, les autres demeurant attachés au roi.

Saladin, homme rusé, doué d'une grande expérience et fort habile à la guerre, reconnut aussitôt qu'un royaume divisé en lui-même peut être facilement désolé, et que l'on entre aisément par la vaste brèche que fait la discorde. En conséquence, prenant son principal prétexte de ce que le seigneur de Mont-Réal et de toute la terre située au-delà du Jourdain avait rompu la trêve qui nous liait avec les Sarrasins du voisinage, en leur enlevant un riche butin, il leva une multitude de combattans, cavaliers aussi bien qu'hommes de pied, dans toutes les contrées soumises à son pouvoir, en Égypte, en Arabie, à Damas, à Alep et en Mésopotamie. On dit qu'il rassembla et conduisit à sa suite cinquante mille hommes de cavalerie, sans parler des fantassins. Il envoya d'abord en avant dix mille cavaliers d'élite, qui traversèrent le territoire du comte de Tripoli (lequel était en trêve avec les Sarrasins), c'est-à-dire les pays de Tibériade et de Nazareth, et se rendirent jusque vers la banlieue de la ville d'Accon, afin de provoquer les nôtres, selon leur usage, dans l'espoir que ceux-ci se lanceraient imprudemment et en désordre à leur poursuite, et pourraient ainsi être mis à mort, ou faits prisonniers. Cette funeste combinaison des impies ne manqua pas en effet de se réaliser. Le maître du Temple, sortant imprudemment avec plus de soixante et dix de ses frères, et le maître des Hospitaliers, qui revenait avec dix de ses frères du château de Belvoir, furent enveloppés par les ennemis auprès du casal de Robert. Quoiqu'ils n'eussent à leur suite que cent vingt chevaliers, ils résistèrent vigoureusement aux dix mille Sarrasins, leur tuèrent beaucoup de monde, mais furent enfin eux-mêmes presque tous tués ou faits prisonniers. Le maître du Temple s'échappa avec un petit nombre d'hommes ; le maître de l'Hôpital périt ; et ce fut le premier du mois de mai que les ennemis remportèrent sur les nôtres cette sanglante victoire. Animés par ce succès, au mois de juillet suivant, les Sarrasins réunirent toutes leurs forces en une seule armée, et allèrent assiéger Tibériade, la dernière ville de notre royaume du côté de la route de Damas. Déjà le comte de Tripoli, à qui cette ville appartenait, avait abandonné les Sarrasins et rompu la trêve, parce qu'ils exigeaient de lui qu'il s'alliât avec eux, et qu'il fît beaucoup de mal au roi et à son royaume. En conséquence, il avait fortifié la ville, et établi sa femme dans la citadelle. Le seigneur Gui, roi de Jérusalem, et Raimond, comte de Tripoli, suivis de presque tous les hommes nobles du royaume et de tous les chevaliers et hommes de pied qu'il leur fut possible de rassembler, marchant sous de sinistres auspices, et privés de l'assistance divine, se portèrent à la rencontre de Saladin et de son armée, et dressèrent leurs tentes autour de la fontaine de Séphor. Ils se confiaient en leur multitude plus qu'aux secours du ciel. Depuis la première arrivée des Latins dans la Terre-Sainte, on n'avait jamais réuni un aussi grand nombre de chevaliers pour une seule bataille ; ils étaient douze cents, bien cuirassés ; et on dit qu'il y avait en outre dans cette funeste expédition plus de vingt mille hommes de pied, armés et portant des arcs et des arbalètes. Le jour suivant, tandis que notre armée poursuivait sa marche vers la ville assiégée, de nombreux essaims de cavaliers armés à la légère, détachés de l'armée ennemie, ne cessèrent de voltiger insolemment sur la droite et la gauche de nos troupes, les inquiétant sans relâche, leur lançant des flèches et des traits qui blessaient les chevaux et les cavaliers, et les forçant enfin à faire halte et à dresser leurs tentes dans une position aride, où l'on ne trouvait point d'eau. Saladin, en étant informé, profita habilement des circonstances; et le lendemain, avant que notre armée eût pu arriver auprès des eaux, il plaça ses divers corps, selon les règles de la science militaire, auprès de Thoron, et s'avança hardiment pour combattre, tandis que nos chevaliers et leurs chevaux étaient dévorés de soif. On était aux jours des plus fortes chaleurs, car ce fut le 3 de juillet, jour de la fête de la translation de saint Martin, l'an de l'Incarnation du Seigneur 1187, que le Seigneur livra le peuple chrétien aux mains des impies, en punition de ses innombrables péchés. Les nôtres en effet tournèrent promptement le dos aux ennemis; et presque tous, depuis le plus grand jusqu'au plus petit, furent massacrés ou faits prisonniers. Le Seigneur les humilia et les frappa de crainte et de lâcheté, à tel point que, par un changement complet de fortune, un seul des ennemis en poursuivait cent des nôtr quelques-uns même jetaient honteusement les armes, et se remettaient sans la moindre résistance entre les mains de leurs ennemis. A la suite d'un grand carnage, Gui de Lusignan, roi de Jérusalem, le maître du Temple, et beaucoup d'autres hommes, tant du premier rang que des rangs inférieurs, furent retenus captifs, et cédèrent, sans déployer leur vigueur, à ceux qui les poursuivaient. Et afin qu'ils pussent reconnaître à des signes certains et évidens la terrible colère du Seigneur, et ne plus douter que le bouclier de la faveur divine s'était retiré d'eux, ils perdirent en outre par une déplorable catastrophe le bois de la croix du salut, qu'ils avaient porté avec eux au combat dans cette malheureuse journée. Saladin, espérant détruire entièrement dans les contrées de l'Orient les Ordres des Templiers et des Hospitaliers, fit trancher la tête à tous ceux dont il put se saisir.

A la suite de ce désastre, ceux des Chrétiens qui parvinrent de manière ou d'autre à s'échapper, et ceux encore qui étaient demeurés enfermés dans les villes et dans les forteresses, furent pendant long-temps frappés de crainte, comme des femmes, et leur courage les abandonna tellement qu'ils n'osaient plus attendre les Sarrasins, même lorsque étant en force ils n'en rencontraient qu'un petit nombre. Aussitôt après sa victoire, Saladin se rendit devant Accon, que les habitans lui livrèrent, en obtenant la vie sauve. Il passa de là à Béryte, et les citoyens, réduits au désespoir, lui remirent aussi cette place sans la moindre résistance. Il s'empara pareillement de Biblios sans difficulté; et depuis Accon jusqu'à Ascalon, aucune ville maritime n'osa tenter le moindre effort pour se défendre. Les Ascalonites, croyant que leur ville ne pouvait être prise, arrêtèrent un peu sa marche, et lui répondirent qu'ils ne l'abandonneraient point tant qu'ils ne sauraient pas d'une manière positive que les habitans de Jérusalem avaient renoncé à se défendre, ou remis cette place entre ses mains. Mais, lorsque Saladin eut dressé son camp devant Jérusalem, les citoyens lui remirent la ville, sous la condition d'en sortir libres avec tout ce qu'ils pourraient transporter, et d'être conduits par ses soins en un lieu de sûreté. Échappant ainsi aux mains de leurs ennemis, les Chrétiens, arrivés à Tripoli, tombèrent en des mains profanes et sacriléges, plus cruelles que celles des Sarrasins. Tout ce qu'ils avaient emporté avec eux, le comte de Tripoli, Boémond et ses satellites, enfans de Bélial, qui eussent dû éprouver une tendre compassion pour leurs frères exilés, le leur enlevèrent au contraire inhumainement, se montrant ainsi plus cruels envers les Chrétiens que les Sarrasins eux-mêmes. On rapporte qu'il arriva en ce lieu un événement déplorable, et tel que les siècles passés n'ont rien vu de pareil. Une dame qui transportait sur ses épaules son petit enfant, fut dépouillée par ces impies ennemis, qui ne respectaient ni le sexe, ni la condition, et qui ne rougissaient même pas d'offenser la pudeur dans leurs perquisitions : voyant que ceux auprès de qui elle s'était réfugiée lui enlevaient les choses même que les Sarrasins lui avaient laissées pour sa nourriture et celle de son fils, cette dame toute troublée, saisie d'une profonde douleur et d'un accès de désespoir, jeta son propre enfant dans la mer.

Saladin, retournant alors à Ascalon, reçut cette ville des mains de ses habitans, sous la condition de rendre la liberté au roi et au maître du Temple qu'il retenait prisonniers. De là il se rendit à Tripoli sans perdre de temps et en déployant une grande activité; mais voyant que les nombreux habitans de cette place et tous ceux qui s'y étaient réfugiés, se disposaient à résister, et pensant que cette ville ne pourrait lui échapper, lorsqu'il reviendrait en temps opportun, après s'être rendu maître de toutes les autres forteresses, il dirigea sa marche vers Antioche, ne voulant pas non plus en ce moment s'arrêter à attaquer les autres places fortes situées sur les bords de la mer, attendu qu'un chef de pirates, très-puissant sur la mer, que l'on nommait Marguerit, envoyé par l'illustre et vaillant roi de Sicile, Guillaume, venait d'arriver de ce royaume avec quatre-vingts galères pour porter secours aux Chrétiens. Guillaume, homme vénérable et dévoué à Dieu, informé par ceux qui s'étaient réfugiés par mer dans son pays, des déplorables événemens survenus dans le royaume de Jérusalem, s'était empressé, dans le cours du même été, d'envoyer non seulement cette nombreuse flotte, mais en outre cinq cents chevaliers, trois cents Turcopoles et une grande quantité de vivres, pour défendre le terrain que les Chrétiens conservaient encore. Saladin cependant, poursuivant ses succès avec activité et de toute l'ardeur de son esprit, se rendit maître dans l'espace de trois mois, de toute la principauté d'Antioche, à l'exception d'un château imprenable qui appartient au seigneur patriarche d'Antioche, et que l'on appelle *Cursat,* et de la ville même d'Antioche : le seigneur patriarche lui ayant donné beaucoup d'argent, il se retira de devant cette place, se tenant pour assuré que lorsqu'il aurait pris possession de toutes les autres forteresses, la ville demeurée seule ne pourrait résister long-temps. Déjà il avait soumis à sa domination plus de vingt-cinq villes ou places fortifiées qui faisaient partie de la même principauté.

Retournant alors dans le royaume de Jérusalem, Saladin investit, par terre et par mer, avec toute son armée, la ville de Tyr, la seule de toutes les villes du royaume qui eût tenu ferme jusqu'alors. Il y avait dans Tyr à cette époque un homme noble et vaillant dans les combats, Conrad, marquis de Montferrat. Il était arrivé, dit-on, de Constantinople, et avait débarqué au port de Tyr le jour même de la grande bataille où les nôtres furent vaincus. Il promit aux habitans de défendre leur ville, s'ils voulaient, après leur délivrance, lui concéder le pouvoir de la gouverner. Les citoyens consentirent volontiers, et même avec reconnaissance, à ce qu'il leur demandait, car eux-mêmes, réduits presque au désespoir, ne croyaient nullement pouvoir résister aux forces de Saladin, qui déjà s'était emparé de toute la contrée environnante. Conrad résista vigoureusement à Saladin du côté de la terre, et du côté de la mer il lui brûla ses galères. Aussitôt Saladin, troublé et rempli de fureur, leva le siége et se retira. Il avait cru pouvoir bloquer les habitans et les forcer à se rendre, sans avoir à supporter de grandes pertes et sans effusion de sang ; et sans doute il y eût réussi sans peine, si Dieu n'en eût ordonné autrement, puisqu'il ne tarda pas à forcer les châteaux les mieux fortifiés ; savoir Saphet, Belvoir, Thoron et Belfort, qui étaient situés dans les montagnes, et qui cependant résistèrent quelque temps, et tant qu'ils eurent des vivres à leur disposition. Comment en effet un petit nombre d'hommes effrayés et dénués de toute puissance eussent-ils pu tenir tête à un homme si puissant, qui avait soumis à sa domination non seulement la terre d'Égypte, mais en outre la Syrie presque entière, laquelle s'étend depuis le fleuve du Tigre jusqu'à l'Égypte, et depuis la Cilicie jusqu'à la mer Rouge ?

La première province de la Syrie est située entre le Tigre et l'Euphrate, et nommée Mésopotamie de Syrie. La seconde province, qui s'appelle spécialement Cœlé-Syrie, et dans laquelle sont situées Antioche et les villes ses suffragantes, s'étend jusqu'au ruisseau de Valénia, sous le château de Margat. La troisième partie de la Syrie, appelée Syrie maritime ou Syrie de Phénicie, et dans laquelle on trouve les villes de Tripoli, de Tyr et d'Accon, commence au ruisseau dont je viens de parler, et finit à Pierre-Encise, autrement nommée Détroit, et maintenant le château des Pélerins. La Syrie du Liban, dans laquelle sont les montagnes de ce nom, forme la quatrième province; on l'appelle également Syrie de Damas, parce qu'elle a Damas pour métropole. Quelquefois on lui donne tout simplement le nom de Syrie, prenant la partie pour le tout, comme dans ce passage du prophète : « Damas, capitale de « Syrie[1]. » Les trois Palestines font également partie de la grande Syrie. La première a pour métropole Jérusalem, et est plus spécialement appelée Judée; la seconde, dont Césarée maritime est la métropole, contient tout le pays des Philistins; la troisième a pour métropole Scythopolis, aujourd'hui nommée Bethséan. Les deux Arabies sont de même des provinces de la Syrie. La première a Bostrum, et la seconde la Pierre du Désert pour métropole. La Syrie de Sobal, dont Sobal est métropole, fait aussi partie de la grande Syrie. Enfin l'Idumée, qui fait face à l'Égypte, est la dernière province de Syrie. Tel était le grand et puissant adversaire, prince de tant de royaumes; telle la bête féroce, garnie de tant de têtes, que le Seigneur

[1] Isaïe, ch. 7, v. 8.

avait suscitée contre nous, en punition de nos péchés, comme un fléau chargé d'accomplir sa vengeance divine.

Cependant des bruits sinistres et le récit de ces déplorables événemens avaient ébranlé toutes les contrées de l'Occident ; tous ceux qui en entendaient parler éprouvaient une grande consternation, et dans leur douleur se sentaient comme atteints d'une profonde blessure. Entre autres, le vénérable père Urbain, qui à cette époque gouvernait la sainte église romaine en qualité de souverain pontife, pénétré d'une affliction que rien ne pouvait calmer, en voyant que de son temps l'église d'Orient se trouvait livrée à une si cruelle désolation, et menacée d'une ruine irréparable ; que les lieux saints étaient profanés et foulés aux pieds par les chiens immondes ; que le précieux bois de la croix du salut était retenu et souillé par des hommes indignes et impies ; que la Terre-Sainte, rachetée par le sang de tant de Chrétiens, était de nouveau occupée par des infidèles et des profanes, Urbain, dans le trouble et l'angoisse que lui donnait sa douleur, fut saisi de la fièvre et termina sa vie bientôt après, tant par l'effet de ce mal que par le chagrin et la langueur qui le consumaient. Il eut pour successeur dans la chaire pontificale un homme honorable et digne de toute louange, Grégoire, qui, en punition de nos péchés, ne survécut que sept semaines à son exaltation. Après lui, Clément III fut élevé à la dignité suprême et apostolique. Celui-ci travailla de tout son pouvoir avec ses frères les cardinaux à porter secours au petit nombre de Chrétiens qui étaient demeurés comme des brebis au milieu des loups, et à assurer la délivrance de la Terre-Sainte. Il invita, exhorta, supplia les princes de l'Occident et tous les fidèles du Christ, et leur enjoignit, afin de pouvoir obtenir la pleine rémission de leurs péchés, de ne plus différer à porter secours, avec l'aide de la puissance d'en haut, à l'église du Christ et à la cité d'où nous est venue la rédemption.

A la suite de cet appel, l'empereur des Romains, Frédéric; le roi de France, Philippe; le roi des Anglais, Richard; presque tous les princes, ducs, comtes et nobles, sujets de ces rois, les archevêques, les évêques, les abbés et d'autres personnes ecclésiastiques, enfin une foule innombrable d'hommes de la classe inférieure, portant sur leurs épaules le signe de la croix vivifiante, s'engagèrent par des vœux solennels à secourir la Terre-Sainte, s'encourageant et s'excitant les uns les autres par la parole et par l'exemple, tellement que chacun se fût regardé comme déshonoré et couvert d'ignominie, de demeurer dans sa maison, en homme lâche et paresseux, tandis que tous les autres se disposaient à partir.

L'été qui suivit celui où la Terre-Sainte avait été perdue, le roi Gui de Lusignan, ne pouvant recouvrer la ville de Tyr (que le marquis Conrad, qui l'avait délivrée, s'était attribuée en propre, conformément à ses conventions avec les citoyens), n'ayant pas même conservé dans tout son royaume une maison où reposer sa tête, couvert de honte et de confusion, principalement parce que c'était sous son gouvernement que les Chrétiens avaient perdu la Terre-Sainte, et devenu comme indifférent à sa propre conservation, alla, avec le très-petit nombre d'hommes qu'il put rassembler, assiéger la ville d'Accon, et dressa ses tentes sur une colline assez élevée, située auprès de cette ville. Il avait avec lui son frère Geoffroi de Lusignan, homme plein de courage et de valeur dans les combats, qui, pour l'amour de son frère, avait devancé tous les autres pèlerins. Lorsque Saladin fut instruit de cet événement, on dit qu'il rendit grâce à son Dieu de ce qu'il livrait ainsi en ses mains les débris de la population chrétienne et son roi ; et dans le fait, un si petit nombre d'hommes n'eût pu longtemps tenir tête, je ne dis pas à Saladin et à son innombrable armée, mais seulement à ceux qui étaient enfermés dans la place assiégée. Les princes qui entouraient Saladin l'ayant invité à se hâter de saisir la proie que le Seigneur lui offrait, on assure qu'il leur répondit que, comme cette proie ne pouvait lui échapper, il desirait attendre son frère, qui devait arriver prochainement, pour l'associer à sa joie et à sa victoire. Lui-même cependant, au bout de peu de jours, apprit par sa propre expérience que tout retard est nuisible à ceux qui sont bien préparés. Un homme noble et qui avait fait ses preuves dans le service de Dieu, Jacques d'Avesnes, conduisant avec lui des Flamands, des Brabançons et des Frisons, et arrivant en temps opportun, dressa ses tentes devant la ville d'Accon. Un grand nombre de nobles et d'autres arrivèrent peu après de Champagne, de Bourgogne, et quelques-uns d'Italie, et débarquèrent auprès de la même ville. Afin d'éviter les irruptions subites et imprévues des Sarrasins, ils creusèrent un fossé tout autour de leur camp. Il serait trop long de raconter toutes les tribulations et les angoisses, tous les périls et les maux qu'ils eurent à souffrir avant l'arrivée des rois de France et d'Angleterre. Les Sarrasins brûlèrent leurs machines à diverses reprises; beaucoup d'entre eux furent mortellement blessés ou tués par les ennemis, à coups de flèches et de traits; un bien plus grand nombre encore périt sous les murs de la ville, par la faim, la fatigue, ou par l'effet d'une atmosphère empoisonnée. Voyant qu'il leur serait très-difficile de s'emparer de la place, tant parce que ceux qui la défendaient résistaient vigoureusement, que parce que Saladin et son armée ne cessaient de les harceler au dehors et de tous les côtés du fossé, les nôtres résolurent un jour de faire une sortie pour combattre leurs ennemis. Mais les Sarrasins, quoiqu'ils fussent beaucoup plus nombreux, n'osèrent les attendre, et prirent la fuite en abandonnant leur camp. Déjà les nôtres étaient entrés dans le camp des ennemis, sans rencontrer aucun obstacle, lorsque, par un jugement juste, mais secret de Dieu, ils furent tout-à-coup ébranlés et frappés de terreur, et se mirent à fuir, sans être poursuivis par personne. Les Sarrasins, s'en étant aperçus, reprirent confiance et courage, revinrent massacrer les nôtres sur les derrières, et atteignirent de leurs flèches, lancées sans relâche, tant les chevaux que les chevaliers. Un petit nombre de nos plus nobles chevaliers, jugeant trop honteux de prendre la fuite, furent enveloppés par des Sarrasins et mis à mort. Parmi eux étaient le maître du Temple, André comte de Brienne et beaucoup d'autres encore, qui succombèrent également dans cette journée. Ceux qui étaient enfermés dans la ville d'Accon firent en même temps une sortie, et rencontrant les nôtres comme ils s'en retournaient, ils en tuèrent un grand nombre. Le trouble et la confusion étaient tels parmi les Chrétiens, ils avaient été saisis en fuyant d'une si grande terreur, qu'on dit qu'il ne se serait peut-être échappé aucun de ceux qui sortirent de leurs retranchemens, si l'homme vaillant et fort exercé à la guerre, Geoffroi de Lusignan, dont j'ai déjà parlé, qui était demeuré dans le camp pour le garder, ne fût venu promptement au secours de ses compagnons, suivi de ceux qui étaient demeurés avec lui. On dit que le désordre qui se mit dans les rangs des nôtres pendant cette journée, provint d'un événement tout-à-fait singulier. Un cheval échappé des mains de son maître s'étant mis à fuir, quelques-uns se lancèrent à sa poursuite en poussant des cris, et d'autres ayant cru qu'ils fuyaient devant les ennemis, tous se mirent presqu'en même temps à se sauver, et se dirigèrent vers leurs tentes, à leur très-grande honte, et au détriment de la chrétienté.

Après que ceux qui étaient partis les premiers eurent attendu pendant un an et demi l'empereur, les rois et les autres princes qui devaient les suivre, l'armée se trouva tellement affamée et dénuée de toute espèce de vivres, qu'on fut forcé de manger la chair des chevaux et d'autres animaux morts. Un boisseau de froment, que l'on avait en temps de paix pour un demi bysantin, se vendait alors soixante bysantins. Il en résulta que les hommes de pied de l'armée, ne pouvant supporter plus long-temps un tel excès de disette, sortirent au nombre de trente mille, malgré les défenses des grands, pour marcher contre les Sarrasins et tâcher de leur enlever des vivres dans leur camp; les ennemis, remplis de ruse, feignirent en effet de prendre la fuite, et permirent ainsi à ces imprudens de se charger non seulement de vivres, mais encore d'or, d'argent et de toutes sortes d'effets. Tandis qu'ils s'étaient bien approvisionnés et s'en retournaient joyeusement, courbant sous le poids des objets qu'ils emportaient, « les sons de leurs harpes « furent subitement changés en de tristes plaintes [1], « et la tristesse succéda à la joie [2]. » Les Sarrasins se mirent à leur poursuite, en poussant de grands cris, et il n'y en eut pas un seul qui tentât de leur résister; jetant au loin non seulement l'or et l'argent, mais même leurs armes, presque tous succombèrent sous les coups de leurs ennemis, ou se précipitèrent dans la mer en fuyant. Parmi ceux qui parvinrent à s'échapper, beaucoup devinrent fous par suite de la terreur qu'ils avaient éprouvée. Ainsi le Seigneur voulut punir leurs murmures et leur désobéissance.

En ce temps, Sibylle, femme du roi Gui de Lusignan, se trouvant à l'armée, entra dans la voie de toute chair. Le royaume fut alors dévolu par droit héréditaire à sa sœur Isabelle, femme du noble Honfroi de Thoron. Le marquis de Montferrat, qui s'était déjà emparé de la ville de Tyr, instruit de ces événemens, et poussé par son ambition et par le desir de régner, enleva Isabelle à son époux, et contracta avec elle un mariage de fait. Quoiqu'un si grand crime déplût infiniment aux pélerins, ils évitèrent cependant de donner satisfaction au noble Honfroi, qui leur porta ses plaintes, parce qu'ils ne pouvaient se pro-

[1] Job, ch. 30, v. 31. — [2] Prov., ch. 14, v. 13.

curer des vivres que par la ville de Tyr et par l'entremise du marquis. Conrad lui-même séduisit à force de présens quelques-uns des plus grands seigneurs, et acheta ainsi leur faveur.

Tandis que ces divers événemens se passaient dans l'armée qui avait pris les devans, l'empereur des Romains, Frédéric, se trouvant prêt à partir avec une multitude innombrable de combattans, se mit en route par la voie de terre. Après avoir franchi les frontières de l'Allemagne, il traversa la Hongrie, la Macédoine et la Grèce; et en entrant sur le territoire des Sarrasins, il soumit « d'une main puissante, et le « bras étendu, » Iconium, Finimine, et plusieurs autres villes, et arriva en Arménie. Là, comme il faisait une chaleur excessive, ayant voulu se baigner dans le fleuve que les habitans appellent le fleuve de Fer, il fut, par un déplorable accident, entraîné et étouffé dans les eaux, et mourut, en expiation de ses péchés, et au détriment de toute la chrétienté. Saladin redoutait tellement son arrivée, qu'il avait ordonné de jeter bas les murailles de Laodicée, Gibel, Tortose, Biblios, Béryte et Sidon, présumant que l'empereur passerait par ces contrées, et de ne conserver que les fortifications, savoir les citadelles et les tours.

Le roi de France, Philippe, et Richard, roi d'Angleterre, après avoir passé l'hiver à Brindes, pour attendre les armées qui marchaient à leur suite, arrivèrent le printemps suivant dans le port d'Accon avec leurs navires et leurs galères, portant beaucoup de chevaux, d'instrumens de guerre et des vivres en abondance. Leur arrivée répandit une grande joie dans notre armée. Le roi de France aborda le premier avec tous les siens, car Richard, roi d'Angleterre, s'empara dès son arrivée de l'île de Chypre, après avoir vaincu les Grecs qui l'occupaient. Les Chrétiens assiégèrent donc la ville d'Accon; et l'ayant investie de toutes parts, ils travaillèrent durant tout l'été, et sans relâche, à s'en rendre maîtres, ceux qui étaient dedans résistant de leur côté avec une grande vigueur. Opposant pierriers contre pierriers, brisant nos machines, brûlant avec leurs feux grégeois les tours en bois que les nôtres avaient construites à grands frais, ils leur firent souffrir toutes sortes de dommages. Un jour, Saladin ayant envoyé vers la ville un très-grand vaisseau chargé de combattans tout frais, d'armes et de vivres, le roi des Anglais s'avança à sa rencontre avec ses galères tout près du port, et coula bas le vaisseau avec tous les chevaliers qu'il portait. Cet événement excita de vifs transports de joie parmi les Chrétiens, et couvrit les Sarrasins de confusion. Outre les hommes et les approvisionnemens dont ce navire était chargé, on dit qu'il contenait encore des serpens, que les ennemis avaient le projet de jeter au milieu de notre armée, et par lesquels ils espéraient nous faire beaucoup de mal. Le roi des Français, Philippe, travaillait le jour et la nuit, sans interruption, à attaquer les murailles de la ville, à ébranler les tours et les remparts, en lançant d'énormes blocs de pierre, qui allaient jusque dans l'intérieur de la place briser et abattre les machines, les maisons et tous les édifices, ne laissant pas un moment de repos aux assiégés. De son côté, le roi des Anglais, rempli d'ardeur, livrait de fréquens et terribles assauts. Voyant que les pierres lancées sur eux sans relâche faisaient de nombreuses brèches, et détruisaient leurs murailles, et qu'il leur serait impossible de résister long-temps, les assiégés rendirent enfin leur ville, à condition d'avoir la vie sauve, et de sortir en liberté, s'engageant, en revanche, à rendre aux Chrétiens la sainte croix, qui avait été perdue dans une précédente bataille. Mais comme ils ne purent la trouver, le roi d'Angleterre, rempli d'indignation et de colère, ordonna de mettre à mort tous ceux qui lui étaient échus en partage. Le roi de France, plus doux et plus modéré, retint ses prisonniers, pour les échanger contre ceux des nôtres que les Sarrasins avaient en leur pouvoir. En faisant périr plusieurs milliers d'ennemis, qui dans la suite eussent pu faire beaucoup de mal aux Chrétiens, le roi d'Angleterre affaiblit bien plus les Sarrasins, et leur causa une perte plus sensible. En voyant la ville prise par les nôtres, et un grand nombre des siens mis à mort, Saladin, tout consterné, n'espérant plus conserver les autres places, fit détruire les murailles des villes maritimes, savoir Porphyrie, Césarée, Joppé, Ascalon, Gaza et Daroun. Le roi Richard rebâtit Joppé, et la fortifia; et plus tard, Saladin étant allé l'assiéger, le roi se mit en mer avec une galère, se faisant suivre en même temps par son armée de terre, non sans de grandes difficultés; il secourut les assiégés, et força l'armée des Sarrasins à faire retraite. Tandis que ceux-ci, remplis de confusion et d'effroi, fuyaient avec leur prince devant la face des nôtres, il nous eût été facile de reconquérir sur eux non seulement le royaume de Jérusalem, mais même une grande portion de leur territoire, si l'ennemi du genre humain, jaloux des immenses succès des Chrétiens, ne fût venu « semer « l'ivraie [1]. » Il envoya la rivalité et la discorde entre les rois; il suscita des querelles entre les princes, et il les fit « errer dans des lieux incultes où il n'y a « point de chemin [2]. » Poursuivant leur propre gloire et leur cause personnelle, et non celle de Jésus, se déchirant et se détestant les uns les autres, ils remplirent leurs ennemis de joie, et couvrirent d'une grande confusion le peuple chrétien. Leurs ressentimens, leurs haines et leurs discordes en vinrent à un tel point, que presque toujours, lorsque le roi de France livrait assaut d'un côté devant une ville, le roi d'Angleterre défendait aux siens d'y prendre aucune part; et toutes les fois qu'il pouvait réussir à séduire, par ses promesses ou ses présens, des princes et des barons de France, il ne manquait pas de le faire, et de les attirer dans son parti. Aussi le roi de France, tout troublé et inquiet, principalement à cause d'une maladie dont il était travaillé, laissa à sa place le duc de Bourgogne avec une partie de son armée, et se retira aussitôt après la prise d'Accon. Il se conduisit avec peu de sagesse, en mettant trop d'empressement à publier son départ, car on dit que Saladin nous eût rendu volontiers tout le territoire qui nous appartenait auparavant, si les rois eussent seulement fait semblant de vouloir faire, d'un commun accord, une invasion dans son pays, et de vivre en bonne intelligence.

Le roi d'Angleterre avec son armée, et le duc de Bourgogne avec ce qui lui restait de l'armée française,

[1] Évang. selon saint Matth., ch. 13, v. 15. — [2] Ps 106, ch. 40.

s'avancèrent alors d'Accon vers Joppé, pour aller assiéger Jérusalem, et rencontrèrent dans leur marche toutes sortes d'ennuis. Saladin marchait sur leurs derrières avec ses chevaliers et un nombre infini de Turcopoles; à la droite et à la gauche de notre armée les Sarrasins ne cessaient de faire pleuvoir sur elle une grêle de traits, en sorte que les nôtres n'arrivèrent qu'avec beaucoup de difficulté jusques à la forteresse d'Assur, située entre Césarée et Joppé; ils eurent beaucoup de chevaliers et de chevaux grièvement blessés, et le roi Richard lui-même fut atteint et blessé par un trait. Pour se venger des Sarrasins et leur rendre la pareille, les nôtres, arrivés auprès de ce fort, les attaquèrent vigoureusement, les forcèrent de prendre la fuite, les poursuivirent et leur tuèrent beaucoup de monde, mais non sans éprouver aussi des pertes considérables. En ce jour en effet succomba un chevalier noble et vaillant à la guerre, Jacques d'Avesnes; beaucoup d'autres qui combattirent en un lieu séparé contre une multitude de Sarrasins, sans que les nôtres en fussent même instruits, furent comme lui couronnés du martyre des bienheureux. Saladin se retira dans Jérusalem, avec ceux des siens qui parvinrent à s'échapper par la fuite. Les nôtres dressèrent leurs tentes en un lieu appelé Bethénable, et situé entre Joppé et Jérusalem, pour aller de là assiéger cette dernière ville. Dans ce même lieu on vint annoncer au roi Richard qu'une très-grande *caravane*, partie du pays d'Égypte avec une suite innombrable de mulets, de chevaux et de chameaux, chargés de vivres et d'autres richesses, s'avançait pour venir rejoindre l'armée de Saladin. Le roi se portant en toute hâte à sa rencontre, partit de nuit et en cachette, et ramena un butin considérable à son armée. Toutefois il l'avait exposée à un très-grand péril, ayant emmené avec lui la majeure partie des chevaliers, et n'en ayant laissé qu'un petit nombre en comparaison des forces que Saladin avait sous ses ordres. Ayant ensuite tenu conseil, et considérant qu'ils ne pourraient assiéger Jérusalem pendant la saison d'hiver, attendu qu'ils ne possédaient entre Accon et Jérusalem aucune autre place forte que Joppé, et qu'on ne pourrait transporter de vivres à l'armée sans courir les plus grands dangers, les princes changèrent de résolution, au milieu des larmes et des regrets extrêmes de la plus grande partie de l'armée. En effet, beaucoup de gens, et principalement ceux qui connaissaient le mieux la situation des Sarrasins, disaient que Saladin n'aurait jamais attendu notre armée, ne pouvant trouver des hommes qui voulussent s'enfermer avec lui dans la ville où il s'était retiré, ou qui eussent le courage d'y demeurer, effrayés comme ils étaient par l'exemple de la ville d'Accon, que Saladin n'avait pu secourir, et où il avait laissé massacrer en partie ses prisonniers et retenir les autres en captivité, tandis qu'il eût pu les racheter.

Le roi Richard se rendit donc à Ascalon avec son armée, et durant tout l'hiver il fit sans aucune interruption de grands travaux et de grandes dépenses pour relever les murailles. Il fit aussi rebâtir et fortifier la place de Daroun, et après avoir relevé la ville de Gaza, il la donna aux Templiers à qui elle appartenait, à la charge de la garder. Le duc de Bourgogne et ceux du royaume de France qui étaient demeurés avec lui, ne vivant pas en fort bonne intelligence avec les Anglais, se retirèrent à Tyr, et y passèrent l'hiver auprès du marquis Conrad. Le printemps suivant les deux armées s'étant réunies de nouveau, s'avancèrent jusqu'à Bethénable pour assiéger Jérusalem. Mais le roi Richard, qui sembla devenu un tout autre homme, dit qu'il voulait absolument retourner dans sa patrie, donnant pour prétexte que son frère Jean aspirait à son trône, et s'était déjà emparé d'une partie de son royaume. D'un autre côté, il se méfiait, non sans motifs, du roi de France qui s'était séparé de lui fort irrité, et il craignait qu'en son absence le roi Philippe ne fît une invasion à main armée dans son duché de Normandie. En apprenant ces nouvelles, les Sarrasins se livrèrent à des transports de joie ; et se réveillant comme d'un sommeil pesant, ils reprirent courage. Les nôtres cependant, couverts de confusion et accablés de douleur, abandonnèrent tout espoir de recouvrer la cité sainte, gémissant et s'affligeant profondément de perdre le fruit de tous leurs sacrifices, et de voir comme anéantir leurs entreprises, faute de les pousser jusqu'au bout. Si le roi d'Angleterre eût dissimulé et différé pendant quelque temps ses projets de retraite, nous eussions pu obtenir des Sarrasins de très-bonnes conditions et une trêve utile et honorable. Mais, comme il était fort impétueux et extrêmement pressé de partir, il accepta, au détriment des Chrétiens, sans faire aucune difficulté et sans contradiction, toutes les propositions que Saladin voulut lui faire au sujet de la trêve. En conséquence, et d'après les clauses du traité, les nôtres furent soumis à détruire les fortifications d'Ascalon, de Daroun et de Gaza, et ces trois villes, ainsi que tout le territoire qui s'étend jusqu'à Joppé, échurent en partage aux Sarrasins. Ceux-ci nous abandonnèrent par le même traité Joppé, une autre ville maritime et Accon, bien assurés que les fortifications étant détruites, et l'armée s'étant retirée, il ne nous serait pas possible de défendre long-temps contre eux un territoire tout dégarni.

Dans le même temps, le marquis de Montferrat, Conrad, ayant été assassiné par quelques Sarrasins qui avaient reçu le baptême et qu'il avait nourris long-temps dans sa maison, le comte de Champagne, Henri, contracta mariage avec sa veuve, Isabelle, à l'instigation du roi d'Angleterre, et demeura dans le pays. Le roi Richard étant reparti, fut fait prisonnier en Allemagne et retenu par l'empereur, jusqu'à ce qu'il eût payé une très-forte somme d'argent pour sa rançon, et il ne parvint qu'avec beaucoup de peine à s'échapper et à rentrer en Angleterre.

Le comte Henri, quoiqu'il eût épousé la reine et qu'il possédât la souveraineté des villes d'Accon et de Tyr, refusa cependant d'être couronné et de se faire reconnaître pour roi, car lui et les autres n'aspiraient qu'à retourner dans leur pays. Après qu'il eut demeuré quelques années dans la Terre-Sainte et lorsque déjà tous ses préparatifs de départ étaient terminés, il tomba d'une fenêtre sur le pavé d'un fossé de la ville d'Accon, se brisa le crâne et expira sur la place. Amaury, roi de Chypre et frère de Gui de Lusignan, qui était déjà mort, épousa alors la reine Isabelle, et succéda au comte Henri dans la souveraineté et le gouvernement de la Terre-Sainte. Après le départ du roi d'Angleterre et des autres pélerins, les Sarrasins n'eussent pas tardé à nous montrer à combien de périls demeuraient exposés ce petit nombre de Chrétiens et le mince territoire qu'ils possédaient encore, si la mort de Saladin n'eût fait naître entre eux des divisions qui excitèrent de nombreuses discordes et de graves inimitiés, fort utiles aux Chrétiens. Le frère de Saladin ayant enlevé à ses neveux, fils de ce dernier, tous les royaumes qui leur revenaient, à l'exception de celui d'Alep, s'attira par cette conduite la haine des autres Sarrasins. Les nôtres cependant ne pouvaient ni n'osaient faire aucune tentative contre lui, s'estimant trop heureux à cette époque, quoiqu'ils eussent reçu de ces impies de fréquentes injures, de pouvoir vivre d'une manière quelconque auprès d'eux et se maintenir dans le territoire qui leur restait. La ville et la citadelle de Biblios furent cependant rendues à ceux à qui elles appartenaient de droit héréditaire, par quelques Sarrasins qui la leur remirent à l'insu du Soudan, pour une somme d'argent convenue. Les Chrétiens rentrèrent également en possession de la ville et de la citadelle de Béryte, après la fuite des Sarrasins qui étaient chargés de la garder. L'empereur des Romains, Henri, ayant envoyé une multitude d'Allemands, pour porter secours à la Terre-Sainte, leur avait ordonné de rompre la trêve. Ces Allemands étant allés assiéger dans les environs de Tyr un château fort nommé Thoron, les assiégés voulurent leur livrer la forteresse, sous la condition d'avoir la vie sauve; mais les Allemands différèrent d'en prendre possession jusqu'au lendemain matin, croyant que ni la place ni les habitans ne pouvaient leur échapper. Le jour suivant cependant, une multitude innombrable de Sarrasins vint au secours du château, et les Allemands se retirèrent, couverts de confusion. Ils se rapprochèrent alors de la ville de Béryte, les Sarrasins qui l'habitaient prirent peur et leur abandonnèrent cette ville, ainsi que la citadelle. Ayant appris la mort de leur seigneur, l'empereur Henri, les Allemands retournèrent aussitôt dans leur pays, sans rendre aucun autre service aux Chrétiens.

Quelques-uns des nôtres, prenant un peu plus de confiance en eux-mêmes, fortifièrent Joppé, afin de se défendre contre les Sarrasins; mais ceux-ci leur enlevèrent la citadelle en peu de temps et sans beaucoup de difficulté; ils la rasèrent jusques au sol et emmenèrent en captivité tous ceux qu'ils y trouvèrent. Dès lors on renouvela la trêve et les Sarrasins y consentirent volontiers, parce qu'ils possédaient le royaume de Jérusalem presque en entier, et parce qu'en outre ils étaient divisés entre eux par de vives discordes et de graves inimitiés : toutefois les nôtres, malgré leur profonde affliction, n'osèrent plus rompre une trêve, ni entreprendre d'assiéger une seule forteresse ou de relever celles qui étaient en ruines. Aussi, peu de temps après, quelques nobles, principalement de la Champagne et d'autres provinces de la France, ayant passé les mers, et les nôtres ayant refusé de rompre la trêve, ces nobles se mirent en route pour Antioche, afin de combattre pour le prince de ce pays qui était en guerre avec ses ennemis; mais ils furent faits prisonniers entre Tripoli et Antioche, et etés en prison dans la ville d'Alep.

En deux occasions cependant, après la retraite des Allemands, dont j'ai parlé plus haut, les nôtres rompirent la trêve avec les Sarrasins. Ils le firent une première fois, lors de l'arrivée de quelques nobles du royaume de France, savoir, Simon de Montfort, homme noble, rempli de religion et très-vaillant à la guerre, de son frère Gui, de quelques autres chevaliers et de la comtesse de Flandre, qui suivait son mari, lequel avait été déjà couronné empereur de Constantinople. Ils prirent les armes une seconde fois lorsqu'après la mort du roi Amaury et de sa femme, le comte de Brienne Jean, appelé au trône de Jérusalem, passa les mers et vint épouser l'héritière du royaume, fille du marquis Conrad et de la reine Isabelle. Mais dans ces deux circonstances les Chrétiens n'eurent que très-peu ou même point de succès. Ils n'assiégèrent pas une seule forteresse, ne relevèrent point de place détruite, et se bornant à chevaucher sur le territoire des Sarrasins, ils brûlèrent quelques villages et enlevèrent parfois du butin. Aussitôt après que le comte Jean eut été couronné et eut reçu l'onction royale, les Sarrasins fortifièrent contre nous le Mont-Thabor, à la grande honte et au détriment des Chrétiens, et principalement dans l'intention de serrer de plus près la ville d'Accon. Les nôtres, renouvelant alors leur trêve avec les Sarrasins, gémissant et profondément affligés de leurs tribulations et de leurs misères, invoquaient les secours d'en haut, et attendaient d'un jour à l'autre des consolations et des secours de Dieu et de la sainte église romaine.

LIVRE SECOND.

De la corruption des contrées de l'Occident et des péchés des Occidentaux.

Tandis que l'église d'Orient, qui jadis était accourue des extrémités les plus reculées de la terre, pour entendre la sagesse de Salomon [1], maintenant livrée à toutes sortes de maux, abreuvée de mille amertumes, et en quelque sorte enivrée d'absynthe, voyait sa joie se changer en deuil et en douleur; tandis que l'église de Jérusalem, sa fille aînée, et spécialement distinguée, dépouillée de ses glorieux vêtemens, et déchirée par ses nombreux bourreaux, était demeurée presqu'entièrement nue, et semblable au « chêne dont « toutes les feuilles tombent, et au jardin qui est « sans eau [2], » l'insatiable ennemi du genre humain, le serpent tortueux, ne cessait de répandre dans les contrées de l'Occident le venin empesté de sa méchanceté, et semblait, après avoir blessé la tête, rechercher tous les moyens possibles pour infecter aussi les membres. En effet, Jérusalem est la tête et la mère de la foi, de même que Rome est la tête et la

---

[1] Rois, liv. III, ch. 10; description du voyage de la reine de Saba auprès de Salomon.
[2] Isaïe, ch. 1, v. 30.

mère des fidèles. Or, la douleur de tête répondait si bien dans tous les membres, et le Seigneur déploya sa colère et son indignation par tant de fléaux divers, que, lorsque la Terre-Sainte fut retombée, par l'effet de nos péchés, entre les mains des impies, Dieu, juste vengeur des crimes, « et Seigneur des ven-« geances [1], » frappa d'affliction le monde entier, en lui envoyant toutes sortes de calamités, et en permettant que les Maures en Espagne, dans la Provence et en Lombardie les hérétiques, en Grèce les schismatiques, et de toutes parts de faux frères s'élevassent contre nous. Et pour me servir du langage du prophète, « le Seigneur a brisé nos dents [2] » et en a réduit le nombre, tellement qu'après la perte de la cité sainte, l'honneur de l'Église a été abaissé ; c'est-à-dire lorsque les dents ont été peu à peu brisées, tous les enfans, autant qu'il en est venu au monde, ont eu deux ou trois dents de moins que ceux qui étaient déjà nés. Nos dents ont été brisées, le « Seigneur a « brisé nos os [3], notre ventre est collé à la terre [4], « et notre ame est collée à la poussière [5]. » La méchanceté des hommes, dépassant toutes bornes, et tendant toujours au mal, s'est enfoncée dans les abîmes ; les mamelles, jadis assimilées à la grappe de raisin, se sont desséchées ; la doctrine de l'Évangile a été souillée, parce que de tous côtés les impies ont foulé aux pieds les avertissemens du ciel. « Leur « argent s'est changé en écume et leur vin a été mêlé « d'eau [6]. » Ils ont laissé derrière eux toute crainte de Dieu et des hommes, « ils n'ont eu aucun respect

---

[1] Ps. 93, v. 1. — [2] Lament. de Jérém., ch. 3, v. 16. — [3] Ps. 41, v. 11. — [4] Ps. 43, v. 26. — [5] Ps. 118, v. 25. — [6] Isaïe, ch. 1, v. 22.

« pour le visage des prêtres¹, poursuivant toujours le mal, fuyant les choses du salut, et toujours enclin à ce qui est le plus mauvais. « Le meilleur d'entre « eux était comme une ronce, et le plus juste comme « l'épine d'une haie². Les genoux tremblaient, tous « les reins étaient pénétrés de douleur, tous les vi- « sages étaient noirs et ridés³. » La foi dépérissait, la charité était éteinte, toute vertu était en péril. Presque tous, livrés « à des travaux pénibles de mor- « tier et de briques⁴, » ont servi Pharaon. L'empire « des principautés, des puissances, des princes des « ténèbres de ce siècle,⁵ » s'est étendu à l'excès en long et en large. « Les enfans de Sion, qui étaient « des hommes de prix et comparables à l'or le plus « exquis, ont été traités comme des vases de terre⁶, « leur foie a été comme répandu en terre⁷; ils ont « erré dans les rues comme des aveugles, et se sont « souillés du sang des innocens⁸. » Des vices mons- trueux, des abominations prodigieuses ont afflué mi- sérablement et enveloppé le monde entier. « La cité « qui était fidèle est devenue une prostituée⁹. Les « ennemis ont porté la main à tout ce qu'elle avait de « plus desirable¹⁰. Ses princes étaient au milieu « d'elle comme des lions rugissans, ses juges comme « des loups qui dévorent leur proie au soir sans en « laisser les os pour le matin¹¹. » Toute tête était languissante, et tout cœur pénétré d'affliction. « Ses

---

Lament. de Jérémie, ch. 4, v. 16. — ² Michée, ch. 7, v. 4. — ³ Nahum, ch. 2, v. 10. — ⁴ Exode, ch. 1, v. 14. — ⁵ Ép. de saint Paul aux Éphés., ch. 6, v. 12. — ⁶ Lament. de Jérém., ch. 4, v. 2. — ⁷ Ibid., ch. 2, v. 11, — ⁸ Ibid., ch. 4, v. 14. — ⁹ Isaïe, ch. 1, v. 21. — ¹⁰ Lament. de Jérém., ch. 1, v. 10. — ¹¹ Sophonie, ch. 3, v. 3.

« princes ont été apostats et associés aux voleurs [1]; » ils étaient couchés sur la terre, l'enfant et le vieillard également en dehors. La justice avait disparu des choses du monde, la crainte du Seigneur était anéantie; toute équité ayant cessé, la violence dominait au milieu des peuples; la fraude, la ruse et la séduction régnaient en tous lieux et en tout point. « Les obla« tions de blé et les libations de vin étaient bannies « de la maison du Seigneur;..... tout le pays était ra« vagé et la terre dans les larmes, parce que le blé « était gâté, que la vigne était desséchée et que les « oliviers ne faisaient que languir. Les laboureurs « étaient confus, les vignerons poussaient de grands « cris, parce qu'il n'y avait ni blé ni orge et que la « moisson des campagnes était perdue [2]. » L'ennemi avait vendangé la vigne du Seigneur. Toute vertu avait cédé la place et s'était retirée comme inutile, et la méchanceté s'étant furtivement introduite, « il n'y « avait personne qui élevât comme un mur entre eux « et le Seigneur, qui s'opposât au Seigneur, en se « présentant sur la brèche [3]. » Ils avaient mis une nuée en avant, « afin que la prière ne passât point [4]. » Ainsi le monde déclinait vers sa fin, « la charité s'é« tait refroidie [5] » et l'on ne trouvait plus de foi sur la terre, de manière que la seconde arrivée du Fils de l'homme semblait prochaine et en quelque sorte à la porte. « Le fils traitait son père avec outrage, la fille « s'élevait contre sa mère, la belle-fille contre sa « belle-mère, et l'homme avait pour ennemis ceux

---

[1] Isaïe, ch. 1, v. 23. — [2] Joel, ch. 1, v. 9, 10 et 11. — [3] Ezéch., ch. 22, v. 30. — [4] Lament. de Jérém., ch. 3, v. 44. — [5] Évang. selon saint Matth., ch. 24, v. 12.

« de sa propre maison [1]. On ne faisait aucun discer-
« nement entre les choses saintes ou profanes [2], »
tout ce qui plaisait était réputé licite. Tous se précipitaient vers le vice et étaient emportés comme un
cheval indompté, « traînant une longue suite d'ini-
« quités, et tirant après eux le péché, comme les
« traits emportent le chariot [3]. Tous ceux qui les
« poursuivaient », c'est-à-dire les esprits malins, « les
« atteignaient dans leurs derniers retranchemens » et
les « conduisaient captifs devant l'ennemi qui les
« chassait [4]. Mais ils ont refusé de se rendre atten-
« tifs, ils se sont retirés en tournant le dos, ils ont
« appesanti leurs oreilles pour ne point entendre, ils
« ont rendu leurs cœurs durs comme le diamant [5]. Le
« luth et la harpe, les tambours et les flûtes se sont
« trouvés avec le vin dans leurs festins, et ils n'ont
« point été attentifs à l'œuvre du Seigneur [6]. » L'hon-
nêteté dans la conduite, les vertus qui parent les
hommes étaient comme exilées et ne trouvaient plus
aucune place; les vices dominaient partout, pullu-
laient en tous sens et occupaient toutes les avenues.
La continence, chérie des demeures célestes et agréable à Dieu, était méprisée comme une chose vile.
Les hommes, se livrant indistinctement et sans honte
à la luxure, tels que le cochon dans la boue, trouvaient des délices dans cette puanteur, « comme des
« bêtes » destituées de raison; « ils pourrissaient
« dans leur propre corruption [7] », ne faisant aucun

---

[1] Michée, ch. 7, v. 6. — [2] Ezéch., ch. 22, v. 26. — [3] Isaïe, ch. 5,
v. 18. — [4] Lament. de Jérém., ch. 1, v. 3 et 5. — [5] Zachar., ch. 7,
v. 11 et 12. — [6] Isaïe, ch. 5, v. 12. — [7] IIe Épît. de saint Pierre,
ch. 2, v. 12.

cas « d'un mariage honorable et d'un lit sans souil-
« lure [1]. » Les liens du mariage n'avaient aucune
sûreté entre les parens et les alliés, et la licence effrénée n'était pas même arrêtée par la différence des sexes. La tempérance et la modération disparaissaient en tous lieux, la crapule et l'ivrognerie occupaient toutes les portes. « Comme les épines s'entrelacent
« les unes avec les autres, de même ils s'enivraient
« ensemble dans leurs festins [2]. Toutes les tables
« étaient si pleines de ce que rejettent ceux qui vo-
« missent, et de puanteur, qu'il ne restait plus de lieu
« qui fût net [3]. Le cœur du peuple avait reçu la for-
« nication, le vin et l'enivrement [4]. » Enfin, les jeux de hasard pendant toute la nuit, l'anxiété avide à la fois et pleine d'amertume qui s'y attache, les accidens inattendus provoquaient la colère, la fraude, les querelles, les blasphèmes impies contre Dieu, et entraînaient souvent ceux qui s'y livraient dans l'abîme du désespoir.

CHAPITRE PREMIER.

Des avares et des usuriers.

En outre la libéralité, la munificence, les largesses, si agréables à Dieu et aux hommes, étaient entièrement oubliées; et la peste de l'avarice, source de tous

---

[1] Ép. de saint Paul aux Héb., ch. 13, v. 4. — [2] Nahum, ch. 1, v. 10. — [3] Isaïe, ch. 28, v. 8. — [4] Osée, ch. 4, v. 11.

les maux, s'était emparée de presque tous les hommes et les infectait du poison de la cupidité; si bien que le pire de tous les crimes, l'usure était exercée de tous côtés, et comme une chose permise, par d'avides usuriers, en sorte que, par les œuvres de cette sangsue insatiable, les chevaliers perdaient leurs patrimoines et les plus vastes héritages, les pauvres étaient dépouillés, les églises appauvries; et comme de moment en moment cette peste de l'usure allait croissant et ne pouvait demeurer en repos, de plus en plus aussi on s'engageait envers les usuriers. Cette race d'hommes, les plus vils et les plus réprouvés, s'était tellement multipliée en tous lieux, qu'ils avaient inondé non seulement les villes et les bourgs, mais même les campagnes. Ils vendaient leurs jours, leurs nuits, leurs heures, leurs momens pour leur propre damnation, en « recevant un profit usuraire et plus « qu'ils n'avaient prêté [1] », puisque le Seigneur a dit : « Prêtez, et sans en rien espérer [2]. » Il a dit aussi : « Vous ne mangerez point d'une bête morte « d'elle-même ou déchirée par une autre [3]. » Quant à eux, ils entraînaient avec eux dans le feu leurs fils ou leurs filles et tous ceux pour qui ils retenaient cet argent empoisonné par l'usure, afin que l'on vît accompli ce qui a été écrit : « Ils ont immolé aux dé- « mons leurs fils et leurs filles [4]. » Et ensuite, au mépris du commandement du Seigneur, ces enfans de perdition refusaient de rendre intégralement les gages qu'ils avaient reçus. Et cependant le Seigneur a dit dans le Lévitique : « Si ton frère peut trouver de

---

[1] Ezéch., ch. 22, v. 12. — [2] Évang. selon saint Luc, ch. 6, v. 35. — [3] Lévit., ch. 22, v. 8. — [4] Ps. 105, v. 37.

« quoi racheter son bien, il comptera les années qui
« se seront écoulées depuis la vente qu'il en aura faite,
« et il rendra le surplus du prix à celui à qui il aura
« vendu son bien et y rentrera [1]. » Ici, Moïse appelle
l'acheteur celui qui, donnant de l'argent en échange,
a acheté la jouissance et non la propriété. D'autres
enfin, vendant leurs marchandises à un prix élevé,
sous prétexte de retarder l'époque du paiement, ou
faisant des avances sur l'époque du paiement et achetant à vil prix des marchandises à livrer plus tard,
ne s'exposaient pas moins à la mort éternelle et aux
supplices de la damnation.

CHAPITRE II.

Des rapines et des exactions des puissans par eux-mêmes et par leurs satellites, et de leurs crimes divers.

Tandis que le Seigneur a dit « qu'il y a plus de
« bonheur à donner qu'à recevoir [2], » les hommes de
ce temps, et particulièrement ceux qui avaient reçu
le pouvoir de gouverner les autres, non seulement
remplissaient leurs mains avides de présens illicites,
ou par des levées et des exactions injustes extorquaient
l'argent de leurs sujets pour leur propre damnation;
mais en outre, ravissant et enlevant de vive force de
tous côtés, tantôt secrètement, tantôt ouvertement,
ils opprimaient d'une manière cruelle les hommes qui
ne se tenaient pas sur leurs gardes ou ne pouvaient

---

[1] Lévit., ch. 25, v. 26 et 27. — [2] Actes des Apôtres, ch. 20, v. 35.

résister, sans se souvenir assez qu'il a été écrit : « Malheur à toi, qui pilles les autres! lorsque tu auras achevé tes pillages, tu seras pillé [1]. » C'est d'eux encore que le prophète a dit : « Ils ont mangé la chair de mon peuple, ils lui ont arraché la peau, ils lui ont arraché les os. Après cela ils crieront au Seigneur et il ne les exaucera point : en ce jour-là il leur cachera son visage [2]. » Les malheureux ne se souvenaient pas dans toutes leurs actions « de leur dernière fin [3] », et cependant Jérémie a dit : « Les souillures de Jérusalem paraissent sur les pans de sa robe et elle ne s'est point souvenue de ce qui lui était réservé pour sa fin [4]. Ceux qui commandent aux autres seront jugés avec une extrême rigueur, car les petits obtiennent plus aisément miséricorde, mais les puissans seront puissamment tourmentés [5]. »

Et non seulement ils exerçaient eux-mêmes le pillage, mais, dévastant les contrées par l'incendie, ils n'épargnaient ni les biens de la terre ni les possessions des monastères et des églises, enfonçant les sanctuaires d'une main sacrilége et enlevant de vive force, du sein même du Seigneur, les choses consacrées au ministère spirituel. En outre et tandis qu'ils se querellaient entre eux sur les plus légers prétextes, ils livraient les biens des pauvres à leurs impies satellites. Tout couverts de fer, ils assiégeaient les voies publiques et ne ménageaient ni les pélerins ni les religieux. Dans les bourgs et dans les villes, des sicaires et des scélérats, affluant de tous côtés, remplissaient les rues, les pla-

---

[1] Isaïe, ch. 33, v. 1. — [2] Michée, ch. 3, v. 3 et 4. — [3] Ecclésiastique, ch. 7, v. 40. — [4] Lament. de Jérém., ch. 1, v. 9. — [5] Sagesse, ch. 6, v. 6 et 7.

ces publiques, ou se cachaient en embuscade dans les lieux les plus retirés, qu'ils inondaient du sang des innocens. Même sur la mer, ne craignant point le jugement de Dieu, se faisant corsaires et pirates, non seulement ils dépouillaient les marchands et les pélerins, mais le plus souvent ils brûlaient leurs navires et les précipitaient dans les abîmes. Les princes et les puissans, devenus « apostats et associés de vo-« leurs [1], » eux qui étaient tenus d'assurer la paix, de défendre leurs sujets, d'éloigner d'eux, par la crainte du châtiment, les hommes empestés, comme on éloigne les loups des moutons, recevant des présens des hommes impies et profanes, dans leur avidité d'un gain temporel, leur prêtaient assistance et faveur. « S'ils trouvaient un voleur, ils couraient se « joindre à lui [2] », comme pour lui dire : « Partage « avec nous, faisons bourse commune entre nous « tous [3]. » Ainsi les voleurs, les ravisseurs, les sacriléges, les usuriers, les juifs, les sicaires, les homicides, les séditieux, qu'ils eussent dû punir sévèrement, extirper entièrement et faire disparaître du milieu d'eux, eux-mêmes « portant l'épée en vain [4], » ils les soutenaient, leur permettaient de commettre impunément toutes leurs mauvaises actions, tandis que le Seigneur a dit par le prophète : « Apprenez à « faire le bien, recherchez ce qui est juste, assistez « l'opprimé, faites justice à l'orphelin, défendez la « veuve [5]. » Mais eux, chiens immondes, ne sachant jamais être rassasiés, recherchant sans cesse les cadavres par leurs corbeaux de l'enfer, ils opprimaient

---

[1] Isaïe, ch. 1, v. 23. — [2] Ps. 49, v. 18. — [3] Proverbes — [4] Ép. de saint Paul aux Rom., ch. 13, v. 4. — [5] Isaïe, ch. 1, v. 17.

les pauvres par leurs préposés et leurs satellites, dépouillaient les veuves et les orphelins, leur dressaient des embûches, répandaient des calomnies et leur imputaient de faux crimes pour leur extorquer de l'argent. Ainsi presque sans cesse les innocens étaient traînés dans les prisons et chargés de fers. Ceux qui n'avaient point commis de fautes étaient livrés aux supplices, sans autre motif, si ce n'est qu'on supposait qu'ils avaient quelque chose ; et cela arrivait d'autant plus souvent que les seigneurs, livrés à la prodigalité et au luxe, faisaient beaucoup de dépenses inutiles pour leurs tournois et leurs pompeuses vanités mondaines, et contractaient des dettes envers les usuriers, tandis que les comédiens et les bouffons, les parasites vagabonds et les histrions, chiens de cour et adulateurs, dévoraient leurs patrimoines en les dépouillant. Il semblait qu'ils eussent dit à leur prince ou à leur tyran : « Rasez, rasez jusques aux « fondemens [1] ; crucifie, crucifie [2], tue et mange [3]. » Enfin, pour mettre le comble à leur damnation, les princes eux-mêmes laissaient multiplier de tous côtés les femmes de mauvaise vie et les maisons de débauche, les joueurs de hasard, les cabaretiers, les tavernes profanes, qui sont comme des fosses de larrons et des synagogues de Juifs ; ils souffraient les mesures et les balances injustes et trompeuses et toutes sortes d'autres fléaux du même genre, qui envahissaient toutes les villes et toutes les contrées, et qu'ils eussent dû extirper, détruire, disperser et anéantir. Car il est écrit que non seulement « ceux qui commettent

[1] Ps. 136, v. 7. — [2] Évang. selon saint Luc, ch. 23, v. 21. — [3] Actes des Apôt., ch. 10, v. 13.

« de telles choses, » mais en outre ceux qui y consentent, « n'hériteront point le royaume de Dieu [1]. »

CHAPITRE III.

Des diverses espèces d'hommes et des divers crimes qui les tenaient enlacés.

Et ce n'était pas seulement ceux-là, mais encore toute la race humaine, qui avaient dépravé leur voie sur la terre [2]. Oubliant les choses du passé, les hommes se livraient uniquement à celles de l'avenir. Les marchands s'appliquaient à circonvenir leurs frères par toutes sortes de mensonges et de tromperies. Les agriculteurs ne rendaient pas aux églises les dîmes de leurs biens. Les serviteurs et les servantes « servaient « leurs maîtres sans crainte et tremblement, et seu-« lement sous leurs yeux [3]. » Les médecins ne craignaient pas de tromper leurs malades de toutes sortes de manières; leurs lèvres perfides, leur langue abondante en paroles, promettaient beaucoup et tenaient peu; ils recevaient beaucoup, et le plus souvent ils enlevaient la vie à ceux qu'ils auraient dû guérir; ainsi, par leurs tromperies et leur langage sophistique, ils enlèvent de l'argent, et non seulement ils ne sont point utiles pour le corps, mais encore ils tuent l'ame, car ils affirment que le corps se trouve bien de

[1] Ép. de saint Paul aux Galates, ch. 5, v. 21. — [2] Genèse, ch. 6, v. 12. — [3] Ép. de saint Paul aux Éphés., ch. 6, v. 5 et 6.

satisfaire les desirs de la chair, et par là ils excitent beaucoup de gens à la fornication. Ceux qui sont gravement malades, et à qui ils devraient dire : « Don« nez ordre aux affaires de votre maison, car vous « mourrez et vous n'en échapperez point[1], » ils leur font retarder ou même dédaigner la confession et les autres remèdes spirituels, et leur inspirent par là une sécurité fausse et trompeuse.

Les avocats, aveuglés par l'avidité d'un bénéfice injuste et d'un salaire immense, non seulement encourageaient les procès injustes, mais soutenaient même les causes désespérées, se confiant en leurs mensonges et en l'abondance de leurs paroles. C'est sur eux que le bienheureux Job a dit : « Le feu dé« vorera les maisons de celui qui aime à recevoir des « présens[2]. » Mais eux, dans l'espoir d'un gain honteux, courant de ville en ville, de maison en maison, d'assemblée en assemblée, se répandaient dans toute l'Égypte afin d'amasser du chaume[3]; ils traînaient les procès en longueur, se réjouissaient de les voir se multiplier, et opposaient sans cesse des exceptions innombrables, afin d'écumer plus souvent les bourses. Lorsqu'ils n'avaient pu conduire à une heureuse fin une cause soutenue par toutes sortes de fourberies, aussitôt ils en interjetaient appel, afin de recommencer l'affaire et de retrouver un nouveau salaire.

Les femmes entraînaient les hommes imprudens à leur suite dans la mort et dans le précipice, non seulement par l'élégance de leurs ornemens de courtisanes, par la richesse superflue de leurs vêtemens,

---

[1] Isaïe, ch. 38, v. 1. — [2] Job, ch. 15, v. 34. — [3] Exode, ch. 5, v. 12.

par leurs chevelures bien frisées, par l'or, les pierres précieuses et les riches habits dont elles se paraient, par les applaudissemens illicites et les danses qu'elles recherchaient, mais encore par des sortiléges et des maléfices innombrables. Ainsi, « ouvrant ou creusant « une citerne et ne la couvrant point, » elles ont causé la ruine « du bœuf ou de l'âne [1], » et pour celles-là, selon la prédiction du prophète Isaïe, « leur « parfum sera changé en puanteur, leur ceinture d'or « en lambeaux déchirés, leurs cheveux frisés en une « tête rasée [2]. »

Quant à ceux qui, ayant pris l'habit régulier, avaient renoncé au siècle, et s'étaient liés par leurs vœux à la religion, ayant extérieurement « l'apparence de la « piété, mais ayant renoncé à sa force [3], » plus leur rang était éminent et plus ils tombaient rudement, après ces vœux, d'une chute déplorable. Désobéissans, murmurant toujours, se déchirant les uns les autres, portant la croix du Christ comme par corvée, impurs et incontinens, marchant selon la chair et non selon l'esprit, « mettant la main à la charrue et regardant der- « rière eux [4] comme la femme de Loth [5], regrettant « les porreaux, les ognons et l'ail de l'Égypte, et dégoû- « tés de la manne du désert [6], » ils périssaient morts et ensevelis dans les sépulcres de la convoitise, parce « qu'ils avaient ruiné leur foi [7]. » La plupart d'entre eux estimaient « la piété pour un grand gain [8], ne fai- « sant point de discernement entre les choses saintes

---

[1] Exode, ch. 21, v. 33. — [2] Isaïe, ch. 3, v. 24. — [3] IIe Épit. de saint Paul à Timoth., ch. 3, v. 5. — [4] Évang. selon saint Luc, ch. 9, v. 62. — [5] Genèse, ch. 19, v. 26. — [6] Nomb., ch. 11, v. 5 et 6. — [7] Ire Ép. de saint Paul à Timoth., ch. 5, v. 8. — [8] Ibid., ch. 6, v. 6.

« ou profanes[1], » recevant indifféremment des usuriers et des ravisseurs « la chair des animaux morts « d'eux-mêmes ou déchirés par une bête[2], » ne faisant aucune question par scrupule de conscience[3], quoique cependant le saint homme Tobie ait dit à sa femme : « Prenez garde que ce chevreau n'ait été dérobé[4]. » Quant à ceux qui ne sont point entrés par la porte, mais par-dessous terre et en creusant avec l'argent, ils sont déjà jugés par le Seigneur, qui a dit : « Toute « plante que mon Père céleste n'a point plantée sera « déracinée[5]. » Et il en sera de même de ceux qui, tels qu'Ananias et Saphire, ne craignent pas de retenir non seulement la disposition de leur volonté, mais encore une partie du prix de la vente.

CHAPITRE IV.

De la négligence et des péchés des prélats.

Or la cause de tous les maux était dans la dépravation, la faiblesse et l'ignorance des prélats, en sorte que tandis que les pasteurs, non seulement étaient endormis, mais aidaient même de leur concours, l'ennemi de l'homme « vint, et sema de l'ivraie parmi « le blé 6. » Le froment dégénéra en folle-avoine et en ronces, la terre de malédiction abonda en char-

---

[1] Ézéch., ch. 22, v. 26. — [2] Ibid., ch. 44, v. 31. — [3] Ire Ép. de saint Paul aux Corinth., ch. 10, v. 25. — [4] Tobie, ch. 2, v. 21. — [5] Évang. selon saint Matth., ch. 15, v. 13. — [6] Ibid., ch. 13, v. 25.

dons. « J'ai passé par le champ du paresseux et par « la vigne de celui qui manque de soin, j'ai trouvé « que tout était plein d'orties, et que les épines en « couvraient toute la surface ¹. » Tandis que les soins criminels des bergers devenaient semblables à la fureur des loups, la douce simplicité des troupeaux devint la puanteur des chèvres. Tels que ceux qui vendirent « l'innocent Joseph ², imitateurs de Simon le « magicien ³, » et associés de Judas le traître, les troupeaux qu'ils eussent dû paître dans le pays de Sichem, c'est-à-dire dans l'amour du travail et dans la règle, ils les conduisirent vers Dothaim, c'est-à-dire vers l'oubli de tout bien ; durs exacteurs qui, ne recevant rien gratis, ne donnaient rien gratis, vendant Joseph aux Ismaélites, et versant sur la terre le sang du « véritable Abel ⁴. » Tandis que leur cupidité insatiable couvait sous le feu, eux-mêmes ne voyaient point le soleil de justice ; et se trouvant placés au dessus et entre deux, ils ne laissaient pas même ses rayons parvenir jusques à leurs sujets, à travers les hauteurs du pouvoir qu'ils occupaient. Dissipateurs, mais nullement bergers, nouveaux Pilates, et nullement prélats, non seulement ils fuyaient en voyant venir le loup, mais le plus souvent ils vivaient en paix avec les loups, au détriment des troupeaux. « Chiens muets ⁵, » ils n'écartaient pas les loups de la bergerie confiée à leurs soins, de peur qu'on ne vînt peut-être leur répondre en face : « Médecin, guéris-toi toi-même ⁶. Toi, qui « prêches qu'on ne doit pas dérober, tu dérobes ! toi,

---

¹ Prov., ch. 24, v. 30 et 31. — ² Genèse, ch. 37. — ³ Actes des Apôt., ch. 8, v. 9 et suiv. — ⁴ Genèse, ch. 4. — ⁵ Isaïe, ch. 56, v. 10 — ⁶ Évang. selon saint Luc, ch. 4, v. 23.

« qui dis qu'on ne doit pas commettre adultère, tu « commets adultère ¹ ! » Rejette d'abord la « poutre « qui est dans ton œil, » afin que tu puisses voir « la « paille qui est dans l'œil de ton frère ². » Ainsi l'épouse du Christ était livrée à la prostitution et à l'adultère par ceux à qui le soin de la garder avait été confié. À peine en ces jours-là trouvait-on un homme qui déplorât les infortunes du Christ, quoiqu'il eût un nombre infini de ministres, ou qui se présentât comme une muraille devant la maison du Seigneur, « qui fût dévoré du zèle de la maison de Dieu ³, qui « prît les petits renards qui détruisent la vigne du « Seigneur ⁴. » Crucifiant de nouveau le Fils de Dieu, « et l'exposant à l'ignominie ⁵, » non seulement ils mettaient ses membres à nu par leur rapace avidité, mais encore ils les dépouillaient de leur vertu par l'exemple de leur scélératesse. La nuit, dans les lieux de débauche, le matin à l'autel, la nuit, ils touchaient à la fille de l'amour ; le matin, au Fils de la vierge Marie. Ils foulaient aux pieds le Fils de Dieu, et souillaient le sang du témoignage. Car, ainsi que l'atteste le bienheureux Jérôme, il souille autant qu'il est en lui le corps et le sang du Christ, celui qui s'avance souillé vers l'autel. Aussi l'offrande présentée par des mains lépreuses était-elle rejetée par le Seigneur, selon ce qu'a dit le Seigneur par Isaïe le prophète : « Lorsque vous multiplierez vos prières, je « ne vous écouterai point, parce que vos mains sont

---

¹ Épit. de saint Paul aux Rom., ch. 2, v. 21 et 22. — ² Évang. selon saint Luc, ch. 6, v. 41. — ³ Évang. selon saint Jean, ch. 2, v. 17. — ⁴ Cant. des cant., ch. 2, v. 15. — ⁵ Ép. de saint Paul aux Héb., ch. 6, v. 6.

« pleines de sang ¹. » Ainsi donc, « conducteurs « aveugles d'autres aveugles, ils tombaient tous en- « semble dans la fosse ²; » mais les prêtres s'y enfonçaient d'autant plus profondément, qu'ils étaient tenus de surpasser leurs sujets par leurs œuvres de sainteté et par l'excellence de leur vie. Le monde presque tout entier allait donc s'avançant misérablement vers son déclin, et descendait d'une marche continue dans l'abîme; l'orgueil lui enlevait son Dieu, la jalousie le prochain; la colère l'enlevait à lui-même, car l'orgueil le rendait tout rempli de vent, la jalousie livide, la colère turbulent, l'abattement du cœur paresseux, la cupidité aveugle, l'ambition inquiet, la voracité de l'estomac semblable à un chien, l'impureté des desirs semblable à un porc. Les cœurs des hommes impies étant ainsi enflés par l'orgueil, enflammés par la colère, desséchés, broyés, et en quelque sorte réduits en poussière par l'envie, la tristesse et la paresse les anéantissaient, l'avidité les corrompait, la gloutonnerie les détrempait; et enfin, foulés aux pieds par la luxure, ils étaient réduits en boue et en fumier. Ainsi l'homme misérable pouvait dire en toute vérité : « Je suis plongé dans un abîme de boue, « et je ne trouve pas où poser le pied ³. » Obstinés et enclins au mal, les hommes n'étaient pas même rappelés à eux par les fléaux de Dieu, qui envoyait sur eux la peste et la famine, mais il frappait en vain ses fils rebelles, « car ils avaient brisé le joug ⁴. » Cependant les guerres et les séditions ébranlaient le monde presque entier; les nations se levaient contre les nations,

---

¹ Isaïe, ch. 1, v. 15. — ² Évang. selon saint Matth ch. 15, v. 14 — ³ Ps. 68, v. 33. — ⁴ Jérém, ch. 2, v. 20.

les royaumes contre les royaumes; la sainte église romaine était troublée par des schismes pleins de périls.

L'empire romain, divisé contre lui-même, était désolé; les habitans de la France se battaient contre les Anglais; en Espagne, les Sarrasins opprimaient les fidèles au-delà de ce qu'on peut dire; le royaume de Sicile était déchiré de dissensions et de combats; toutes les contrées de l'Occident, frappées de diverses tribulations, étaient affligées par le jugement de la vengeance divine. « Le souverain maître a tout ren« versé, et n'a rien épargné; il a détruit dans sa fu« reur toutes les demeures de Jacob [1], » et humilié chez son peuple les hommes et les femmes. « Les res« tes de l'insecte *gazam* ont été mangés par l'insecte « *arbé;* les restes de l'insecte *arbé* ont été mangés par « l'insecte *jelée* [2]; » et les restes du dernier ont été mangés par la rouille. Eux, cependant, tandis que le Seigneur les faisait ainsi périr, « ne sont point re« venus au Seigneur, leur Dieu, et ne l'ont point re« cherché [3]. » Le Seigneur a pris soin de Babylone, et Babylone ne s'est point guérie. En vain celui qui « souffle a soufflé sur le plomb consumé par le feu [4], » l'argent réprouvé s'est tout converti en écume, et n'a point été purifié. Pour la confusion et la honte des prélats et de ceux qui eussent dû instruire le peuple, le Seigneur prêchait, ou laissait prêcher la vérité de l'Évangile par l'esprit malin dans la personne d'un certain énergumène qui était alors en Allemagne. Lorsqu'on lui demandait quel était son nom, ou en vertu de quelle autorité il osait prêcher et instruire

---

[1] Lament. de Jérém., ch. 2, v. 2. — [2] Joel, ch. 1, v. 4. — [3] Osée, ch. 7, v. 10. — [4] Jérém., ch. 6, v. 29.

le peuple, il répondait : « Mon nom est *la plume dans
« l'émail*, car je suis forcé par le Seigneur de prê-
« cher la vérité, au mépris de ces chiens muets, qui
« ne savent pas aboyer; et comme je ne puis dire que
« ce qui est vrai et digne d'être écrit, mon nom est
« *la plume dans l'émail.* »

En outre, et pour l'opprbore de ceux qui négli-
geaient « de faire, » à raison de leurs péchés, « des
« fruits convenables à la repentance [1], » ou qui
avaient peur, tremblant de crainte là où il n'y avait
point de crainte, le Seigneur proposa à tous un exemple d'abstinence dans la personne d'une pauvre jeune
fille née dans le royaume de France, dans le diocèse de
Sens, et dans le village appelé Eudes. A la suite d'une
maladie très-grave qu'elle essuya pendant de longs
jours, la bienheureuse Vierge l'ayant visitée visiblement, elle vécut encore quarante ans environ, ne
mangeant ni ne buvant; seulement, pour humecter
son palais et son gosier desséchés, elle suçait de temps
en temps un peu de poisson ou d'autre aliment, mais
son estomac ne recevait jamais rien de substantiel.
Les nuits du sabbat, et les jours du dimanche, la paix
de Dieu, « laquelle surpasse toute intelligence [2], » la
ravissait en esprit, et la rendait si calme et si immobile qu'elle n'avait plus ni voix, ni sentiment, et
semblait même ne plus respirer.

Sur les confins de la France et de la Normandie,
auprès de la ville que l'on appelle Vernon, nous vîmes encore une autre jeune fille renfermée dans une
cellule, et qui s'était fait un cilice avec des peaux

---

[1] Évang. selon saint Matth., ch. 3, v. 8. — [2] Ép. de saint Paul
aux Philipp., ch. 4, v. 7.

très-rudes de hérisson. Pendant plusieurs années elle n'avait absolument rien mangé ni rien bu, et rien non plus n'était sorti de son corps, ni par la bouche, ni par les autres voies naturelles. Cependant après avoir, les vendredi, reçu le corps du Seigneur, du bec même d'un pigeon, qui lui disait : « Reçois la vie « éternelle, » les jours de dimanche elle le recevait de nouveau des mains d'un prêtre; car le pigeon lui avait ordonné de faire ainsi, en l'honneur de la dignité du sacerdoce et des institutions de l'Église, comme aussi pour dissiper les soupçons des hommes, et afin qu'on ne la crût pas livrée à aucune illusion fantastique, qui l'eût empêchée de recevoir le véritable sacrement. Si elle ne recevait pas ce sacrement toutes les semaines, alors elle succombait de faiblesse et d'inanition, et ne pouvait se tenir debout. Les jours de sabbat, et pendant la nuit du dimanche, un feu très-brillant, descendant du ciel, venait allumer sa lampe; et non seulement elle-même, mais encore beaucoup d'autres assistans entendaient alors un chœur d'anges, chantant très-suavement.

CHAPITRE V.

De la visitation de l'église d'Occident, et de la vie et prédication du prêtre Foulques.

En ces jours-là « Dieu suscita l'Esprit saint[1] » d'un certain prêtre de la campagne, homme très-simple et

[1] Daniel, ch. 13, v. 45.

illettré, qui était de l'évêché de Paris [1], et se nommait Foulques. Car de même qu'il a élu des pêcheurs et des hommes idiots, « pour ne point abandonner sa gloire « à un autre [2], » de même « les petits enfans ayant « demandé du pain, » et les hommes lettrés, tout préoccupés de leurs disputes vaniteuses et de leurs combats de paroles, « ne leur en ayant point pré- « senté [3], » le Seigneur, dans sa miséricorde et pour faire cultiver sa vigne, élut le prêtre susdit, comme une étoile au milieu de la nuit, comme la pluie au milieu de la sécheresse, comme un nouveau Samgar, qui mettrait beaucoup de monde à mort avec le bois grossier de sa prédication [4]. Il ne contint point ses miséricordes dans sa colère, il se souvint de sa miséricorde pendant qu'il était irrité, sachant que « l'homme « n'est que chair, un souffle qui passe et qui ne re- « vient pas [5]. »

Ce Foulques donc avait vécu auparavant selon le siècle, tel qu'un animal, et en être qui ne comprend point les choses de Dieu; et dans son excessive dissolution, il avait lâché toutes les rênes à son cheval indompté. Mais, lorsqu'il plut à celui qui « l'appela des « ténèbres à sa merveilleuse lumière [6], de faire sur- « abonder la grace là où le péché avait abondé [7], » aussitôt Foulques ne se reposa plus dans la chair et le sang, mais, « changé en un autre homme et saisi de l'esprit « de Dieu [8], » il entra dans « le chemin étroit, » et fit

---

[1] De Neuilly.

[2] Isaïe, ch. 48, v. 11. — [3] Lament. de Jérém., ch. 4, v. 4. — [4] Juges, ch. 3, v. 31. — [5] Ps. 77, v. 39. — [6] Ire Ép. de saint Pierre, ch. 2, v. 9. — [7] Ép. de saint Paul aux Rom., ch. 5, v. 20. — [8] Rois, liv. 1, ch. 10, v. 6, 10.

ses efforts « pour entrer par la porte étroite [1]. » Sachant donc que le royaume des cieux n'est enlevé que de force et par ceux qui lui font violence, il entra dans les pénitences austères et les chemins raboteux; et comme il avait donné à ses fidèles de nombreux exemples de perdition, il entreprit de les rappeler dans la voie de vérité, non seulement par une vie exemplaire, mais en outre par de fréquentes admonitions et par la prédication de la doctrine; et tous étaient étonnés de voir cet autre Saul devenu un nouveau Paul, converti par le Seigneur de loup en agneau, de corbeau en colombe : rougissant d'avoir été idiot et illettré, et de ne pas connaître les divines Écritures, il partit pour Paris afin de recueillir, dans les écoles des théologiens, des enseignemens et des leçons de morale, et de les inscrire dans les tablettes qu'il apportait avec lui, comme les « cinq pierres polies que « David prit dans le torrent » pour abattre Goliath [2].

CHAPITRE VI.

De la situation de la ville de Paris.

En ces jours mauvais et nébuleux, en ce temps plein de périls, la ville de Paris, enveloppée, comme toutes les autres villes, de toutes sortes de crimes et souillée d'innombrables impuretés, marchait dans les

---

[1] Évang. selon saint Matth., ch. 7, v. 13 et 14. — [2] Rois, liv. 1, ch. 17, v. 40.

ténèbres, « par le changement de la droite du Très-« Haut[1], qui change les déserts en un lieu de délices « et la solitude en un jardin du Seigneur[2]. » Elle avait été la ville fidèle et glorieuse, la cité du grand roi, semblable au paradis de volupté et au jardin de délices, « rempli de toutes sortes d'arbres[3], » répandant dans le monde entier de suaves parfums, « dont le « père de famille tire, » comme de son trésor, « des « choses nouvelles et des choses vieilles[4]. » Elle était telle que la fontaine des jardins et « le puits des eaux « vivantes[5] » qui arrose toute la surface de la terre, « d'où naît le pain qui lui est propre, et qui fait les « délices des rois[6], » et distillait sur toute l'Église de Dieu « des rayons plus doux que le miel le plus ex-« cellent[7]. » Et maintenant plus dissolue dans le clergé que dans le reste du peuple, telle qu'une chèvre galeuse ou qu'une brebis malsaine, elle corrompait par ses pernicieux exemples les hôtes nombreux qui affluaient de toutes parts vers elle; « elle dévorait « ses propres habitans[8], » et les entraînait avec elle dans les profondeurs de l'abîme. La simple fornication n'y était nullement réputée un péché; les femmes publiques, répandues de tous côtés dans les rues et sur les places, entraînaient presque de vive force dans leurs maisons de débauche les clercs qui passaient devant elles. Si par hasard ceux-ci refusaient d'y entrer, aussitôt elles criaient après eux, les appelant Sodomites. Ce vice honteux et abominable avait telle-

---

[1] Ps. 77, v. 11. — [2] Isaïe, ch. 51, v. 3. — [3] Genèse, ch. 2, v. 9. — [4] Évang. selon saint Matth., ch. 13, v. 52. — [5] Cant. des cant., ch. 4, v. 15. — [6] Genèse, ch. 49, v. 20. — [7] Ps. 18, v. 11. — [8] Nombres, ch. 13, v. 33.

ment envahi la ville, semblable à une lèpre incurable, à un poison inguérissable, que les hommes tenaient à honneur d'entretenir publiquement une ou plusieurs concubines. Dans une seule et même maison, les écoles étaient en dessus, et les lieux de prostitution en dessous. Dans l'étage supérieur, les maîtres donnaient leurs leçons; dans l'étage inférieur, les femmes de mauvaise vie exerçaient leur infâme trafic. D'un côté, les courtisanes se querellaient entre elles, ou avec leurs galans; de l'autre, les clercs disputaient et criaient à haute voix dans leurs contestations animées. Plus on se montrait léger et honteusement prodigue dans les dépenses, et plus on était vivement loué et proclamé presque par tout le monde homme honnête et généreux. Si quelques-uns voulaient, selon le précepte de l'Apôtre, vivre au milieu de ceux-là « dans « la tempérance, dans la justice et dans la piété [1], » ils étaient aussitôt déclarés avares et misérables, hypocrites et superstitieux, par les hommes impudiques et efféminés. Presque tous les écoliers de Paris, étrangers et nationaux, ne s'occupaient absolument qu'à apprendre ou à rechercher quelque chose de nouveau. Les uns apprenaient seulement pour savoir, ce qui est curiosité, les autres pour se faire connaître, ce qui est vanité; d'autres encore, pour faire des profits, ce qui est cupidité et vice de simonie. Bien peu d'entre eux apprenaient pour être édifiés ou pour édifier. Ils se provoquaient les uns contre les autres, et se contredisaient entre eux, non seulement au sujet des diverses sectes, ou à l'occasion de quelque discussion; mais en outre la diversité des contrées excitait

[1] Ép. de saint Paul à Tite, ch. 2, v. 12.

entre eux des dissensions, des haines et des animosités virulentes, et ils se faisaient impudemment les uns aux autres toutes sortes d'affronts et d'insultes. Ils affirmaient que les Anglais étaient buveurs et ridicules; les enfans de la France fiers, amollis, et artistement parés comme des femmes; ils disaient que les Teutons étaient brutaux et obscènes dans leurs festins; les Normands vains et glorieux; les habitans du Poitou traîtres, et toujours flatteurs de la fortune. Ceux qui étaient originaires de la Bourgogne, ils les tenaient pour grossiers et insensés. Les Bretons étaient réputés légers et mobiles, et on leur reprochait fréquemment la mort d'Arthur. Les Lombards étaient appelés avares, méchans et incapables de faire la guerre; les Romains séditieux, violens et médisans; les Siciliens tyrans et cruels; les habitans du Brabant hommes de sang, incendiaires, brigands et ravisseurs; ceux de la Flandre légers, prodigues, adonnés à la gourmandise, mous comme le beurre, et lâches. A la suite de pareilles insultes, on en venait très-souvent des paroles aux coups.

Je ne parlerai pas de ces logiciens devant les yeux desquels voltigeaient sans cesse « les moucherons de « l'Égypte [1], » c'est-à-dire toutes ses subtilités sophistiques, en sorte qu'on ne pouvait comprendre leurs langues éloquentes, dans lesquelles, comme dit Isaïe, il n'y a point de sagesse. Quant aux docteurs de théologie, « assis sur la chaire de Moïse [2], » ils étaient gonflés de science, mais leur charité n'édifiait point. Enseignant et ne pratiquant point, ils ont devenus

[1] Exode, chap. 8, v. 17 et 18. — [2] Évang. selon saint Matth., ch. 23, v. 2.

comme « l'airain qui résonne, ou la cymbale qui re-
« tentit ¹, » ou comme le canal construit en pierre,
qui demeure toujours sec, et devrait conduire les eaux
dans « le parterre des plantes aromatiques ². » Or,
non seulement ils se haïssaient réciproquement, mais
ils attiraient à eux par leurs flatteries les écoliers des
autres, recherchant leur gloire particulière, mais ne
se souciant nullement du bien des ames. Ayant entendu, les oreilles bien dressées, ces paroles de l'A-
pôtre : « Celui qui desire d'être évêque, desire une
« œuvre excellente ³, » ils multipliaient les prébendes, et poursuivaient les dignités: et cependant c'é-
tait bien moins à l'œuvre qu'à la prééminence qu'ils
aspiraient, et ils desiraient surtout « d'avoir les pre-
« mières places dans les festins, les premiers siéges
« dans les synagogues, et d'être salués les premiers
« dans les places publiques ⁴. » Tandis que l'apôtre
Jacques a dit : « Nos frères, qu'il n'y ait pas plusieurs
« maîtres parmi vous ⁵, » eux, au contraire, étaient
tellement empressés à devenir maîtres, que la plupart
d'entre eux ne pouvaient avoir d'écoliers, si ce n'est à
force de prières ou de sacrifices. Or, il est plus sûr d'é-
couter que d'enseigner, et un humble auditeur vaut
mieux qu'un docteur insuffisant et présomptueux. Enfin, le Seigneur ne s'était réservé parmi eux qu'un petit
nombre d'hommes honnêtes et timorés, « qui ne se
« fussent point arrêtés dans la voie des pécheurs ⁶, »
ni assis avec les autres sur la chaire empoisonnée.

¹ Ire Ép. de saint Paul aux Corinth., ch. 13, v. 1. — ² Cant. des
cant., ch. 6, v. 1. — ³ Ép. de saint Paul à Timoth., ch. 3, v. 1. —
⁴ Évang. selon saint Matth., ch. 23, v. 6 et 7. — ⁵ Ép. de saint Jacques, ch. 3, v. 1. — ⁶ Ps. 1, v. 1.

CHAPITRE VII.

De maître Pierre, chantre de Paris.

L'un de ces derniers, tel « que le lis entre les épi-
« nes ¹ » et la rose entre les orties, tel que « l'ange
« de la ville de Pergame, lieu où Satan a son trône ²,
« tel que l'arbre qui porte l'encens et répand son
« odeur pendant l'été ³, tel qu'un vase d'or massif,
« orné de toutes sortes de pierres précieuses, tel
« qu'un olivier qui produit son fruit et qu'un cyprès
« qui s'élève jusques aux nues ⁴, » tel que la trompette céleste et le joueur de harpe du Seigneur, maître Pierre enfin était à cette époque le vénérable chantre de Paris, homme puissant en œuvres et en paroles,
« épurant » pareillement « l'or et l'argent ⁵, » plein de
poids dans ses discours, et confirmant le sérieux et la
gravité de ses doctrines par la régularité de ses mœurs.
Il commença donc à agir et à enseigner, comme un
flambeau ardent et brillant, comme la « ville située
« sur une montagne ⁶, » comme « les chandeliers d'or
« dans la maison du Seigneur ⁷. »

Le prêtre Foulques, dont j'ai déjà parlé, desirant
s'abreuver à cette fontaine très-limpide, entra hum-

---

[1] Cant. des cant., ch. 2, v. 2. — [2] Apocalypse, ch. 2, v. 13. — [3] Ecclésiastique, ch. 50, v. 8. — [4] Ibid., ch. 50, v. 10 et 11. — [5] Malachie,
ch. 3, v. 4. — [6] Évang. selon saint Matth., ch. 5, v. 14. — [7] Apocalypse, ch. 1, v. 12.

blement dans son école avec des tablettes et un burin ; et méditant fréquemment certaines paroles morales et populaires qu'il recueillait avec soin de la bouche de son maître, selon la capacité de son esprit, il les imprimait solidement dans sa mémoire. Aux jours de fête, retournant dans son église, il distribuait soigneusement à son troupeau ce qu'il avait recueilli avec zèle durant toute la semaine. Et comme « il avait « été fidèle en peu de choses, le Seigneur l'établit « sur beaucoup[1]. » D'abord, en effet, appelé et invité par les prêtres du voisinage, il commença avec crainte et timidité à prêcher simplement et vulgairement, devant les simples laïques, les choses qu'il avait apprises, comme le berger « qui cueillait les figues sau- « vages[2] ; » son maître vénérable et rempli de sagesse, ayant remarqué le zèle et la ferveur du disciple, prêtre pauvre et illettré, et embrassant des entrailles de la charité sa foi et sa dévotion, le força à prêcher en sa présence et devant beaucoup d'autres écoliers bien lettrés de la ville de Paris, dans l'église de Saint-Séverin. Or, le Seigneur donna à son nouveau chevalier tant de grâce et de force, que son maître et tous les autres qui l'entendirent, frappés d'étonnement, attestèrent que le Saint-Esprit parlait en lui et par lui, et il en résulta que tous les autres, tant docteurs que disciples, accoururent pour entendre sa prédication simple et nouvelle. L'un attirait l'autre, « les « cordons se répondaient les uns aux autres[3], » et chacun disait : « Venez et entendez le prêtre Foulques, qui « est un nouveau Paul. » Quant à lui, fortifié par le Sei-

---

[1] Évang. selon saint Matth., ch. 25, v. 23. — [2] Amos, ch. 7, v. 14. — [3] Exode, ch. 26, v. 5.

gneur et « recevant la vertu du Saint-Esprit, » comme Samson avec la mâchoire d'âne [1], il commença à « combattre contre les bêtes d'Éphèse [2] » et à renverser vigoureusement les vices monstrueux, avec le secours du Seigneur. Un certain jour, comme une nombreuse multitude de clercs et de peuple était rassemblée devant lui dans une vaste place de la ville de Paris, vulgairement appelée Champeaux, et comme Foulques allait répandre la semence dans le champ du Seigneur, il ouvrit la bouche et « le Seigneur la remplit [3], » selon ce qui a été écrit : « Celui qui donne abon-« damment sera lui-même engraissé, et celui qui « enivre de biens sera lui-même enivré [4]. » Le Seigneur donc lui ouvrit l'intelligence afin qu'il entendît les Écritures, et donna une telle grâce à ses paroles que beaucoup d'hommes, touchés et pénétrés de componction, se dépouillant de leurs vêtemens et déchaussant leurs pieds, portant en main des verges ou des courroies, se prosternèrent à ses pieds, confessèrent leurs péchés en présence de tous, et abandonnèrent complétement, eux et ce qui leur appartenait, à sa volonté et à son commandement. Lui alors rendant grâces au Seigneur, « qui peut faire naître des « pierres même des enfans à Abraham [5], » les accueillant tous avec le baiser de paix, enjoignit aux chevaliers de ne frapper personne, mais « de se conten-« ter de leur pain [6], » aux usuriers et aux ravisseurs de restituer autant que possible tout ce qu'ils avaient enlevé. En outre, les femmes publiques s'arrachant

---

[1] Juges, ch. 15, v. 15. — [2] Ire Ép. de saint Paul aux Corinth., ch. 15, v. 32. — [3] Ps. 80, v. 11. — [4] Prov., ch. 11, v 25. — [5] Évang. selon saint Matth., ch. 3, v. 9. — [6] Évang. selon saint Luc, ch. 3, v. 14.

les cheveux, abjuraient leur turpitude accoutumée. Les autres pécheurs, renonçant à Satan et à ses pompes et versant des larmes, allaient lui demander pardon. Et non seulement la parole du Seigneur, semblable « à la lumière [1], » les enflammait de contrition, mais de plus, le Seigneur rendait par lui la santé à beaucoup de malades accablés de toutes sortes de souffrances, ainsi que l'affirment ceux qui protestent l'avoir vu de leurs propres yeux. Or Foulques, ne recevant point en vain la grâce de Dieu, mais s'empressant avec activité et avec zèle de faire multiplier le talent qui lui était confié, « allait aboyant comme « un chien et tournait autour de la ville [2]. » Bien plus, parcourant « avec la vitesse et l'activité de son « esprit [3] » tout le royaume de France et une grande partie de l'empire, il renversait d'un souffle violent les vaisseaux de Tarse, « insistant en temps et « hors de temps [4] », et comme « oubliant les choses « qui étaient derrière lui et s'avançant vers celles qui « étaient devant lui [5], ne retenant pas son épée pour « l'empêcher de verser le sang [6], » mais la portant sur sa cuisse, allant de porte en porte, revenant à travers les camps, sans faire aucune acception des personnes, il combattait pour le combat du Seigneur, « avec les armes de la justice que l'on tient de la droite « et de la gauche [7], » et, tel qu'un chien vivant qui vaut mieux qu'un lion mort, il ne cessait par ses aboiemens continuels d'écarter les loups de la berge-

---

[1] Ps. 118, v. 105. — [2] Ps. 58, v. 15. — [3] Daniel, ch. 14, v. 35. — [4] IIe Ép. de saint Paul à Timoth., ch. 4, v. 2. — [5] Ép. de saint Paul aux Philipp., ch. 3, v. 14. — [6] Jérém., ch. 48, v. 10. — [7] IIe Ép. de saint Paul aux Corinth., ch. 6, v. 7.

rie du Seigneur, paissant les ignorans de la parole de science, fortifiant les affligés de la parole de consolation, relevant et instruisant ceux qui doutaient par la parole de consultation, ceux qui résistaient, par la parole de réprimande, ceux qui erraient, par la parole de censure, les paresseux, par la parole d'exhortation, ceux qui commençaient à s'éclairer, par la parole d'avertissement. Et comme il était lui-même embrasé d'une vive ardeur, il enflammait tellement tous les peuples par ses paroles peu nombreuses et simples, et non seulement les plus petits, mais même les rois et les princes, que nul n'osait ou ne pouvait lui résister. Ils accouraient donc en grande foule des pays éloignés pour l'entendre et voir les miracles que le Seigneur opérait par lui. On portait sur des grabats un grand nombre de malades, on les déposait sur les chemins ou sur les places par où il devait passer, afin qu'à sa venue ils pussent toucher l'extrémité de son vêtement et être guéris de leurs maux. Lui quelquefois les touchait; d'autres fois, quand il ne pouvait s'avancer à cause de la foule, il leur donnait sa bénédiction ou leur présentait à boire de l'eau bénite qu'il tenait dans sa main. Et telles étaient la foi et la dévotion des malades et de ceux qui les portaient, que non seulement par les mérites du serviteur de Dieu, mais aussi par la ferveur de l'esprit et par la grandeur d'une foi qui n'avait point d'incertitude, la plupart des malades étaient trouvés dignes de la guérison. Ceux qui pouvaient déchirer et conserver la moindre petite portion de ses vêtemens, s'estimaient heureux. Aussi, comme on recherchait beaucoup ses vêtemens et comme la multitude des peuples les arrachait sans cesse, presque tous les jours il était obligé d'avoir une nouvelle soutane. Et comme habituellement la foule le pressait d'une manière intolérable, frappant fortement les importuns d'un bâton qu'il portait à la main, il les éloignait de lui pour ne pas être étouffé par ceux qui desiraient le toucher. Et quoiqu'il blessât quelquefois ceux qu'il frappait, ceux-ci cependant n'en étaient point offensés et ne murmuraient point, mais, dans l'excès de leur dévotion et dans la fermeté de leur foi, ils baisaient leur propre sang, comme étant sanctifié par l'homme de Dieu.

Un certain jour, comme quelqu'un déchirait trop violemment sa soutane, il parla à la foule, disant : « Gardez-vous de déchirer mes vêtemens qui ne « sont pas bénis ; mais je vais bénir la soutane de cet « homme. » Alors il fit le signe de la croix, et aussitôt le peuple déchira en mille pièces la soutane de cet homme, et chacun en conserva un petit morceau comme relique.

Foulques était le marteau des hommes cupides, frappant de confusion non seulement les usuriers, mais en outre ceux qui entassaient beaucoup de choses par avarice, principalement en ces jours où la cherté des vivres était grande. Lui-même criait fréquemment : « Nourris celui qui meurt de faim ; si tu « ne le nourris pas, tu es mort. » Un jour, comme il disait dans son sermon que « les hommes maudits du « peuple qui cachaient leur froment [1] » le vendraient à bas prix avant la moisson qui allait venir, et qu'en peu de temps la cherté des vivres aurait sa fin, tous,

[1] Prov., ch. 11, v. 26.

ajoutant foi à ses paroles, comme si le Seigneur avait parlé, se hâtèrent aussitôt d'exposer en vente le grain qu'ils avaient caché, et ainsi, selon les paroles qu'il avait dites, on eut partout les vivres à bas prix. Mais lui voyant les prévaricateurs, et dévoré de douleur, il était animé d'un si grand zèle contre les pécheurs obstinés et contre ceux qui différaient de se convertir au Seigneur, que fréquemment il les maudissait ou feignait de les maudire. Or tous, redoutant ses malédictions comme l'éclat du tonnerre et comme la foudre, obéissaient à ses ordres, précisément parce qu'eux-mêmes affirmaient que quelques-uns de ceux qu'il avait maudits étaient saisis du démon, et que d'autres tombaient subitement en terre, tout couverts d'écume, à l'image de ceux qui tombent du mal caduc.

Fatigué par l'austérité de la pénitence, toujours revêtu d'un rude cilice et souvent d'une cuirasse, à ce qu'on dit, et accablé par la foule, qui le pressait à l'excès, Foulques était souvent poussé à la colère. Aussitôt qu'il avait maudit ceux qui l'écrasaient ainsi et ceux qui l'empêchaient de parler, en parlant eux-mêmes, tous tombaient en terre et il se faisait tout-à-coup un grand silence. Les prêtres impudiques et leurs concubines qu'il appelait les jumens du diable, il les poursuivait de vives réprimandes et de tant de malédictions qu'il les couvrait d'une excessive confusion, montrant du doigt tous ceux qui se conduisaient ainsi, et criant après eux, en sorte que presque toutes les servantes de cette espèce abandonnèrent leurs prêtres.

Une certaine femme noble, habitant dans un village qu'elle possédait, avertit à plusieurs reprises un prêtre d'avoir à quitter sa concubine; celui-ci s'y refusa et elle lui dit : « Je ne puis exercer aucune « justice contre vous, et cependant tous ceux de ce « village, qui ne sont pas clercs, sont soumis à ma « juridiction. » Alors Foulques ordonnant de conduire auprès de lui la concubine du prêtre, lui fit faire une large tonsure et lui dit : « Parce que tu ne veux « pas quitter le prêtre, je veux t'ordonner en prê- « tresse. »

Un évêque ordonna à un autre prêtre d'avoir à quitter sa servante ou sa paroisse, et celui-ci, pleurant et se lamentant, dit qu'il aimerait mieux renoncer à son église que renvoyer sa concubine. Il quitta donc son église, et alors la femme voyant son prêtre demeurer pauvre, puisqu'il n'avait plus de revenu, le dédaigna et le quitta, et ainsi le malheureux perdit en même temps son église et sa concubine.

En quelque lieu que se rendît le champion de Dieu, presque toutes les femmes de mauvaise vie, abandonnant leurs maisons de débauche, accouraient à lui. Il les mariait pour la plupart; d'autres, il les enfermait dans des maisons religieuses, afin qu'elles vécussent régulièrement. Ce fut à cette occasion que l'on fonda, dans le principe en dehors et non loin de la ville de Paris, le couvent de Saint-Antoine, de l'Ordre de Cîteaux, dans lequel on reçut des femmes de cette classe. Dans les autres lieux et les autres villes où ce saint homme avait béni des fontaines ou des puits, la foule des malades accourait, et l'on y construisait des chapelles, ou même on y fondait des hôpitaux. Le Seigneur avait donné à ses paroles tant d'autorité et de grâce, qu'à leur tour, les maîtres et les écoliers de Paris, portant à ses prédications leurs tablettes et leurs cahiers, recueillaient et y inscrivaient les paroles de sa bouche; mais ces paroles n'avaient plus autant de force dans la bouche d'un autre, et ne fructifiaient point autant lorsqu'elles étaient répétées par d'autres. Le bruit de sa prédication retentit dans toute la terre des Chrétiens, et la renommée de sa sainteté se répandit en tous lieux.

En outre, ses disciples, qu'il envoyait pour prêcher, comme des apôtres du Christ, étaient accueillis de tous avec de grands honneurs et beaucoup de respect. Or, l'un d'entre eux, qui passait pour le premier, le plus éloquent et le plus fécond en œuvres, nommé maître Pierre de Roussi, « imprima une tache dans sa « gloire [1]. » Lui, en effet, qui était entré dans la voie de la perfection, qui prêchait la pauvreté, se gorgea de richesses et de revenus par l'effet de ses prédications, et devint chanoine et chancelier de l'église de Chartres; et celui qui eût dû faire sortir la lumière de la fumée fit sortir la fumée de la lumière. Et à cause de cela, non seulement il rendit son enseignement méprisable, mais en outre cet événement fit beaucoup de tort aux autres disciples de Foulques.

Tandis que ce saint homme gagnait tous les jours beaucoup d'ames au Seigneur, mettant enfin sur ses épaules le signe de la croix, il entreprit, par ses paroles et son exemple, d'inviter, d'encourager, d'entraîner les princes, les chevaliers, et les hommes de toute condition, à porter secours à la Terre-Sainte. Lui-même commença à ramasser beaucoup

---

[1] Ecclésiastique, ch. 47, v. 22.

d'argent par les aumônes des fidèles, avec l'intention de le distribuer aux pauvres croisés, tant chevaliers qu'à tous autres. Et quoiqu'il ne fît point ces collectes dans une vue de cupidité, ou par tout autre mauvais motif, cependant, par un secret jugement de Dieu, dès ce moment, son autorité et sa prédication commencèrent à diminuer beaucoup parmi les hommes; et à mesure que son argent allait croissant, la crainte et le respect qu'il avait inspirés décroissaient. Lui-même, peu de temps après, saisi d'une fièvre aigüe, entra dans la voie de toute chair, dans le village que l'on appelle Neuilly, et y fut enseveli dans l'église paroissiale, qu'il gouvernait. Beaucoup d'hommes accoururent à son sépulcre, des contrées voisines et des contrées lointaines; et l'œuvre de cette église, qu'il avait lui-même commencée, fut entièrement terminée, du produit des aumônes des pèlerins affluant de toutes parts. Car ayant, au commencement de sa conversion, renversé l'ancienne église, contre la volonté de tous les laïques, il avait promis à tous ses paroissiens qu'il achèverait lui-même toute l'œuvre nouvelle d'une manière beaucoup plus somptueuse, et sans les surcharger aucunement.

CHAPITRE VIII.

De maître Jean de Nivelle et d'autres vrais prédicateurs.

APRÈS la mort de ce champion du Christ, qui, par ses saints aboiemens, avait commencé en quelque sorte à éveiller le monde, et illuminé de la lumière de vérité des contrées en partie couvertes de ténèbres, beaucoup d'hommes, enflammés du zèle de la charité, et animés par cet exemple, commencèrent à prêcher et à enseigner, instruisant un grand nombre de personnes sur la justice, et par leurs saintes exhortations, retirant les ames des pécheurs de la gueule du léviathan. Parmi eux, les principaux, et qui se firent le plus grand nom, brillant comme les étoiles dans le firmament du ciel, furent le vénérable père maître Étienne, archevêque de Cantorbéry; maître Gautier de Londres; maître Robert de Courçon, qui plus tard devint cardinal; l'abbé de Persons, de l'Ordre de Cîteaux; maître Albéric de Laon, qui devint ensuite archevêque de Rheims, petit ruisseau qui fut changé en fleuve; maître Jean de Lirot, et son compagnon, maître Jean de Nivelle, homme humble et timoré, paré de toutes les vertus, comme de pierres précieuses; et enfin beaucoup d'autres encore, dont « les « noms sont écrits dans le livre de vie [1], » qui, travaillant avec fidélité et sagesse dans le champ du Seigneur, pourchassaient les animaux dans les cavernes remplies de pierres et sur les montagnes, retirant les poissons de la mer « avec les filets qui ramassent tou- « tes sortes de choses [2]. »

[1] Apocalypse, ch. 17, v. 8. — [2] Évang. selon saint Matth., ch. 13, v. 47.

CHAPITRE IX.

Des faux prophètes.

Cependant notre antique ennemi et adversaire, qui, « tel qu'un homme fort et bien armé, » avait longtemps gardé en paix « l'entrée de sa maison¹, » voyant qu'on lui enlevait avec puissance les vases qu'il s'était appropriés, était tourmenté de jalousie, ne pouvant supporter une « telle senteur de parfum², » ni la lumière de la sainte prédication. Alors il envoya aussi dans le monde ses disciples, faux prédicateurs, hommes emportés et scélérats, cabaretiers de Satan, « mêlant l'eau avec le vin³, » livrant à l'adultère la parole de Dieu, hommes remplis de ruse, ouvriers d'iniquité, « nuées sans eau, emportées çà et là par
« les vents, arbres pourris et sans fruits, deux fois
« morts et déracinés ; vagues furieuses de la mer, je-
« tant l'écume de leur impureté ; étoiles errantes, aux-
« quelles l'obscurité des ténèbres est réservée pour
« l'éternité⁴. » Ces ministres de Satan, « se déguisant
« en anges de lumière⁵, élevèrent leur bouche contre
« le ciel, et leur langue se répandit sur la terre ⁶. »
Quelques-uns d'entre eux en effet cherchèrent dans leur prédication, non l'utilité des ames ou la gloire de

---

¹ Évang. selon saint Luc, ch. 11, v. 21. — ² Ecclésiastique, ch. 24, v. 20. — ³ Isaïe, ch. 1, v. 22. — ⁴ Ép. de saint Jude, v. 12. — ⁵ II. Ép. de saint Paul aux Corinth., ch. 11, v. 14. — ⁶ Ps. 72, v. 9.

Dieu, mais plutôt leur propre gloire. D'autres ne poursuivaient par leurs prédications que les dignités et les prébendes. D'autres, hommes misérables, transportant en tous lieux leurs reliques et leurs phylactères, exposaient en vente la précieuse parole de Dieu devant les laïques. Leur voix était la voix de Jacob, et leurs mains les mains d'Ésaü; ils ne refusaient aucun présent; « ils admiraient pour leur profit les personnes « qui avaient de l'apparence [1]; ils enciraient toutes les « têtes de l'huile des parfums de l'impie [2]; ils enduisaient « les murailles avec un mauvais mortier [3]; ils « préparaient des coussinets pour les mettre sous tous « les coudes, faisant des oreillers pour en appuyer la « tête des personnes de toute grandeur, afin de surprendre « les ames, tuant ainsi les ames qui ne sont « point mortes, et déclarant vivantes celles qui ne « vivent point [4], » pour une poignée d'orge et un morceau de pain. Si quelqu'un en leur présence ne donnait rien, ils déclaraient sainte la guerre contre lui, et à ceux qui donnaient ils disaient que leurs péchés étaient remis. Et non seulement ils ne rougissaient pas de mentir en prêchant en tous lieux, mais ils montraient de fausses reliques, au lieu de reliques vraies et précieuses, aux laïques ignorans; ils juraient faussement, se chargeaient eux-mêmes d'une infinité de crimes pour tromper les hommes simples et imprudens; et afin de leur arracher de l'argent à force de mensonges, ils glorifiaient leurs propres vêtemens, et agitaient leurs petites cloches. Flattant, dans l'espoir d'un gain honteux, les usuriers et les autres hommes

---

[1] Ép. de saint Jude, v. 16. — [2] Ps. 140, v. 5. — [3] Ezéch., ch. 13, v. 10 — [4] Ibid., ch. 13, v. 18 et 19.

séduits, ils leur inspiraient la sécurité dans le péché, répétant dans leur perversité ces paroles de l'Évangile : « Donnez l'aumône, et toutes les choses du « monde seront à vous, » appelant « le mal bien et le « bien mal, donnant aux ténèbres le nom de lumière « et à la lumière le nom de ténèbres [1]. »

Or les choses que ces plongeons et ces avocats du diable gagnaient honteusement dans les églises, ils les dépensaient ensuite plus honteusement dans les tavernes et les maisons de jeu, dans des festins et des scènes d'ivrognerie, dans les impuretés et avec les femmes prostituées; et à cause de cela non seulement ils se rendaient eux-mêmes méprisables, mais en outre le titre saint et vénérable de prédication et la dignité et l'autorité de la prédication étaient avilis et souillés aux yeux des laïques. « C'est à cause « de vous, a dit le Seigneur, que mon nom est mé- « prisé et blasphémé sans cesse pendant tout le jour [2]. » Ce sont là « les vaches belles et grasses de l'Égypte « que Pharaon vit paître dans des marécages [3]. » Leurs pâturages en effet étaient dans les marais de l'avarice et de la luxure; et le prophète Ézéchiel a dit d'eux : « Vos prophètes, ô Israel! ont été comme des renards « dans des lieux déserts [4]. » Ceux là en effet, tels que des renards rusés qui sont près de faire leurs petits, et qui creusent dans la terre, tendaient des embûches aux oiseaux domestiques, c'est-à-dire aux laïques, aux idiots et aux femmes trop crédules. Mais ceux qui envoient, pour le service de leurs églises, des hommes aussi souillés et aussi blasphémateurs, et les prélats

---

[1] Isaïe, ch. 5, v. 20, — [2] Ibid., ch. 52, v. 5. — [3] Genèse, ch. 41, v. 2. — [4] Ezéch., ch. 13, v. 4.

des églises qui leur donnent des lettres, auront à rendre compte devant le juge sévère de tout le mal que font ces hommes. D'autres, vains et ambitieux prédicateurs, recherchant plus secrètement la monnaie de la faveur et l'argent des dignités, ne pouvaient cependant se moquer de Dieu même. Tandis qu'ils diront : « Seigneur, n'avons-nous pas prophétisé en « ton nom ? n'avons-nous pas fait plusieurs miracles « en ton nom ? » Le Seigneur leur répondra : « Je ne « vous ai jamais connus, retirez-vous de moi, vous « qui faites métier d'iniquité [1], » vous avez reçu votre récompense en ce monde.

Or, ceux qui disent et n'agissent pas, comme ils ne sont point brûlés, n'embrasent point. « Ils lient des « fardeaux pesans et insupportables et les mettent sur « les épaules des hommes, mais ils ne voudraient pas « les remuer du doigt [2]. » C'est d'eux que le bienheureux Augustin a dit : « Bien parler et mal vivre n'est « autre chose que se condamner soi-même de sa pro- « pre voix. » Malheur à ceux qui plaisent aux hommes, ils seront dans la confusion, parce que le Seigneur les a méprisés. Ceux-là, « portant de larges phylactères» [3], faisant toutes leurs œuvres pour plaire aux hommes, travaillent beaucoup de temps pour polir un seul sermon, et roulent souvent plusieurs cahiers dans leurs mains, afin de parvenir à leur but, qui est d'être loués par leurs auditeurs.

Mais l'Apôtre a dit : « De quelque manière que ce « soit..... Christ est toujours annoncé, et c'est de « quoi je me réjouis et je m'en réjouirai toujours [4]. »

---

[1] Évang. selon saint Matth., ch. 22, v. 23. — [2] Ibid., ch. 23, v. 4. — [3] Ibid., ch. 23, v. 5. — [4] Ép. de saint Paul aux Philipp., ch. 1, v. 18.

Les véritables et fidèles ministres du Christ ne rejetaient point leurs peaux, à cause de ces loups revêtus, dans leur hypocrisie, de la toison des brebis; par la vertu du Saint-Esprit, « simples comme des co« lombes, sages et prudens comme le serpent [1], » ayant les yeux devant et derrière, ils « ne se tour« naient point lorsqu'ils marchaient [2], » et ne rejetaient point leurs regards sur les choses qui étaient en arrière, ou vers les choses temporelles. « Ils étaient « la bonne odeur du Christ devant Dieu, parlant avec « sincérité, comme de la part de Dieu et en présence « de Dieu [3]; » ne combattaient point selon la chair; car les armes avec lesquelles ils combattaient n'étaient point charnelles, mais elles étaient puissantes, par la vertu de Dieu, pour renverser les forteresses et détruire tous les conseils qui s'élevaient contre la connaissance de Dieu, pour amener captives toutes les pensées et les soumettre à l'obéissance du Christ [4]. Ainsi, « portant les armes de la justice, que l'on « tient de la droite et de la gauche [5], » sollicitant en temps et hors de temps, « rendant leur ministère « glorieux [6], » portant la paix et illuminant leur patrie, sonnant les trompettes [7] et animant les peuples à la guerre, ils les détournaient des sentiers de l'iniquité et en ramenaient un grand nombre à la science de vérité et à la voie de salut.

[1] Évang. selon saint Matth., ch. 10, v. 16. — [2] Ezéch., ch. 1, v. 17. — [3] IIe Ép. de saint Paul aux Corinth., ch. 2, v. 16 et 17. — [4] Ibid., ch. 10, v. 4 et 5. — [5] Ibid., ch. 6, v. 7. — [6] Ép. de saint Paul aux Rom., ch. 11, v. 13. — [7] Nombres, ch. 10, v. 3.

CHAPITRE X.

Du renouvellement de l'église d'Occident.

Ainsi de jour en jour l'Église occidentale se réformait, sa situation devenait meilleure, et ceux qui « avaient été assis dans la région et dans l'ombre de « la mort [1], » s'éclairaient par la parole du Seigneur. En effet, « l'aquilon se levant, le vent du midi étant « venu et soufflant de toutes parts dans le jardin du « Seigneur, les parfums en découlaient [2], » les vallées produisaient du froment en abondance, les champs du Seigneur devenaient féconds, les vignes fleurissaient et les pommes de grenade poussaient [3]. » Dans les repaires où avaient habité les dragons, on voyait verdoyer la canne et le jonc. Les « troupeaux se rendaient en foule » sur tous les chemins [4] ; ils trouvaient des pâturages sur toutes « les montagnes, changées en un chemin aplani [5], » et « les ames en « étaient comme engraissées et dans la joie [6]. Le sapin « s'élevait au lieu des buissons, le myrte croissait au « lieu de l'ortie [7]. » On apportait « de l'or au lieu « d'airain, de l'argent au lieu de fer [8]. » L'orgueil se retirait cédait la place à l'humilité; à la haine succédaient la charité et la bonté. La patience éloignait la

---

[1] Évang. selon saint Matth., ch. 4, v. 16. — Isaïe, ch. 9, v. 2.— [2] Cant. des cant., ch. 4, v. 16. — [3] Ibid., ch 6, v. 10. — [4] Isaïe, ch. 7, v. 25. — [5] Ibid., ch. 49, v. 11. — [6] Ibid., ch. 55, v. 2. — [7] Ibid., ch. 55, v. 13. — [8] Ibid., ch. 60, v. 17.

colère; la tristesse et l'ennui étaient remplacés par les joies spirituelles et la dévotion. Il n'y avait plus lieu à l'avarice, là où la munificence, la générosité, la miséricorde envers les pauvres s'emparaient des ames. La sobriété qui honore, la chasteté qui pare, repoussaient au loin les desirs illicites de la chair. Ainsi la crainte du Seigneur rendait ses serviteurs humbles et calmes; la charité les rendait bons et bienveillans, la patience doux et faciles, la ferveur d'ame dévots, la libéralité et la générosité bienfaisans, la modération sobres, la continence et la chasteté agréables et purs devant Dieu. Alors les yeux des aveugles étaient ouverts et les oreilles des sourds n'étaient plus fermées. Le boiteux sautait comme le cerf et la langue des muets était déliée. « Les yeux de ceux qui voyaient n'étaient « point obscurcis, les oreilles de ceux qui entendaient « étaient attentives à toutes les paroles. Le cœur des « étourdis était intelligent et s'instruisait, la langue de « ceux qui bégayaient s'exprimait promptement et net« tement [1]. » Ils servaient Dieu en esprit d'humilité et le cœur contrit, « ils se reposaient dans le séjour « de la paix, dans des tabernacles de confiance, dans « un repos plein d'abondance [2]. » Quelques-uns de ceux mêmes qui avaient reçu les dons de l'esprit, afin d'échapper plus sûrement aux périls imminens et aux trompeuses séductions du monde, et pour servir plus paisiblement le Seigneur, renonçaient au siècle, disaient adieu à leurs parens, à leurs amis, à leurs possessions terrestres, se réfugiaient dans le port de la vie régulière, et offraient eux et leurs biens au Seigneur, en holocauste de charité, afin de recevoir au centuple et

---

[1] Isaïe, ch. 32, v. 3 et 4. — [2] Ibid., ch. 32, v. 18.

de posséder la vie éternelle, jugeant et reconnaissant, avec une grande sagesse, qu'il est bien difficile de vivre dans le feu et de n'en être pas brûlé. Car « celui « qui touche de la poix en sera gâté [1], » et rien n'est plus contraire à la religion et à la paix du cœur que le tumulte du monde et la société des méchans. « Les mauvaises compagnies corrompent les bonnes « mœurs [2]; » les vertus ne se forment que par la régularité de la vie. [3]

[1] Ecclésiastique, ch. 13, v. 1. — [2] Ire Ép. de saint Paul aux Corinth., ch. 15, v. 33.

[3] La fin de ce second livre offre si peu d'intérêt, que nous n'avons pas cru devoir la donner ici : ce n'est qu'une série de citations des Écritures, appliquées soit aux désordres des divers Ordres religieux que l'auteur passe en revue, soit aux dogmes et aux pratiques de l'Église catholique qu'il expose minutieusement. Aucun fait historique ne s'y rencontre.

LIVRE TROISIÈME.

Le seigneur pape Innocent, de précieuse mémoire, voulant connaître la situation des Turcs et les forces des Sarrasins, contre lesquels les Chrétiens préparaient des armées, manda au patriarche de Jérusalem de rechercher très-exactement la vérité, et de transmettre, dans un écrit fidèle, à la sainte église romaine, tant un état nominatif des détenteurs des divers territoires, que la description même de ces territoires. Voici les renseignemens les plus positifs que quelques Chrétiens adressèrent, à cette époque, au seigneur pape sur ces questions, par l'intermédiaire de quelques navires qui partirent, vers ce temps, de la Terre-Sainte.

Il y a eu deux frères, Saladin et Saphadin. Saladin, qui eut onze fils, étant mort, le susdit Saphadin régna après lui et fit périr tous ses neveux, à l'exception d'un seul, qui se nomme Noradin[1] et qui possède le territoire d'Alep, avec toutes ses dépendances, qui consistent en villes, maisons de campagne, châteaux et autres places fortes, au nombre de plus de deux cents. Saphadin a eu quinze fils, dont sept ont été institués par lui ses héritiers. Le premier et l'aîné de tous, Maléalim[2], possède Alexandrie, Babylone, le

---

[1] Malek-el-Daher Gaiatheddyn-Ghazi. — [2] Malek-el-Kamel.

Caire, Damiette, et toute la terre d'Egypte, au midi et au septentrion. D'après les dispositions générales de Saphadin et le consentement de ses fils, Maléalim doit être, après la mort de son père, seigneur de tous ses frères et de tout l'héritage. Le second fils de Saphadin, nommé Conradin [1], possède Damas, la sainte Jérusalem et tout le pays qui a appartenu aux Chrétiens, et qui consiste en villes, châteaux et citadelles, au nombre de plus de trois cents, sans compter les campagnes. Au mois de janvier dernier, Conradin a conclu, avec le patriarche et les maîtres de l'Hôpital et du Temple, une trève dont les effets s'étendent jusqu'au *Grand-Passage*. Le troisième fils de Saphadin, nommé Melchiphais, c'est-à-dire *grand*, possède le pays que l'on appelle Gémelle, et toute cette province contient quatre cents villes, châteaux, maisons de campagne ou forteresses. Le quatrième, nommé Melchienaphat, c'est-à-dire *grand-seigneur*, occupe le territoire d'Asie et toutes ses dépendances, qui contiennent plus de six cents villes, forteresses ou châteaux. Le cinquième, nommé Melchisaphat, possède le royaume où Abel fut mis à mort par son frère Caïn, et où se trouvent huit cents villes, citadelles ou châteaux en plaine. Le sixième, nommé Mahomet, occupe le royaume de Bagdad, où habite le pape des Sarrasins, que l'on appelle *cabat* ou *calife* : celui-ci est vénéré et adoré par les Sarrasins, et occupe, dans leur loi, la place que tient chez nous l'évêque de Rome ; on ne peut le voir que deux fois par mois, lorsqu'il se rend avec les siens auprès de Mahomet, le dieu des Sarrasins. Baissant la tête et faisant une prière, conformément

[1] Malek-al-Moadham-Scharfeddyn.

à leur loi, avant de sortir du temple, les Sarrasins font ensuite un repas splendide où ils mangent et boivent, et puis le calife, portant la couronne, rentre dans son palais. Le dieu Mahomet est visité et adoré par eux tous les jours, comme nous visitons et adorons le seigneur pape, dans cette ville de Bagdad, où Mahomet est dieu et le calife est pape, et cette ville est la capitale de la race et de la loi des Sarrasins, comme Rome l'est aussi pour le peuple chrétien. Le septième fils de Saphadin se nomme Saluphat ; il ne possède pas de territoire particulier et vit auprès de son père. Lorsque celui-ci monte à cheval pour quelque expédition, Saluphat porte la bannière devant lui. Chacun de ses frères lui envoie, tous les ans, à titre de revenu fixe attribué à sa dignité, mille sarrasins et deux dextriers bien équipés.

Saphadin le père, lorsqu'il monte à cheval et va visiter ses fils dont je viens de parler, s'avance la tête couverte d'un voile de soie rouge; ses fils se portent à sa rencontre à une distance de sept milles, et, baissant la tête jusques à terre, ils lui baisent d'abord les pieds : alors Saphadin, toujours à cheval, leur permet de lui baiser la bouche et la main, et passe trois jours, une fois dans l'année, auprès de chacun d'eux : il va ainsi de l'un à l'autre, et jusqu'au septième de ses fils, leur faire sa visite. Chacun de ceux-ci envoie, tous les ans, au trésor de leur père, une somme fixe de vingt mille sarrasins, et le père donne tous les ans, à chacun de ses fils, ce qu'il lui faut d'or pour faire un anneau, sur lequel est gravée son image.

Ces princes sont très-disposés à remettre la Terre-

Sainte entre les mains du seigneur pape, pour l'usage des Chrétiens, pourvu qu'on leur donne sécurité au sujet des autres territoires qu'ils ont enlevés au peuple chrétien, et ils s'engageront à payer tous les ans un tribut déterminé au patriarche de Jérusalem, et donneront des garanties à l'église romaine. Dans la suite, ils ne mettront plus aucun obstacle à la paisible jouissance de la Terre-Sainte, sur laquelle ont posé les pieds de Notre-Seigneur.

A l'exemple de ses prédécesseurs, Saphadin ne découvre sa face au public que dix fois par an. Il est toujours voilé lorsqu'il reçoit les députés des Chrétiens, des Vénitiens, et des autres rois et princes de toute la terre. Le premier jour, il les reçoit dans la première enceinte du port du Caire, où il fait sa résidence habituelle : alors, il ne fait que recevoir les lettres que lui apportent les députés, et ne leur donne point audience. Le second jour, il les admet dans la seconde enceinte, environné de cent Turcs, ses esclaves, tous bien armés. Le troisième jour, il fait connaître sa réponse, selon l'objet du message, par le moyen d'un truchement ou interprète; et après ces trois jours, les députés ont accès auprès de sa personne. D'après les préceptes de sa loi, Saphadin a quinze femmes, qui habitent toutes ensemble dans un palais, et il vit maritalement avec chacune d'elles. Lorsque l'une d'entre elles a conçu, et met au monde un fils, il va la voir, et dort auprès d'elle, à la vue de toutes les autres. Celle qui n'a pas de fils de lui, il la fait appeler, quand il veut, par ses messagers, vers l'heure du soir, la retient auprès de lui pendant une nuit et un jour, et de même pour chacune des autres. Dès que l'une de ces quinze femmes vient à mourir, il la remplace immédiatement par une autre, conformément à sa loi. Saphadin est âgé de cinquante ans, puissant par ses armes et par la race qu'il commande, et il parle lui-même avec éloquence sa propre langue. Il a mis ses provinces et celles de ses fils en bon état de défense, et tient sur pied des armées innombrables ; d'ailleurs, il est bien disposé à obéir en toutes choses au Siége apostolique, sous les conditions ci-dessus rapportées. Voici comment vivent les huit autres fils de Saphadin. Deux d'entre eux veillent à la garde du sépulcre du Seigneur avec cinq Latins. Tout ce qui est donné ou offert devant le sépulcre revient aux deux frères, qui le partagent entre eux par égales portions : ce produit s'élève souvent à vingt mille sarrasins. Quatre autres ont un droit sur les eaux qui, tous les ans, au mois d'août, arrosent toute la terre d'Égypte, et ce revenu monte à plus de quarante mille sarrasins. Deux autres frères, plus jeunes, voués à la chasteté, passent leurs journées en présence de leur dieu Mahomet, et ont pour revenu tout ce qu'on vient déposer à ses pieds. Ce produit s'élève à plus de trente mille sarrasins.

Jérusalem, glorieuse métropole de la Judée, et située au centre du monde entier, est bornée à l'orient par l'Arabie, au midi par l'Égypte, au nord par la mer de Chypre, à l'occident par la Grande-Mer. De Jérusalem à Accon il y a trois journées de marche ; et d'Accon à Damas, quatre journées. Damas est une belle ville, située dans l'Idumée, ornée d'une double muraille, d'un grand nombre de tours ; entourée de vergers et d'arbres à fruits, et ayant de l'eau de tous côtés, en dehors comme en dedans, au gré de ses habitans. On y voit plusieurs églises chrétiennes. A quatre milles de Damas, dans un site au milieu des montagnes, est une église consacrée à la bienheureuse vierge Marie, bâtie sur le roc, et où habitent douze religieuses et huit moines. Ce lieu a été appelé la Sardaigne. Dans cette église on voit une table en pierre, longue d'une aune, large d'une demi-aune, sur laquelle est peinte l'image de la vierge Marie. Cette image a été peinte sur un bois d'où découle une huile odoriférante, plus suave que les parfums du Liban. Ceux qui se frottent de cette huile sont guéris de diverses espèces de maladies; et quelque quantité qu'on en prenne, elle ne cesse cependant de couler également. Un religieux chrétien conserve cette huile, et l'emploie à son gré pour toutes sortes de maladies, ou pour tout autre objet. Si on en prend en toute dévotion et avec une foi sincère, et si l'on fait célébrer des messes solennelles en l'honneur de la bienheureuse Marie, toujours vierge, on obtient indubitablement ce que l'on demande. Aux jours de l'Assomption et de la Nativité de la bienheureuse vierge Marie, tous les Sarrasins de la province se rendent en grande affluence vers ce lieu, pour y faire leurs prières; ils y célèbrent leurs cérémonies, et présentent leurs offrandes en toute dévotion. Cette table fut faite et peinte à Constantinople, et transportée ensuite à Jérusalem par un patriarche de la cité sainte. Une abbesse de l'église que je viens de décrire l'ayant ensuite demandée, l'obtint, et la transporta dans ce lieu.

Sur les confins des villes de Damas et d'Antioche,

est une race de Sarrasins, vulgairement appelés hérétiques, et autrement, nommés les Vieux de la montagne. Ces hommes vivent sans loi, mangent de la viande de porc, au mépris de la loi des Sarrasins, et prennent indifféremment une femme quelconque, leur sœur ou toute autre. Ils habitent au milieu des montagnes, dans des lieux bien fortifiés. Leur terre est peu fertile et ils n'ont pas d'argent. Ils ne reconnaissent qu'un seul seigneur, que tous les Sarrasins et même les Chrétiens du voisinage et ceux qui sont éloignés redoutent singulièrement, parce qu'il les fait mettre à mort d'une manière étonnante. Ce seigneur a plusieurs palais, entourés de hautes murailles et où les hommes ne peuvent pénétrer que par une petite entrée, soigneusement surveillée. Dans ces palais, le seigneur fait élever dès le berceau les fils de ses paysans, et leur fait apprendre diverses langues par des maîtres chargés d'en prendre soin. Dès leur premier âge on prêche à ces enfans et on leur enseigne qu'ils doivent obéir au seigneur de cette terre, et qu'en faisant ainsi, ils gagneront les joies du paradis. Notez que, du moment qu'ils sont enfermés dans ces palais, ils ne voient plus personne que leurs docteurs et leurs maîtres, jusqu'à ce que le prince les appelle auprès de lui pour leur faire tuer quelqu'un. Ils lui sont alors présentés et le prince leur demande s'ils veulent lui obéir, afin qu'il leur confère le paradis. Il donne à ceux qui sont ainsi instruits un poignard bien acéré, et les envoie pour donner la mort à celui, quel qu'il soit, qu'il veut leur désigner.

Damas est aux lieux où fut jadis Édom. Le prophète Isaïe a dit : « Qui est celui qui vient d'Édom, « qui vient de Bosra avec sa robe teinte de rouge [1]? » Là Abel fut tué par son frère Caïn. Auprès de l'Iduméc est une terre appelée la Phénicie, c'est-à-dire l'ancienne Baruth. Dans la Phénicie se trouvent les villes de Tyr, Accon, Sarepta, Béryte, Biblios, et l'Agaby, l'une des montagnes du Liban. Il y avait à Béryte une image du Seigneur, qui, peu de temps après sa Passion, fut ridiculement mise en croix par quelques Juifs, voulant faire affront à notre Seigneur Jésus-Christ lui-même; mais tout aussitôt il sortit du sang et de l'eau du flanc de cette image, ce qui fit que beaucoup de Juifs crurent au véritable Crucifié. Quiconque se frottait de ce sang était guéri de toute espèce de maladie. Didon naquit dans la ville de Sidon. Tyr est la très-noble métropole de la Phénicie. Elle cache l'origine........ [2] Cette ville ne voulut point accueillir le Christ, qui parcourait les bords de la mer. Selon le témoignage..... [3] des pages divines, elle offrit à Dieu un grand nombre de martyrs. A Sarepta, Élie ressuscita le fils de la veuve. Le Liban est une montagne de Phénicie, au pied de laquelle prennent leur source les deux fleuves le Farfar et l'Albane. Le Farfar traverse la Syrie, se rend à Antioche, dont il baigne les murailles, et se jette ensuite dans la mer Méditerranée, à dix milles de cette ville. Le bienheureux Pierre l'apôtre siégea pendant sept ans à Antioche, orné de la mitre. Au pied du Liban coulent deux sources, appelées le Jor et le Dan, qui forment le

[1] Isaïe, ch. 29, v. 1.
[2] Il y a ici une lacune.
[3] Nouvelle lacune.

fleuve du Jourdain, en dessous des montagnes de Gelboé. Ce fut dans les eaux du Jourdain, à trois milles de Jéricho, que le Christ voulut être baptisé par Jean-Baptiste, et que l'on entendit retentir la voix du Père, qui dit : « C'est ici mon Fils bien-aimé [1]. » Le Jourdain sépare l'Idumée de la Galilée et du territoire de Jérusalem. D'Accon à Nazareth il y a sept milles, sept milles aussi jusques au mont Thabor, quatre milles jusques au mont Carmel, appelé aussi Caïphe, et sept milles jusqu'au château du Fils de Dieu, antérieurement et aujourd'hui encore nommé *Détroit*; de Détroit à Césarée sept milles; de Césarée à Joppé une journée de marche; de Joppé à Ascalon sept milles. Il y a, sur les bords de la mer, une autre ville nommée Gaza; c'est celle dont Samson brisa les portes, qu'il emporta avec lui. Ces trois villes, situées sur les bords de la mer, n'ont plus d'habitans, ni Chrétiens ni païens; seulement les Chrétiens ont récemment construit à Césarée un château très-fort, qu'ils occupent.

De Jérusalem jusqu'au mont Sinaï, il y a douze journées de marche, à travers le désert. Le désert est un pays sablonneux et inculte, qui ne produit rien que de très-petits arbustes, et où règne une température désordonnée, attendu que la terre y est excessivement froide en hiver et excessivement chaude en été. La traversée du désert est difficile et peu connue, presque personne n'en sait le chemin, à l'exception des Iduméens, qui le pratiquent continuellement. On trouve dans ce désert des lions, des autruches, des porcs, des bœufs sauvages et des lièvres : on y est

[1] Évang. selon saint Matth., ch. 3, v. 17.

souvent quatre ou cinq jours sans rencontrer une goutte d'eau. Il touche d'un côté à la mer, et de l'autre à la mer Rouge. On trouve aussi dans ce même désert le lieu des soixante-douze palmiers auprès desquels Moïse tira de l'eau, en frappant sur le rocher. Le mont Sinaï est situé en Arabie et sur les confins de l'Égypte.

L'Égypte, dont le terrain est plat et brûlant, ne voit que rarement des pluies; mais elle est arrosée par le Gihon, autrement nommé le Nil, qui traverse cette contrée, divisé en sept branches. Ce fleuve, plus grand que le Rhin, prend sa source dans le paradis et abonde en poissons qui ne sont pas très-bons. Il produit des bêtes féroces et indomptables, qui se cachent sous ses eaux. Elles se présentent cependant, et très-souvent au soleil, et mordent et dévorent tous les animaux qui se tiennent imprudemment sur les bords de la mer. On trouve aussi dans le Nil beaucoup de crocodiles. Cet animal, fait en forme de lézard, a quatre pieds, les jambes courtes et grosses, la tête comme [1].......... et de grandes dents. De temps en temps il sort de l'eau pour chercher le soleil, et s'il rencontre des animaux ou des hommes, il les tue, s'il lui est possible, et les dévore à l'instant. Le Nil commence à croître vers le milieu du mois de juin jusqu'à la fête de l'Exaltation de la sainte Croix, et décroît depuis ce moment jusqu'à l'Épiphanie du Seigneur. Lorsqu'il a cessé de croître, et sur tous les points où les eaux en se retirant laissent la place à la terre, les paysans jettent de la semence et moissonnent au mois de mars. Mais de toutes les espèces de blé cette

---

[1] *Crose* : Je n'ai pu découvrir le sens de ce mot.

terre ne produit que de l'orge et de très-beau froment.

Vers le point où la plus forte branche du Nil jette ses eaux dans la mer, entre les rives du Nil et le rivage de la mer, est située Damiette, ville très-belle et très-fortifiée, ornée d'un nombre infini de tours, tant en dehors qu'en dedans, ayant, du côté du fleuve, une double, et du côté de la terre, une triple muraille. En avant de la ville, et au milieu du Nil, s'élève une tour extrêmement forte. On avait fait dans cette tour soixante-dix chambres en voûte, à plein cintre; et dans chacune de ces chambres, on voyait trois arceaux. Au pied de la même tour sont suspendues de très-grandes chaînes qui s'étendent jusqu'aux murs de la ville, en sorte qu'on ne peut entrer en Égypte, ni en sortir, sur des navires, qu'avec la permission du soudan. C'est par là que passent les bâtimens qui viennent de l'Inde, et qui sortent pour aller en Syrie, en Arménie, à Antioche, en Grèce, dans l'île de Chypre, et c'est par ce passage que le roi de Babylone prélève ses immenses revenus. Cette ville est comme la capitale et la clef de toute l'Égypte; ses fortifications la mettent au dessus de Babylone, d'Alexandrie, de Thanis et de toutes les autres villes d'Égypte. Il y a huit journées de marche pour se rendre de cette ville jusqu'au mont Sinaï, où repose le corps de la bienheureuse vierge Catherine. Les Sarrasins ont une grande vénération pour ce lieu et pour les moines qui y habitent. Damiette est située à sept milles de Thanis; et avant d'arriver à cette dernière ville, on trouve une autre branche du Nil, qui se jette dans la mer. A trois journées de marche de Damiette, est une très-grande ville, également sur les bords du Nil, et qu'on appelle la nouvelle Babylone. Il est à remarquer qu'à un tiers de mille de cette ville, il y eut jadis une ville très-belle et très-fortifiée, que l'on appelait le Caire, et dans laquelle on voit encore une résidence royale et des palais de prince. Les anciens édifices et la nouvelle Babylone ont été, par l'ordre du soudan, enfermés par une même muraille, et sont ainsi devenus une seule et même ville, où habitent simultanément des Sarrasins, des Juifs et des Chrétiens, et où chaque nation exerce son culte en liberté. Autour de la ville, on voit de beaux vergers et des champs tout plantés d'arbres à fruits. A un mille de cette ville, est le jardin du baume, grand, à peu près, comme la moitié d'une manse. Le bois du baume est, comme le bois de la vigne, triennal, et sa feuille petite comme celle du trèfle. Au temps de la maturité, vers la fin de mai, on enlève l'écorce du baume, et on la re cueille dans des vases de verre; puis, on la dépose pendant six mois dans de la fiente de pigeon, on la fait cuire et sécher, et ensuite on sépare la liqueur du marc. Il y a dans ce même jardin une fontaine dont l'eau sert à l'arroser, attendu qu'aucune autre eau ne peut y être employée. On doit remarquer que le baume ne croît en aucun autre lieu de la terre. La bienheureuse vierge Marie, fuyant la persécution d'Hérode, arriva avec notre Sauveur jusques auprès de cette source; elle s'y cacha quelque temps, et lava dans les eaux les langes de l'enfant; aussi, aujourd'hui encore, cette fontaine est-elle en très-grande vénération parmi les Sarrasins. Le jour de l'Épiphanie du Seigneur, ils s'y rendent en foule de tous les environs, et se baignent dans ses eaux.

Il y a également auprès du Caire un palmier très-antique et très-élevé, qui s'inclina devant la bienheureuse vierge Marie, lorsqu'elle passa en ce lieu avec le Sauveur; elle y cueillit des dattes, et l'arbre se redressa ensuite; les Sarrasins le prirent en haine et le coupèrent; mais la nuit suivante, l'arbre fut de nouveau raffermi et redressé. Aujourd'hui encore, il porte les marques des incisions qui y furent faites. Les Sarrasins l'honorent, et lui portent un grand respect.

Il faut observer qu'il y a eu trois villes de Babylone. La première, située sur le fleuve Cobar, fut celle où régna Nabuchodonosor, roi de Babylone, et où fut élevée la tour de Babel. On dit qu'elle est maintenant déserte, et se trouve à trente journées de marche de la Babylone actuelle. Il y a eu aussi en Égypte une autre Babylone, bâtie sur les bords du Nil, où régna Pharaon, et qui était à cinq milles de la nouvelle Babylone; elle est aussi détruite maintenant. Et enfin, la troisième ville de ce nom est la nouvelle Babylone, dont j'ai parlé ci-dessus. De celle-ci à Alexandrie, il y a trois journées de marche par terre, et six journées par eau. Le Nil ne descend pas directement le long des murailles d'Alexandrie, laquelle se trouve placée à quelque distance de ses eaux.

Alexandrie, belle ville, ornée de murailles et d'un grand nombre d'édifices, et remplie d'une population considérable, est soumise à la domination du roi de Babylone. A la porte de cette ville on a construit une tour très-élevée, qui sert à indiquer le port aux navigateurs, car l'Égypte est une vaste plaine, et durant la nuit on entretient des feux sur le haut de cette tour. On n'a point d'eau douce dans la ville si ce n'est celle qu'on y amène par des canaux; dans une saison de l'année, on recueille les eaux du Nil dans les citernes destinées à les recevoir. On voit, dans cette ville, beaucoup d'églises chrétiennes, parmi lesquelles on distingue celle de Saint-Marc l'évangéliste, laquelle est située hors des murs de la nouvelle ville et sur les bords de la mer. Anciennement, en effet, la ville d'Alexandrie s'étendait jusques à la mer, mais il n'en est plus ainsi maintenent. Il y a aussi une certaine chapelle, dans laquelle Marc l'évangéliste écrivit son Évangile, où il subit le martyre, et qui fut aussi le lieu de sa sépulture. Dans la suite, les Vénitiens vinrent y dérober son corps. C'est dans cette même église que le patriarche d'Alexandrie est élu et couronné.

Dans toute l'étendue de l'Égypte, on recueille toutes sortes de légumes frais, depuis la fête de Saint-Martin jusques au mois de mars, et il en est de même pour les fruits et les plantes des jardins. Les brebis et les chèvres y mettent bas deux fois par an, et elles font deux petits à chaque portée. Ceux qui en ont paient un tribut fixe. On élève aussi en Egypte des milliers de poulets qu'on fait éclore dans des fours, sans les faire couver par des poules; ces fours appartiennent au roi.

Les Sarrasins croient au Dieu sauveur et à la bienheureuse Marie, vierge avant son enfantement; ils disent que son fils fut prophète, et que Dieu l'admit dans le ciel en corps et en ame; mais ils nient qu'il soit le fils de Dieu, qu'il ait été baptisé, qu'il soit mort et qu'on l'ait enseveli. Ils disent en outre que Mahomet fut prophète et leur donna des lois, et ils vont souvent le visiter en pélerinage. Suivant eux, il est permis à tout Sarrasin d'épouser sept femmes à la fois, et d'assigner à chacune d'elles, par contrat de mariage, un revenu particulier. De même, un homme peut avoir autant de femmes esclaves qu'il lui est possible d'en entretenir, et pécher avec elles en toute sécurité; celle de ces esclaves qui vient à concevoir y gagne sa liberté, et le père peut désigner pour son héritier celui de ses fils qu'il veut choisir, qu'il soit né d'une femme libre ou d'une esclave. Toutefois, il y a beaucoup de Sarrasins qui sont assez religieux pour n'avoir jamais qu'une femme.

« Que la montagne de Sion soit dans la joie, que « les filles de Juda soient dans l'allégresse, à cause « de vos jugemens, Seigneur [1]! Qu'elles chantent des « hymnes au Seigneur, parce qu'il a fait des choses « magnifiques [2]; » que l'on décrive et que l'on publie partout les œuvres merveilleuses du Seigneur, qui l'a prescrit à ses saints, qui a appelé ses serviteurs dans sa colère, non à cause de leurs propres forces, « non « à cause des œuvres de justice qu'ils ont faites [3], » mais par la gloire et la majesté de celui qui « est « béni de tous éternellement. *Amen* [4]! » La terre qui produisit le pain venu du ciel, a été, au lieu même de sa nativité, divisée par le fer en un grand nombre de citadelles, que les perfides occupent. La terre où l'on trouve le saphir, pierre précieuse, qui a été la propriété des patriarches, la mère nourricière des prophètes, de la doctrine des apôtres, et la mère de la foi; cette terre est de l'or pour ceux qui se sont

---

[1] Ps. 47, v. 12. — [2] Isaïe, ch. 12, v. 5. — [3] Ép. de saint Paul à Tite, ch. 3, v. 5. — [4] Ép. de saint Paul aux Rom., ch. 1, v. 25.

attachés à elle avec amour, et jamais les défenseurs de la religion ne lui ont manqué. Libre dès longtemps, à la suite de longs gémissemens et de profonds soupirs, elle s'abandonne avec transport à ses espérances, et, se confiant aux bontés de son Libérateur, elle se réjouit et se réjouira en voyant la verge du péché éloignée de dessus la tête des justes. Certes, toutes les choses que nous avons vues, entendues et comprises en toute vérité, nous les écrivons à tous les orthodoxes, sans aucun mélange de fausseté, afin que tout ce qui existe s'élève en triomphe pour célébrer les louanges de Dieu, et lui offrir des actions de grâces.

L'an de grâce 1217, à l'expiration de la trève qui existait entre les Chrétiens et les Agariens, et à la suite de la première expédition générale qui eut lieu après le concile de Latran, l'armée du Seigneur se rassembla dans la ville d'Accon, armée nombreuse, commandée par trois rois, les rois de Jérusalem, de Hongrie et de Chypre, lesquels, n'ayant point reçu de dons mystiques, firent peu de choses qui soient dignes d'être rapportées.

Il y avait aussi le duc d'Austrie, vulgairement appelée Autriche, le duc de Bavière, beaucoup de comtes et d'hommes d'illustre naissance et de nombreux chevaliers du royaume des Teutons. Il y avait des évêques pélerins, les archevêques de Nicosie, de Hongrie, de Bavière, de Munster et d'Utrecht, et avec eux, un homme puissant et noble, le seigneur Gautier d'Avesnes, qui, étant reparti lors du passage du printemps, avait laissé quarante chevaliers au service de la Terre-Sainte, et pourvu à leur entretien pour une année. Les Bavarois se conduisirent insolemment et au mépris de la loi des Chrétiens, et détruisirent des jardins et des vergers qui appartenaient à des Chrétiens. Non contens de ces méfaits, ils tuèrent d'autres Chrétiens et chassèrent des religieux de leurs maisons. Le duc d'Autriche, en véritable prince catholique, se montra en tout point brave et honorable chevalier du Christ. Le patriarche de Jérusalem, suivi en toute humilité du clergé et du peuple, prenant et portant respectueusement avec lui le bois admirable de la sainte croix, partit d'Accon le sixième jour de la semaine après la fête de tous les saints, pour se rendre au camp du Seigneur. Depuis la perte de la Terre-Sainte, le bois précieux de la croix avait été conservé en ce lieu pour cette nouvelle occasion. En effet, au moment où l'on allait livrer la grande bataille qui eut lieu entre les Sarrasins et les Chrétiens, du temps de Saladin, la sainte croix fut, selon ce que nous avons appris des vieillards, coupée en deux; une moitié fut portée et perdue à cette même bataille, et l'autre moitié, qui fut mise en réserve, est celle que l'on montre maintenant.

Les corps d'armée ayant été organisés, nous nous avançâmes avec cette bannière, à travers la plaine de Faba vers la fontaine de Trébanie, non sans éprouver en ce même jour de grandes fatigues; et ayant envoyé des éclaireurs en avant, après avoir vu nos adversaires soulever des nuages de poussière, nous demeurâmes dans l'incertitude, ne sachant s'ils marchaient vers nous ou s'ils se hâtaient de fuir. Le jour suivant, passant entre les montagnes de Gelboé, que nous avions à notre droite et un marais à notre gauche, nous arrivâmes à Béthanie, où nos ennemis avaient dressé leur camp. Mais, redoutant l'approche de cette armée du Dieu vivant, qui marchait en si bon ordre et paraissait si nombreuse, les ennemis enlevèrent leurs tentes et prirent la fuite, laissant aux chevaliers du Christ une terre à ravager. De là, traversant le Jourdain, la veille de la Saint-Martin, nous nous baignâmes paisiblement dans les eaux du fleuve, et nous nous reposâmes deux jours, ayant trouvé en ce lieu des vivres et des fourrages en abondance. Ensuite nous fîmes trois stations sur les bords de la mer de Galilée, parcourant les lieux où Notre-Seigneur daigna opérer des miracles et s'entretint avec les hommes, qu'il honora de sa présence corporelle. Nous vîmes Bethsaïde, ville d'André et de Pierre, réduite maintenant à n'être plus qu'un petit casal. Nous vîmes les lieux où le Christ appela à lui ses disciples, où il marcha sur les eaux à pied sec, où il nourrit la foule dans le désert, la montagne sur laquelle il monta pour prier, et le lieu où il mangea avec ses disciples, après la résurrection; puis, passant à Capharnaum, et faisant transporter sur des bêtes de somme nos malades et nos pauvres, nous retournâmes à Accon.

Dans une seconde expédition à cheval, nous nous rendîmes au pied du mont Thabor. D'abord nous ne trouvâmes point d'eau, mais bientôt après, ayant fait creuser la terre, nous en découvrîmes en abondance. Nos chefs désespérèrent d'abord de pouvoir gravir sur la montagne, jusqu'à ce qu'ils eussent tenu conseil et qu'un enfant sarrasin leur eût dit qu'il était possible de s'emparer du château. En conséquence, le premier dimanche de notre arrivée, tandis qu'on lisait l'Évangile, « *Ite in castellum quod contra vos* « *est* : allez à la bourgade qui est devant vous [1], » le patriarche marcha en avant avec la bannière de la croix, les évêques et le clergé, priant et chantant, en suivant la pente de la montagne; et quoique celle-ci soit très-escarpée et élevée, et qu'il soit presque impossible d'y monter en dehors d'un sentier fort étroit, cependant les chevaliers et les hommes soldés, les cavaliers et les hommes de pied gravirent avec ardeur. Jean, roi de Jérusalem, suivi de la milice du Seigneur, renversa dès le premier choc le gouverneur de la citadelle et un émir. Les gardiens du château, qui s'étaient avancés avec intrépidité en dehors des portes pour défendre l'abord de la montagne, prirent la fuite, frappés d'étonnement. Mais le roi, suivant le reproche qu'on lui fait, se conduisit aussi mal en descendant, qu'il s'était bien conduit en montant. Tandis que les ennemis s'étaient renfermés dans leur fort, les rois de Jérusalem et de Chypre, le maître de l'Hôpital et d'autres barons se retirèrent honteusement vers un côté de la montagne pour délibérer sur ce qu'ils avaient à faire. Le noble duc d'Autriche n'assista point à cette délibération; dans le même temps il attaquait les Infidèles d'un autre côté de la montagne sans qu'il lui fût possible de parvenir jusqu'à nous, qui étions déjà au sommet. Le maître du Temple était demeuré malade à Accon. Lorsque le maître de l'Hôpital, frère Guérin de Montaigu, demanda quelle portion de l'armée serait mise en réserve pour garder notre camp, et quelle autre portion irait au haut de la montagne assiéger le château, entreprise pour la-

---

[1] Évang. selon saint Matth., ch. 21, v. 2

quelle il se déclara porté de bonne volonté et tout disposé, parce qu'il lui paraissait facile de s'en rendre maître en peu de temps, et de faire, sans craindre aucun obstacle, tous les préparatifs nécessaires pour livrer l'assaut, les autres lui résistèrent, et principalement le comte de Tripoli, disant qu'il y avait grand péril à diviser ainsi l'armée. Dieu seul sait pour quels motifs le comte fit une telle réponse, et pourquoi les autres l'appuyèrent ; mais enfin le siége étant ainsi abandonné, le même dimanche le roi et le comte descendirent et firent descendre les autres, et leur mollesse releva le courage des Infidèles. Nous ignorons par quel jugement de Dieu ou par quelle résolution des princes l'armée de Dieu se retira ainsi sans gloire ; nous savons seulement que l'œil de l'esprit de l'homme ne peut sonder l'abîme des décrets divins. Beaucoup de Templiers et d'Hospitaliers, et quelques séculiers, étant montés une seconde fois, lorsque les gens du château eurent repris confiance, les uns furent blessés, et quelques autres tués. Nous pensons que le Christ Notre-Seigneur s'est réservé pour lui seul ce triomphe, lui qui monta sur cette montagne avec un petit nombre de ses disciples, et qui leur fit voir en ce même lieu la gloire de sa résurrection. Dans la première et dans la seconde expédition les nôtres emmenèrent en captivité un très-grand nombre d'hommes, de femmes et de petits enfans. L'évêque d'Accon baptisa les enfans qu'il put se faire céder par prières ou à prix d'argent, et les distribua ensuite à des religieuses ; il les fit instruire dans les lettres. Dans la troisième expédition, à laquelle le patriarche n'assista point avec la bannière de la croix, non plus que les pontifes ci-dessus nommés, nous eûmes à supporter beaucoup de désagrémens et de maux, tant par les attaques des petits brigands que par les rigueurs de la saison d'hiver; en particulier, la veille de la Nativité du Seigneur, nous rencontrâmes de mauvais chemins, où beaucoup de pauvres et de bêtes de somme périrent de froid. Cette même nuit nous essuyâmes sur terre une horrible tempête, mêlée de vent et de pluie, sur les confins des villes de Tyr et de Sidon, auprès de Sarepta.

Après cela, l'armée du Seigneur se divisa en quatre corps. Les rois de Hongrie et de Chypre partirent pour Tripoli, où le roi de Chypre, encore tout jeune, vit son dernier jour. Le roi de Hongrie n'y demeura que peu de temps, et se retira, au grand détriment de la Terre-Sainte, emmenant avec lui des pélerins et des chevaliers, des dextriers et des bêtes de somme, et emportant beaucoup d'armes; on l'invita fortement à ne pas se retirer ainsi; mais enfin il fut excommunié, et s'en alla en fugitif avec tous ceux de sa suite. D'autres pélerins, des hommes timides, et ceux qui, « ayant mis les genoux en terre [1], » buvaient à pleine bouche dans la riche coupe des biens temporels, demeurèrent à Accon. Le roi de Jérusalem, le duc d'Autriche, les Hospitaliers de Saint-Jean, les évêques ci-dessus nommés, et quelques autres, élevèrent en peu de temps, avec beaucoup d'ardeur et de constance, un château auprès de Césarée de Palestine, quoiqu'on leur annonçât fréquemment l'approche des ennemis; et ce château, avec la grâce de Dieu, servira à reprendre cette ville.

[1] Juges, ch. 7, v. 5.

La fête de la Purification fut célébrée solennellement dans la basilique du prince des apôtres par six évêques.

Les Templiers, aidés de Gautier d'Avesnes, de quelques autres pélerins et des Hospitaliers de l'Ordre des Teutons, entreprirent alors de fortifier le château des Pélerins, anciennement appelé *Détroit,* situé dans le diocèse de Césarée, entre Caïphe et Césarée, sur un promontoire vaste et large, qui domine au dessus de la mer, entouré de rochers qui lui font une fortification naturelle. Telle est la position de ce lieu, du côté du nord, de l'occident et du midi. A l'orient, est une tour solide, bâtie antérieurement par les Templiers, et qu'ils ont possédée en temps de guerre comme en temps de paix. Cette tour fut construite autrefois pour résister aux brigands qui s'établissaient dans ce passage étroit pour tendre des embûches aux pélerins qui montaient à Jérusalem, ou qui en descendaient. Cette tour, bâtie à une grande distance de la mer, est appelée le *Détroit,* à cause de l'étroite dimension de la route. A peu près pendant tout le temps qui fut employé pour construire et terminer entièrement le fort de Césarée, les Templiers s'occupèrent à creuser et à enlever la terre auprès de cette tour, en face du promontoire; ils y travaillèrent sept semaines de suite, et arrivèrent enfin aux premières fondations, où ils découvrirent une muraille antique, longue et épaisse. Ils y trouvèrent de l'argent en une monnaie inconnue aux modernes, et cet argent tourna au profit des chevaliers, enfans de Dieu le Père, et servit à les indemniser de leurs dépenses et de leurs fatigues. Ensuite, creusant en avant, et enlevant du sable, ils trouvèrent une autre muraille moins longue ; et dans l'espace qui séparait les deux murailles, ils virent jaillir en abondance des sources d'eau douce. Le Seigneur leur fournit par ces travaux une grande quantité de pierres et de ciment. On construisit, en avant de la façade du château des Pélerins, deux tours en pierres carrées, bien polies, et d'une telle dimension que deux buffles pouvaient à peine en traîner une seule dans un char. Chacune de ces tours a cent pieds de long et soixante-quatorze pieds de large. Dans leur épaisseur, elles contiennent la profondeur de deux tortues ; et en hauteur, elles s'élèvent extrêmement, et dépassent le niveau du promontoire. Entre les deux tours, on a construit une haute muraille, garnie de remparts; et par une habileté admirable, il y a en dedans de la muraille des escaliers par où les chevaliers peuvent monter et descendre tout armés. A peu de distance des tours, une autre muraille s'étend d'un côté de la mer à l'autre, et renferme dans son enceinte intérieure un puits d'eau vive. Le promontoire est enveloppé des deux côtés par une muraille nouvellement construite, et qui s'élève jusqu'à la hauteur des rochers. Entre la muraille, du côté du midi, et la mer, sont deux puits, ayant de l'eau douce en abondance et qui en fournissent ainsi au château. Dans l'enceinte de ce même château, on trouve un oratoire, un palais et un grand nombre de maisons. Le résultat le plus important de ces constructions est que le corps des Templiers pourra sortir d'Accon, ville pécheresse et remplie d'impuretés, et résider dans cette forteresse jusqu'à ce que les murailles de Jérusalem aient été relevées. Le territoire du château abonde en pêcheries, en salines, en bois, en paturages et en prés. On y trouve aussi beaucoup de vignes plantées, du terrain pour en planter davantage, et des vergers ainsi que des jardins propres à charmer les habitans de ces lieux.

Entre Accon et Jérusalem il n'y a point de forteresse qui soit occupée par les Agariens, en sorte que ce nouveau château fait un mal infini aux Sarrasins et que, frappés d'une terreur divine et mis en fuite, ils sont contraints d'abandonner ces lieux tant illustrés. Auprès de ces nouvelles constructions est un port que la nature a fait bon et que l'on pourra encore rendre meilleur par le secours de l'art. Il est à six milles de distance du mont Thabor. Il y a lieu de croire que c'est la construction de ce fort qui a amené les travaux de fortification faits sur cette montagne, parce que la plaine vaste et large qui s'étend en dessous du mont Thabor ne pouvait être ni labourée ni ensemencée, et que l'on ne pouvait y faire les récoltes en sécurité, par la crainte qu'inspiraient les habitans des montagnes.

L'évêque de Munster s'endormit dans le sein du Seigneur à Césarée. Maître Thomas, théologien, docteur sage et illustre, vit son dernier jour dans le château du Fils de Dieu, et, après cela, l'armée retourna à Accon. Les évêques d'Allemagne et beaucoup d'autres se hâtèrent de se rembarquer, après n'avoir séjourné que peu de temps sur la terre de promission. On attendait, dans le même temps, une seconde et nouvelle expédition, et principalement une flotte venant du nord et qui devait arriver, à ce qu'on espérait, par les détroits de la mer de Carthage[1]. Dès le commencement de la prédication des croisades, la province de Cologne avait équipé, avec beaucoup de zèle et à grands frais, environ trois cents navires. Quelques-uns d'entre eux ne partirent pas, d'autres périrent par la tempête, la plupart arrivèrent à Lisbonne, ville d'Espagne. La discorde se mit alors dans la flotte, les uns voulant poursuivre leur voyage, d'autres desirant passer l'hiver pour assiéger un château très-fort, appelé Alcacer. La flotte se divisa; une partie alla passer l'hiver à Gaëte; le reste assiégea la forteresse d'Alcacer, sous le commandement de deux capitaines, le comte Guillaume de Hollande et le comte George de Witte. Les Teutons se rendirent maîtres du château; mais tandis qu'ils en faisaient encore le siége, une immense multitude de Sarrasins se rassembla contre eux; les Templiers ainsi que les Hospitaliers, unis aux chevaliers de la reine de Portugal, les combattirent vigoureusement. Les Sarrasins furent vaincus par la puissance divine : un de leurs rois fut tué, et il y eut en outre un grand nombre d'hommes massacrés ou emmenés en captivité.

La province de Cologne avait été encouragée à se dévouer au service du Sauveur du monde, par des signes qui avaient apparu dans les cieux. Tandis qu'on prêchait la croisade dans cette province, dans le diocèse de Munster et dans la Frise, au mois de mai et le sixième jour de la semaine avant la Pentecôte, on vit, dans le ciel, se dessiner une triple croix. L'une, blanche, se dirigeait vers le nord, l'autre, tournée vers le midi, était de la même couleur et dans les mêmes

---

[1] Ceci désigne probablement le détroit de Gibraltar.

dimensions; la troisième, teinte en couleur, représentait l'image du supplice; on y voyait une figure d'homme attachée les bras élevés et tendus, les mains et les pieds percés de clous et la tête penchée; et cette dernière croix était placée entre les deux autres, sur lesquelles on ne voyait aucune effigie d'un corps humain.

Une autre fois et en un autre lieu, dans une ville de Frise, nommée Sutehuysem, au temps de la prédication de la croisade, on vit une croix bleue apparaître auprès du soleil. Celle-ci même fut vue avant celles dont j'ai parlé ci-dessus.

La troisième apparition eut lieu dans le diocèse d'Utrecht, dans un certain lieu où Boniface fut couronné du martyre. Là, et le jour anniversaire de ce même martyre, tandis que de nombreux chevaliers s'étaient rassemblés en un lieu désigné, on vit apparaître une croix blanche et grande, où l'on eût dit que l'art avait très-habilement posé deux poutres l'une sur l'autre en transversale. Nous avons vu nous-même cette croix qui allait, s'avançant lentement, du nord au midi. Nous pensons que ces deux apparitions ne furent ainsi présentées que pour détruire l'incertitude qui eût pu s'élever sur la première vision, comme dit l'Apôtre au sujet de la résurrection du Christ : « Il a été vu de « Céphas, ensuite des douze apôtres, et, après cela, « il a été vu de plus de cinq cents frères [1]. »

L'an de grâce 1218, au mois de mai, les bâtimens de la province de Cologne et un petit nombre d'autres bâtimens des provinces de Brême et de Trèves, commencèrent à arriver dans le port d'Accon. Ainsi l'on

---

[1] Ire Ép. de saint Paul aux Corinth., ch. 15, v. 5 et 6.

préludait à l'exécution du projet arrêté à Rome dans le concile de Latran, sous le seigneur pape Innocent, de précieuse mémoire, pour conduire la milice du Christ sur le territoire d'Égypte. En conséquence, pendant le mois de mai, et après l'Ascension du Seigneur, les bâtimens armés, les galères et d'autres navires de transport étant entièrement disposés, Jean, roi de Jérusalem, le patriarche, les évêques de Nicosie et d'Accon, Léopold, duc d'Autriche, les trois Ordres militaires et une nombreuse multitude de Chrétiens, partirent tous ensemble du port d'Accon. Le point de réunion fut indiqué auprès du château du Fils de Dieu, autrement dit le château des Pélerins; mais lorsque le roi, le duc et les maîtres des trois Ordres militaires furent arrivés en ce lieu, un bon vent du nord s'étant levé, l'armée du Seigneur se porta en avant, à force de voiles, et arriva, le troisième jour, devant le port de Damiette; elle ne débarqua pas et demeura deux jours à attendre les capitaines. Les grands se réunirent auprès du portique du Temple, pour délibérer sur ce qu'ils avaient à faire. Tandis que quelques-uns proposaient de repartir, enfin, d'après les conseils de l'archevêque de Nicosie, et du consentement de tout le monde, nous débarquâmes devant le port de Damiette, sous la conduite du capitaine de Sarepont, et nous mîmes le pied sur la terre ennemie, sans aucune effusion de sang et avant que les capitaines qui nous suivaient avec leurs galères fussent arrivés. Le même jour, et vers la neuvième heure, ils abordèrent aussi, nous félicitant et témoignant leur étonnement de nous voir déjà occupés à dresser nos tentes. Ceux qui firent un séjour un peu plus long dans le château des Pélerins, marchèrent sur nos traces et n'atteignirent au port de Damiette que le sixième jour après notre départ d'Accon. Beaucoup d'autres qui n'avaient pas encore terminé leurs préparatifs, partirent plus tard, et les uns furent repoussés par la force des vents; d'autres balottés en mer pendant quatre semaines et même plus, n'abordèrent enfin qu'avec beaucoup de peine. L'archevêque de Rheims et l'évêque de Limoges, tous deux chargés d'années, demeurèrent à Accon. Celui-ci acquitta son tribut à la nature; le premier, s'étant rembarqué avec des croisés, pour retourner chez lui, mourut en chemin.

Lorsque nous eûmes débarqué, comme je viens de le dire, un certain Frison, mettant le genou droit en terre, et de la main gauche brandissant le miroir de fer d'une esclave, le lança sur un Sarrasin, qu'il aperçut jouant sur le rivage, et le frappa à mort. Au surplus il n'y eut qu'un petit nombre de Sarrasins qui vinrent à notre rencontre vers le port. Celui-ci étant tombé tout-à-coup avec son cheval, les autres prirent la fuite, et nous établîmes notre camp sans aucun obstacle, entre le rivage de la mer et les bords du Nil. Le Seigneur fit pour nous une autre chose également merveilleuse. Au moment de notre arrivée, nous puisâmes de l'eau douce dans le fleuve du Nil, au point de sa jonction avec la mer, et dans la suite cependant il nous arriva souvent de ne trouver que de l'eau salée, même en remontant jusqu'au casal qui est à un mille de Damiette environ.

Peu de temps après l'arrivée des Chrétiens, il y eut une éclipse presque totale. Quoique de tels événemens arrivent presque toujours pendant la pleine lune par des causes tout-à-fait naturelles, toutefois comme le Seigneur a dit : « Il y aura des signes dans le so- « leil, dans la lune, etc.[1], » nous interprétâmes cette éclipse contre les Sarrasins, pensant qu'elle devait annoncer la défaite de ceux qui se croient un pouvoir sur la lune, et attribuent une grande influence à sa croissance et à sa décroissance. On lit dans Quinte-Curce que lorsque Alexandre le Macédonien, qui fut comme un marteau sur le monde entier, se rendit de Grèce en Asie, pour combattre Darius et Porus, tandis que ses corps d'armée étaient rangés en ordre de bataille, on vit une éclipse de lune, qu'Alexandre interpréta en faveur des Grecs et contre les Perses, et qu'ayant ainsi redoublé le courage des siens, il les conduisit au combat et vainquit Darius.

Il y avait au milieu du Nil une tour qu'il nous fallait prendre pour pouvoir traverser le fleuve. Les Frisons, impatiens selon leur usage, se lancèrent de l'autre côté, enlevèrent des bestiaux aux Sarrasins, et desirant établir leur camp sur la rive opposée, ils tinrent ferme et se battirent contre les Sarrasins, qui vinrent de la ville à leur rencontre. Cependant ils revinrent à nous par obéissance, nos princes ayant jugé qu'il ne serait pas convenable de laisser, sur leurs derrières, cette tour occupée par les païens et toute remplie d'Agariens. Pendant ce temps, le duc d'Autriche et les Hospitaliers de Saint-Jean préparèrent deux échelles sur deux bâtimens. Les Teutons et les Frisons formèrent des retranchemens sur un troisième navire et construisirent une petite tour au sommet de

[1] Évang. selon saint Luc, ch. 21, v. 25.

leur mât sans y suspendre d'échelle. Ils avaient pour chef, pour guide et pour juge le comte Adolphe de Mons, homme noble et puissant, frère de l'archevêque de Cologne, qui mourut devant Damiette et avant la prise de la tour. Les échelles du duc et des Hospitaliers furent dressées à l'époque de la fête de saint Jean-Baptiste, le premier dimanche qui la suivit; et les Sarrasins firent de vigoureux efforts pour s'y opposer. L'échelle des Hospitaliers fut brisée et tomba avec le mât et avec les combattans qu'elle portait; l'échelle du duc fut pareillement brisée et presque à la même heure, et les vaillans chevaliers qui la montaient, revêtus de leurs armes, tombèrent de leurs corps, mais en même temps leurs ames, couronnées d'un glorieux martyre, s'élevèrent vers les cieux. Les Égyptiens, remplis de joie, poussèrent de grands éclats de rire et de grands cris, battant le tambour, faisant résonner les trompettes; et dans le même temps les Chrétiens étaient saisis de chagrin et de douleur. Cependant le vaisseau des Teutons ayant jeté l'ancre entre la tour et la ville, faisait beaucoup de mal aux Égyptiens à l'aide des archers qui le montaient, et principalement à ceux des ennemis qui occupaient le pont qui s'étend de la tour à la ville. De leur côté les ennemis attaquaient vivement le même navire, tant du côté de la ville que de la tour et de dessus le pont, et lui lançaient des feux grégeois. Ces feux l'ayant enfin atteint, les Chrétiens eurent lieu de craindre qu'il ne fût entièrement brûlé, et ceux qui le défendaient travaillèrent avec ardeur et réussirent à éteindre l'incendie; puis le navire, criblé de flèches en dedans aussi bien qu'en dehors, sur la petite tour dressée au sommet du mât de même que dans tous ses cordages, fut enfin ramené vers sa première station, au très-grand honneur des Chrétiens. Un autre navire des Templiers, que l'on avait de même garni de retranchemens, et qui, durant cet assaut, s'était tenu toujours tout près de la tour, essuya également de grandes avaries.

Considérant alors que nous ne pourrions réussir à nous emparer de la tour, ni avec nos pierriers, puisque nous l'avions tenté vainement pendant plusieurs jours; ni en dressant un camp tout à l'entour, à cause de la profondeur des eaux; ni par famine, attendu le voisinage de la ville; ni en pratiquant des mines, à cause de la proximité des eaux qui l'entouraient; agissant sous les yeux du Seigneur et lui obéissant comme à notre architecte, nous prîmes deux bâtimens des Teutons et des Frisons, que nous liâmes ensemble, non sans beaucoup de travail, les attachant fortement l'un à l'autre avec des poutres et des cordes, pour éviter qu'ils ne vinssent à vaciller; puis, nous dressâmes sur ces bâtimens quatre mâts et autant de vergues. Au sommet des mâts, nous plaçâmes une tour, fortement fixée, à l'aide de lattes et d'un tissu solide, pour résister aux efforts importuns des machines. La tour fut doublée de cuivre en dehors et sur la toiture, afin de la préserver de l'atteinte des feux grégeois; et, en dessous de cette tour, on construisit une échelle, qui fut attachée et suspendue par de très-forts cordages, et qui s'avançait à trente coudées en dehors de la proue. Ces divers travaux étant terminés en peu de temps et fort heureusement, nous invitâmes les grands de l'armée à venir voir s'il y manquait quelque chose qui pût être fait, soit avec de l'argent, soit par l'adresse de l'homme; et comme on nous répondit qu'on n'avait jamais fait un pareil ouvrage en bois sur les eaux, nous jugeâmes qu'il fallait mettre celui-ci à l'épreuve. Pendant ce temps, le pont qui conduisait les ennemis de la foi, de la ville à la tour, avait été presque entièrement détruit par les machines qu'on faisait sans cesse jouer contre lui.

Le sixième jour de la semaine qui précède la fête de saint Barthélemi, nous nous avançâmes pieds nus, et en toute dévotion, avec tous ceux de notre nation, pour faire une procession à la sainte croix. Là, après avoir humblement imploré les secours d'en-haut, pour écarter de l'œuvre de Dieu tout sentiment de jalousie et de vanité, nous invitâmes à nous assister dans l'exécution de notre entreprise des hommes des diverses nations qui étaient alors dans notre armée, quoiqu'il y eût des Teutons et des Frisons en nombre bien suffisant pour monter sur les vaisseaux et diriger les manœuvres. Le jour de la Saint-Barthélemi, qui était un vendredi, le Nil ayant fait une forte crue, et malgré tout l'obstacle que nous opposait l'impétuosité des eaux, nous parvînmes, non sans de grandes difficultés et même des périls, à faire remonter notre nouvelle construction, du lieu où elle avait été faite, jusque vers la tour. Un navire, que nous associâmes à notre entreprise, se portait en avant, marchant à force de voiles. Pendant ce temps, les clercs étaient sur le rivage, pieds nus, adressant au ciel leurs supplications. Lorsque nous fûmes arrivés vers la terre, notre double navire ne put être retourné vers la rive occidentale; et remontant droit devant nous, nous le dirigeâmes vers la place septentrionale, et nous parvînmes enfin à fixer nos cordages et nos ancres, malgré l'effort des grandes eaux qui tendaient à nous repousser. Les ennemis établirent au-dessus des tours de la ville six machines, ou même davantage, pour les faire battre sur nous; mais dès le principe, l'une de ces machines fut brisée, et demeura en repos; d'autres, après quelques coups [1] . . . . D'autres nous lancèrent sans interruption des pierres, qui tombaient comme la grêle. Le navire qui s'était posté en avant et au pied de la tour ne fut pas exposé à de moindres périls. Des feux grégeois, lancés de près, du haut de la tour située sur le fleuve, et de loin, des tours de la ville, tombaient sur lui, semblables à la foudre, et étaient bien propres à y porter l'épouvante. Cependant, à force de travail, on parvint à éteindre ces feux avec du vinaigre et du sable. Pendant ce temps le patriarche se prosternait dans la poussière devant le bois de la croix, et tous les hommes du clergé, revêtus de leurs étoles, étaient nupieds sur le rivage, élevant leurs cris vers le ciel.

Cependant les défenseurs de la tour, portant leurs lances en avant, parvinrent à enduire d'huile la partie antérieure de l'échelle, puis ils la recouvrirent de feux grégeois qui jetèrent aussitôt des flammes; les Chrétiens qui étaient dessus s'étant serrés pour échapper à ces flammes, accablèrent de leur poids l'extrémité de l'échelle, en sorte que le pont mobile que l'on avait adapté sur le devant s'affaissa. Le porte-bannière du duc d'Autriche tomba de l'échelle et les Sar-

[1] Il y a ici une lacune.

rasins enlevèrent la bannière. Les Chrétiens qui étaient sur le rivage descendirent de cheval, se prosternèrent pour adresser leurs supplications au ciel, et leurs mains étroitement serrées, leurs figures fortement contractées attestaient la douleur qu'ils ressentaient pour ceux qui s'étaient exposés à tant de périls, sur un fleuve si profond [1].......... et de toute la chrétienté. A ce témoignage de la vive dévotion du peuple et tandis qu'il élevait vers le ciel des mains suppliantes, la miséricorde divine souleva l'échelle; les larmes des fidèles éteignirent le feu, et les nôtres, retrouvant de nouvelles forces, attaquèrent de près les défenseurs de la tour, et combattirent vigoureusement avec le glaive, la pique, les massues et d'autres instrumens. Un certain jeune homme du diocèse de Liège, monta le premier sur la tour. Un autre Frison, très-jeune, tenant en main un fléau à battre le grain, qu'il avait préparé pour le combat en le serrant fortement avec des cordes, frappait de cette arme à droite et à gauche, et ayant renversé un homme qui portait la bannière jaune du soudan, il la lui enleva aussitôt. D'autres accoururent bientôt à la suite des premiers et triomphèrent de ces ennemis, qu'ils avaient estimés si durs et si cruels, tandis qu'ils résistaient. O miséricorde ineffable de Dieu! O transport de joie inexprimables des Chrétiens! Après la douleur et le deuil, après les larmes et les gémissemens, quelle joie, quel triomphe nous vîmes! Nous entonnâmes le *Te Deum laudamus; Benedictus Dominus Deus Israel*, et d'autres cantiques d'actions de grâces; nous célébrâmes à haute voix les louanges mille fois

[1] Nouvelle lacune.

répétées du Seigneur, et d'abondantes larmes se mêlaient à ces élans de nos cœurs.

Sur ces entrefaites, les Sarrasins s'étant retirés dans la partie inférieure de la tour, mirent le feu au dehors et brûlèrent toute la surface extérieure, et les nôtres ne pouvant, quoique vainqueurs, supporter ce violent incendie, retournèrent sur leur échelle. Le pont que l'on avait établi dans la partie inférieure de notre machine, en fut arraché et tomba au pied de la tour, dans les profondes eaux qui l'environnaient de toutes parts; les vainqueurs attaquèrent alors avec des marteaux de fer la petite porte de la tour, et les Sarrasins qui y étaient enfermés la défendirent de leur côté. Cependant les deux navires demeuraient immobiles. La plupart des lattes de l'échelle étaient enfoncées, et la doublure de cordes fortement liées ensemble qui enveloppait les navires était percée de divers côtés, par l'effet des coups que lui portaient les machines. Les Chrétiens demeurèrent exposés à ce péril depuis la neuvième heure du vendredi jusqu'à la dixième heure du samedi suivant. Le filet qui enveloppait et garantissait l'échelle demeura intact, ainsi que la petite tour sur laquelle étaient les archers et les hommes employés à les défendre et à lancer des pierres. Enfin les Sarrasins enfermés dans la tour demandèrent une conférence et se rendirent au duc d'Autriche, sous la condition d'avoir la vie sauve; d'autres parmi eux s'étaient échappés pendant la nuit en sautant par les fenêtres de leur étroite prison, et la plupart avaient été noyés ou tués dans le fleuve. Ceux que l'on fit prisonniers étaient au nombre de cent environ.

Depuis ce jour, tandis que les Sarrasins étaient

frappés de terreur et disposés, comme on avait lieu de le croire, à prendre la fuite, nos princes s'abandonnant, selon leur usage, à leur paresse et à leur lâcheté, inventaient tous les jours de nouveaux prétextes à leurs retards, n'imitant point Judas Machabée, qui, lorsqu'il voyait les circonstances favorables, ne laissait pas un moment de repos à ses ennemis. Les bâtimens des Teutons et des Frisons firent leurs dispositions de retraite, et un très-grand nombre d'entre eux partirent par les premiers transports de croisés. Ces mêmes transports nous amenèrent quelques Romains et ensuite l'évêque d'Albano, légat du Siége apostolique, et avec lui un certain prince romain, et plus tard, maître Robert de Cortone, prêtre-cardinal dans l'église de Saint-Étienne du Mont-Cælius. Les évêques de Paris et de Hongrie moururent sur les sables de Damiette; le cardinal Robert y mourut également. On vit arriver ensuite l'archevêque de Bordeaux, qui se rendit utile pendant son séjour, et les évêques d'Angers, de Mantoue, etc. Le comte de Nevers arriva aussi, mais, voyant l'imminence du péril, il repartit, au grand scandale des Chrétiens. Le comte de la Marche, le comte de Bar et son fils, le frère Guillaume de Chartres, maître des chevaliers du Temple, Hervée, Itier, Olivier, fils du roi d'Angleterre, et beaucoup d'autres hommes, tant de l'ordre équestre que de la classe du peuple, dégagés auprès de Damiette des intérêts de ce monde, passèrent dans le sein du Seigneur.

Celui qui est sage de cœur et fort de sa force, qui fait à l'infini des œuvres grandes, admirables et impénétrables, qui juge les superbes, qui exalte les humbles, fut seul glorifié par le siége de Damiette ; ce ne fut point, en effet, comme dans les autres expéditions dirigées contre les Sarrasins en divers temps, par les conseils des hommes ou par les bras des combattans, ce fut par lui-même et par la puissance de sa divinité, que le Seigneur opéra des choses merveilleuses et telles que l'homme n'eût point osé les demander, rendant ainsi gloire et honneur, non aux rois, ni aux princes ni aux nations, mais à son nom seulement, afin que cette promesse prophétique fût accomplie dans tous les pécheurs : « Le Seigneur com« battra pour vous, et vous demeurerez dans le si« lence¹. »

Après la prise de la tour située au milieu des profondeurs du Nil, Saphadin vieilli dans les mauvais jours, atteint, à ce qu'on assure, d'une profonde douleur, lui qui avait dépouillé ses neveux de leur héritage et leur avait enlevé leurs royaumes d'Asie, mourut et fut enseveli dans l'enfer.

Peu après, et le jour de la fête de saint Démétrius, qui fut, comme on lit dans l'histoire, frère utérin du bienheureux Denis, dès le point du jour, les ennemis attaquèrent le camp des Templiers, et après nous avoir fait assez peu de mal, ils furent mis en fuite par nos agiles chevaliers, et repoussés jusques au pont qu'ils avaient établi sur le fleuve, loin et au dessus de nous ; on leur tua environ cinq cents hommes, ainsi que nous l'avons appris par des transfuges. Le lendemain, jour même de la fête de saint Denis, les Sarrasins revinrent encore à l'improviste, sur des galères armées, et livrant une attaque sur le point où les Ro-

¹ Exode, ch. 14, v. 14.

mains avaient dressé leurs tentes, ils furent de nouveau repoussés par un faible corps de Chrétiens. En cette occasion, Jean, roi de Jérusalem, combattit vigoureusement, sur les exhortations de l'évêque de Bethléem, qui, lui-même, se mit à la poursuite des ennemis, tandis qu'ils retournaient vers leurs galères, ne pouvant toutefois échapper aux glaives de ceux qui les serraient de près, ou aux abîmes du fleuve. De même qu'autrefois les Égyptiens avaient été précipités dans les ondes impétueuses de la mer Rouge[1], de même, en cette nouvelle rencontre, quinze cents hommes environ furent noyés dans le Nil, comme nous l'avons appris dans la suite des Sarrasins eux-mêmes.

Mais comme un grand nombre d'hommes, dans le peuple chrétien, avaient plu au Seigneur, il était nécessaire qu'ils fussent mis à l'épreuve par la tentation. Ainsi Jonas fut jeté à la mer dans le désordre d'une tempête, enfermé dans le ventre d'un poisson, et, après cette épreuve, rejeté sur le rivage[2]; ainsi l'Apôtre échappa aux tribulations d'un triple naufrage[3]. A la suite d'un jeûne de trois jours prescrit par avance, que le clergé observa fidèlement, en s'abstenant de pain et d'eau, et après beaucoup de processions dirigées par le vénérable évêque d'Albano, légat du Siége apostolique, le peuple du Seigneur dut être exposé à la tentation. La veille de la fête de saint André l'apôtre, et au milieu de la nuit, les flots de la mer s'élevèrent et firent une irruption terrible jusque dans le camp des fidèles; le fleuve nous resserrait de

---

[1] Exode, ch. 14, v. 27 et 28. — [2] Jonas, ch. 2. — [3] IIe Ép. de saint Paul aux Corinth., ch. 11, v. 25.

l'autre côté; les tentes nageaient dans la plaine, les vivres furent perdus, les poissons du fleuve et de la mer s'avancèrent sans éprouver aucune crainte et pénétrèrent jusque dans nos couchettes; nous les prenions avec les mains; cependant nous persistâmes à nous abstenir de cette délicieuse nourriture, et si nous n'avions, par le conseil de l'Esprit saint, pourvu antérieurement à notre salut en creusant un fossé, qui avait été destiné à un tout autre usage, la mer, réunie au fleuve, eût transporté jusques auprès de nos ennemis les hommes, les animaux et les navires avec les armes et les vivres. Il y eut cependant quatre bâtimens sur lesquels on avait fait des dispositions pour attaquer la ville, qui ne purent échapper aux périls de cette tempête; un coup de vent très-violent les jeta, ainsi qu'un cinquième navire, stationné au milieu d'eux, sur la rive opposée du fleuve, et ils furent brûlés sous nos yeux par des feux grégeois. Le Seigneur épargna les travaux des Frisons et des Teutons par lesquels la tour avait été prise. D'autres navires chargés qui étaient de station sur le rivage de la mer, dans le port, eurent leurs cordages brisés subitement et périrent aussi. Cette tempête dura trois jours de suite. Après cela, le Seigneur, qui « nous console dans toutes nos « afflictions [1], » commanda aux vents et à la mer de s'arrêter dans leur fureur.

Un grand nombre d'hommes de notre armée furent en outre saisis d'une certaine peste, contre laquelle les médecins ne pouvaient trouver aucun remède dans leur art. Une douleur soudaine s'emparait des pieds et des jambes; aussitôt après, les gencives et les dents

[1] IIe Ép. de saint Paul aux Corinth., ch. 1, v. 4.

étaient attaquées d'une sorte de gangrène, et le malade ne pouvait plus manger ; puis, l'os de la jambe devenait horriblement noir ; et ainsi, après avoir souffert de longues douleurs pendant lesquelles ils déployaient une grande patience, un grand nombre de Chrétiens allèrent se reposer dans le sein du Seigneur; quelques-uns étant parvenus à gagner le printemps, se guérirent alors par le bienfait des chaleurs.

A la suite de la tempête on prépara les vaisseaux pour traverser le fleuve. Ils remontèrent en effet entre la ville et la tour que nous avions prise, non sans être exposés à de grands périls par l'effet des machines, des feux grégeois et des traits qui embarrassaient sans cesse leurs mouvemens. Ainsi il arriva qu'un bâtiment des Templiers fut jeté sur la rive du côté de la ville et à la portée des ennemis. Aussitôt ceux-ci l'accrochèrent avec des barres de fer, et le retinrent très-long-temps; du haut de leurs tours ils y lançaient des feux grégeois et des pierres, mais voyant qu'ils ne pouvaient triompher par ces divers moyens, à cause de la vigoureuse résistance des défenseurs du navire, ils se lancèrent à l'envi les uns des autres sur un de leurs bâtimens, et se précipitèrent à l'abordage contre les Templiers; on combattit long-temps, mais enfin le navire fut troué de part en part (soit par les ennemis, soit par les nôtres, c'est encore incertain ; mais il y a lieu de croire que ce fut par les nôtres), et coula à fond, noyant ainsi les Égyptiens, en même temps que les Chrétiens, si bien qu'on voyait à peine l'extrémité du mât s'élever au-dessus des eaux. De même que « Sam-
« son en tua beaucoup plus en mourant qu'il n'en

« avait tué pendant sa vie[1], » de même ces martyrs entraînèrent avec eux dans les gouffres des eaux beaucoup plus d'ennemis qu'ils n'eussent pu en faire périr par le glaive. Aussi les citoyens de Damiette déplorèrent-ils presque pendant huit jours une si sanglante victoire. Ensuite réparant leur pont, ils y laissèrent une petite ouverture, afin que nos navires ne pussent remonter sans péril. Les Teutons et les Frisons, animés d'une bien juste indignation, montés sur le petit navire à l'aide duquel la tour avait été prise, et que les Français appelaient *le Saint Martyre,* allèrent, sans autre auxiliaire que le ciel, attaquer vigoureusement le pont. Moins de dix hommes de ces deux nations, bravant toutes les forces des Babyloniens, s'élancèrent sur le pont, sous les yeux d'une multitude de Chrétiens qui exaltaient par leurs éloges cette entreprise audacieuse, et rompirent en effet le pont; puis, emmenant à leur suite les quatre navires sur lesquels celui-ci avait été établi, ils revinrent triomphans, laissant un passage libre et bien ouvert à ceux qui voudraient faire voile pour remonter plus haut.

A la suite de cet événement, les Sarrasins voyant le danger qui les menaçait, fortifièrent la rive opposée à celle que nous occupions, en creusant des fossés, relevant les terres, et construisant des retranchemens en bois assez élevés : ils placèrent dans les mêmes positions des machines et des pierriers, et nous enlevèrent ainsi l'espoir de pouvoir débarquer sur ce point. Auprès du casal situé environ à un mille de la ville, et où se terminaient leurs nouveaux travaux

---

[1] Juges, ch. 16, v. 30.

de défense, les ennemis, pour s'opposer au passage du fleuve, semèrent des écueils au milieu des eaux, en enfonçant des pieux dans leurs gouffres. Cependant le légat du Siége apostolique, desirant vivement pousser le siége de la ville, insista beaucoup pour que les navires rassemblés au dessus de ce point entreprissent de passer, et en conséquence les bâtimens qui transportaient leurs machines, leurs petites tours au haut de leurs mâts, et qui étaient chargés d'hommes armés, s'avancèrent, sous la conduite du Christ, avec les galères et les autres navires, et évitèrent les écueils qu'on leur avait préparés. Alors les ennemis, dissimulant leurs craintes, opposèrent à notre flotte trois lignes d'hommes armés; la première fut rangée en bon ordre sur le penchant de la rive, et les hommes qui la formaient portaient des boucliers. La seconde ligne était en arrière, et disposée comme la première; la troisième, longue et terrible, était composée de cavaliers qui lançaient des pierres et des traits, et inquiétaient beaucoup notre armée navale.

La nuit de la fête de sainte Agathe, vierge et martyre, tandis que la foule des fidèles qui devaient traverser le fleuve le jour suivant était rassemblée, les vents et la pluie ajoutèrent beaucoup aux difficultés et aux dangers de cette entreprise; mais le Dieu fidèle, qui ne permet pas que les siens soient tentés au-delà de ce qu'ils peuvent supporter, jetant un regard sur le camp de ses serviteurs et renouvelant les miracles de sa puissance, rendit facile et agréable ce qui, dans l'ordre des causes secondes, eût été difficile ou même impossible. Après minuit le Seigneur frappa d'une si grande terreur le soudan et les satrapes, que

ceux-ci, mettant tout leur espoir dans la fuite, abandonnèrent leur camp à notre insu et à l'insu des Égyptiens, qu'ils avaient rangés en bataille pour nous résister. Un apostat, qui depuis long-temps avait délaissé la loi des Chrétiens et combattu avec le soudan, s'avançant sur le bord du fleuve, s'écria en français : « Que tar-
« dez-vous? Pourquoi demeurez-vous immobiles? Le
« soudan est parti. » A ces mots il demanda à être admis dans un petit bâtiment chrétien, afin d'attester la vérité de ses paroles en se remettant entre nos mains. Dès le premier crépuscule, lorsqu'on eut commencé dans les oratoires chrétiens l'office de la messe consacré à ce jour de fête, *Gaudeamus omnes in Domino,* on alla annoncer ces nouvelles au légat, au roi et à tous les autres. En conséquence, et tandis que les Égyptiens fuyaient, les nôtres s'empressèrent à l'envi et passèrent gaîment le fleuve, sans rencontrer aucun obstacle de la part des ennemis et sans verser une goutte de sang. Mais il y avait tant de vase, et de plus la profondeur des eaux augmentait tellement la difficulté d'aborder sur la rive ennemie, que les chevaux eurent grand'peine à y parvenir, quoique leurs cavaliers les eussent laissés libres et qu'on leur eût ôté les selles. Les Templiers ayant été des premiers à remonter à cheval, dressèrent leur bannière, et s'avançant avec quelques frères de l'hôpital de Saint-Jean et un petit nombre de chevaliers séculiers, coururent en toute hâte du côté de la ville, et s'étant arrêtés au lieu où avait été établi le camp des païens, ils y rencontrèrent environ cent-vingt ennemis et les massacrèrent aussitôt. Le très-vaillant roi de Jérusalem, suivi du maître et des frères de l'Hôpital et du comte de Nevers, s'étant

lancé à la poursuite de l'armée ennemie et revenant ensuite après avoir fait une course infructueuse, rencontra, auprès de la porte de la ville, quelques hommes de la race maudite, qui voulaient résister encore, et les attaqua avec impétuosité, quoiqu'il n'eût qu'une faible escorte. Il les mit en fuite ou les renversa, forçant ces hommes si puissans à tourner le dos et à chercher leur salut dans la ville, et il les poursuivit sans relâche de son glaive victorieux jusques à l'entrée de la porte. Cependant les frères de l'hôpital Saint-Jean et le comte de Nevers, ne se donnant aucun repos et ralliant quelques-uns des nôtres, se remirent, le glaive nu, à la poursuite d'un corps nombreux d'hommes, sur la route qui conduit à Thanis, tuèrent les uns et forcèrent les autres à se précipiter dans les eaux. « La cognée ne se glorifiait point con« tre celui qui s'en servait, la scie ne se soulevait « point contre celui qui l'employait [1]. »

Quel miracle pourrait être comparé à celui-ci, ou mis à côté, si ce n'est celui que nous lisons dans le livre des Rois, au sujet de Benadab, roi de Syrie, qui assembla toutes ses troupes et alla assiéger Samarie [2]? Le Seigneur le frappa d'une telle terreur qu'il abandonna son camp et prit la fuite. Et de même que les lépreux qui étaient auprès de la porte allèrent annoncer aux Samaritains la fuite des Syriens, de même un lépreux, du moins par son ame, savoir l'apostat dont j'ai déjà parlé, vint annoncer aux nôtres la fuite des Égyptiens. Et comme le peuple samaritain enleva des dépouilles dans le camp des Syriens, de même aussi

---

[1] Isaïe, ch. 10, v. 15. — [2] Rois, liv. IV, ch. 6. v. 24; ch. 7, v. 3 et suiv.

notre armée enleva les tentes et les richesses des fuyards ; et les frères de l'Hôpital, vainqueurs ainsi que les autres Chrétiens, leur prirent des boucliers, des casques, des crochets de fer et tous les petits bâtimens qu'ils trouvèrent en dessous du casal. Un grand nombre de guerriers ennemis, abandonnant leurs femmes et leurs petits enfans, et effrayés de ce passage inattendu de notre armée, sortirent de Damiette, et bientôt cette ville fut investie par nous de toutes parts et assiégée par la terre ferme. Notre armée fut alors divisée en deux corps : l'un demeura sur le sable, pour garder tant les rives du fleuve que le port; l'autre fut destiné à travailler au siége de cette ville, bien fortifiée. La nécessité nous commanda aussi de construire un pont sur les eaux impétueuses du Nil, qu'il est impossible de passer à gué ; mais plus ce pont était nécessaire, plus aussi il nous coûta de dépenses et de grands travaux. Enfin, avec la protection de Dieu, nous l'établîmes sur de solides vaisseaux, qui furent rangés en ligne en travers du fleuve, et par là nous évitâmes pour notre armée une dislocation qui eût été remplie de périls, et nous fermâmes le passage du fleuve à nos ennemis. Par ce moyen la ville se trouva bien investie de toutes parts, et notre armée put communiquer sans aucune interruption avec les deux rives du fleuve que le pont réunissait.

La paresse et la lâcheté de quelques Chrétiens, dont le Seigneur connaît les noms, firent que les ennemis, reprenant leurs forces et leur courage, et aidés de Noradin, qui survint avec les gens d'Alep et une suite innombrable, s'emparèrent du point par lequel nous avions opéré notre passage d'une manière si miraculeuse. Ainsi, tandis que nous assiégions la ville, eux-mêmes vinrent nous assiéger et nous livrer à de grands périls ; et si la sagesse divine ne nous eût inspiré d'avance la résolution de faire garder le camp que nous avions établi d'abord entre la mer et le fleuve, principalement par les Teutons et les Frisons, le port nous eût été enlevé, et notre entreprise se serait trouvée sérieusement compromise. Et afin que le miracle de notre passage éclatât dans une plus grande évidence, et fût attribué à Dieu seul, les Sarrasins redoublèrent de témérité. Un samedi, au point du jour, la veille du dimanche où l'on chante : *Oculi mei semper ad Dominum,* tandis que nous ne nous attendions nullement à un si grand péril, les ennemis se rapprochèrent en foule de nous, et se jetèrent dans notre fossé ; mais par l'assistance divine, ils furent repoussés, et essuyèrent une perte considérable en cavaliers et en hommes de pied.

L'an de grâce 1219, la reine des cités, Jérusalem, qui semblait fortifiée de manière à ne pouvoir être prise, fut détruite en dehors comme en dedans, par Conradin, fils de Saphadin. Les murailles et les tours furent renversées de façon à ne former que des monceaux de pierre ; le temple du Seigneur et la tour de David furent seuls conservés. Les Sarrasins délibérèrent s'ils ne détruiraient pas le glorieux sépulcre ; ils nous en menacèrent par des lettres qu'ils adressèrent aux habitans de Damiette, comme pour leur envoyer quelque consolation. Mais personne n'osa donner les mains à une entreprise si téméraire, à cause du respect qu'inspirait ce lieu. Car, selon qu'il est écrit dans l'Alcoran, le livre de leur loi, les Sarrasins croient que Jésus-Christ, notre Seigneur, a été conçu, et est né de la vierge Marie; ils reconnaissent qu'il a vécu sans péché comme prophète, et même plus que prophète, et ils affirment constamment qu'il a rendu la vue aux aveugles, guéri les lépreux, ressuscité les morts. Ils ne se refusent point à croire qu'il est le Verbe et l'Esprit de Dieu, et qu'il est monté aux cieux pour nous y annoncer. Mais ils nient la passion et la mort du Christ, la nature divine unie en lui à la nature humaine, et la Trinité. Ainsi, il serait plus exact de les appeler hérétiques, au lieu de Sarrasins; mais la force de l'usage a prévalu, et leur conserve ce nom. Lorsque durant une trêve, les sages parmi les Sarrasins montaient à Jérusalem, ils demandaient à voir les livres de nos Évangiles [1], et les baisaient, en l'honneur de la pureté de la loi que le Christ nous a enseignée, et particulièrement en raison de ce passage de l'évangile de Luc : « L'ange Gabriel fut en« voyé [2], » passage que les lettrés d'entre eux répètent et examinent très-souvent. Leur loi, que Mahomet donna aux Sarrasins, sous la dictée du diable, et par le ministère de Serge, moine apostat et hérétique, et qui est écrite en langue arabe, s'établit par le glaive, subsiste par le glaive, et sera tranchée par le glaive. Ce Mahomet était un homme illettré, comme il le déclare lui-même dans son Alcoran ; et cet hérétique dont je viens de parler, lui dicta la loi qu'il promulgua lui-même et qu'il fit observer à force de menaces et de violences. Mahomet était guerrier et plein de luxure; aussi fit-il une loi toute remplie

---

[1] Il y a ici une lacune.
[2] Évang. selon saint Luc, ch 1, v. 26.

d'impureté et de vanité; et ceux qui vivent selon la chair la suivent très-exactement en ce qui se rapporte à la volupté. Et de même que la vérité et la pureté maintiennent l'union dans notre loi, de même les craintes mondaines et humaines, et les voluptés charnelles veillent fidèlement à la conservation de la loi erronée des Sarrasins.

[1219.] Le jour des Rameaux de la même année, nos ennemis, après nous avoir fortement menacés d'une entreprise dans laquelle ils périraient eux-mêmes, ou nous détruiraient entièrement, firent un rassemblement terrible; et s'avançant avec une armée innombrable de cavaliers et d'hommes de pied, marchèrent sur nous, attaquant de tous côtés notre fossé, et principalement le pont des Templiers et du duc d'Autriche, que celui-ci s'attacha à défendre avec ses Teutons. Leurs chevaliers d'élite descendirent de cheval, et livrèrent un horrible combat aux Chrétiens; il y eut de part et d'autre beaucoup de morts et de blessés; enfin les ennemis s'élancèrent sur le pont, et en brûlèrent une partie. Alors le duc d'Autriche commanda aux siens d'abandonner le pont, et de laisser un libre passage à ceux qui voudraient s'avancer; mais ils n'osèrent pousser plus loin, par crainte de nos chevaliers qui s'étaient rangés en bataille pour porter secours à ceux qui défendaient les retranchemens. Pendant ce temps, des femmes intrépides apportaient aux combattans de l'eau, des pierres, du vin et du pain; les prêtres ne cessaient de prier, pansaient les blessures des Chrétiens, et bénissaient le Seigneur. Ce jour-là, il ne nous fut pas donné de porter d'autres rameaux que des arbalètes, des arcs et des flèches, des lances, des glaives et des boucliers, tant nous fûmes serrés de près et tourmentés horriblement depuis le lever du soleil jusqu'après la douzième heure par ceux qui étaient venus pour nous détruire, dans l'espoir de délivrer leur ville. Mais enfin ils furent mis en fuite, et se retirèrent, non sans avoir essuyé une perte considérable.

L'époque du passage du printemps arriva. Le duc d'Autriche devait repartir, après avoir pendant un an et demi combattu fidèlement pour le Christ, rempli de dévotion, d'humilité, de soumission, de générosité : sans parler de ses autres dépenses, il donna à l'Ordre des chevaliers Teutons, pour les guerres tant publiques que privées, un grand nombre de chevaux. On croit qu'il avait donné deux cents marcs, et même plus, pour acheter un terrain, et cinq cents marcs d'or pour la construction du nouveau château des Templiers. En outre, le comte d'Autriche donna cinq cents marcs d'argent à ce même château pour la fondation des murailles et des tours.

Au commencement de mai les pélerins commencèrent à repartir en foule, nous laissant exposés aux plus grands périls. Mais notre Père miséricordieux et bon, notre guide et notre appui, « le bouclier de « tous ceux qui mettent en lui leur espérance [1], » à qui il est facile « de procurer la victoire, soit avec un « grand, soit avec un petit nombre d'hommes [2], » Jésus-Christ ne permit pas que les Infidèles vinssent nous attaquer avant que de nouveaux pélerins accourus en foule nous eussent apporté les secours dont nous avions besoin. Des vivres et des chevaux qui

[1] Ps. 17, v. 31. — [2] Rois, liv. 1, ch. 14, v. 6.

nous arrivèrent en abondance, par la volonté divine, portèrent la joie dans l'assemblée des fidèles.

Les perfides ennemis, après que nous eûmes perdu un grand nombre de fidèles, combattans, vinrent le jour de l'Ascension du Seigneur, nous attaquer, selon leur usage, par terre et par mer. Ils renouvelèrent plusieurs fois de pareilles tentatives, mais sans pouvoir prévaloir sur nous. Ils s'avancèrent très-souvent près de notre camp pour provoquer les nôtres, et s'ils nous faisaient quelque mal, ils en recevaient à leur tour. Un jour nos hommes de pied s'étant saisis du cadavre d'un perfide ennemi, le revêtirent d'armes, comme ils eussent fait d'un corps vivant, et le dressant sur les pieds, rattachant sur le tronc sa tête qu'ils avaient coupée en la fixant avec sa chevelure, ils l'exposèrent en dehors du camp, à peu près à la portée du javelot des Sarrasins, qui chevauchaient dans la plaine. A cette vue, sept Sarrasins s'avancent d'abord au nombre de trois, ensuite de cinq, et enfin tous les sept ensemble s'élancèrent sur le cadavre, comme pour provoquer les Chrétiens ; mais bientôt ayant vu la tête coupée et retenue seulement par la chevelure qui l'enveloppait, ils se retirèrent devant les Chrétiens qui se rassemblaient pour les assaillir.

Le 31 juillet, les ennemis ayant, à la suite des diverses attaques, réuni toutes les forces dont ils pouvaient disposer, franchissant enfin notre fossé en face des chevaliers du Temple, et brisant avec vigueur les barrières de notre camp, mirent en fuite nos hommes de pied, en sorte que toute l'armée chrétienne se trouva bientôt exposée au plus grand péril. Les chevaliers français s'efforcèrent, à trois reprises différentes, de les rejeter en dehors du fossé, mais sans pouvoir y réussir. Les Sarrasins détruisant nos retranchemens en bois et s'établissant auprès de nos murailles, formèrent aussitôt leurs lignes de cavalerie et d'infanterie. Ils poussèrent des clameurs insultantes ; une foule immense d'ennemis se lança sur leurs traces, et la frayeur des Chrétiens en fut redoublée. Mais l'esprit qui fortifia Gédéon [1] animait aussi les Templiers. Le maître du Temple, le maréchal et les autres frères qui étaient avec eux, s'élançant par un passage étroit, tombèrent vigoureusement sur les Infidèles et les mirent en fuite. La maison des Teutons, des comtes et d'autres chevaliers de diverses nations, voyant les chevaliers du Temple en péril, se hâtèrent de leur porter secours, en passant par les issues qui leur étaient assignées. Les chevaliers sarrasins, jetant leurs boucliers, furent tous massacrés, à l'exception de ceux qu'une fuite rapide ravit aux bras de leurs ennemis. A la suite de nos chevaliers, nos hommes de pied sortirent également, et en peu de temps les ennemis furent en retraite sur tous les points. Tous les corps demeurèrent sous les armes de tous côtés, jusqu'à la tombée de la nuit, qui vint mettre un terme au combat ; mais les Sarrasins furent les premiers à partir. Les cadavres des Infidèles mis à mort dans cette rencontre étaient étendus çà et là le long de notre fossé ; il y eut en outre un grand nombre de nos ennemis qui furent rapportés dans leur camp, blessés plus ou moins grièvement. Ainsi le Seigneur sauva ceux qui en ce jour mirent leurs espérances en lui, par la bravoure des Templiers, de

[1] Juges, ch. 7.

la maison des Teutons, et de tous ceux qui s'unirent à eux et partagèrent leurs périls. Il n'y eut parmi les nôtres qu'un petit nombre d'hommes tués ou faits prisonniers.

Les engins que l'on avait préparés pour attaquer la ville furent presque tous brûlés par les efforts réitérés des défenseurs de Damiette. Les Génois, les Pisans et les Vénitiens affirmaient positivement qu'ils s'empareraient de la place, à l'aide de quatre navires sur lesquels ils avaient suspendu des échelles. Mais ils n'étaient pas de la race des hommes par lesquels le salut devait venir en Israel, car ils voulaient se faire un nom, et s'avançaient avec des trompettes, des flûtes et de nombreuses bannières. Le légat du Siége apostolique leur fournit des sommes considérables sur le trésor commun. Le roi et d'autres leur donnèrent une grande quantité de cordages et des ancres, comme ils le demandaient. Ils attaquèrent donc la ville, et le premier jour ils tuèrent et blessèrent beaucoup de nos ennemis. Mais plus ils renouvelèrent par la suite leurs assauts, plus les murailles se garnirent de tours en bois et de barrières, et plus les assiégés leur opposèrent avec vigueur des guerriers qui leur résistaient.

A la fin, les échelles mutilées par le feu et réparées successivement et à plusieurs reprises, furent ramenées sur la rive du fleuve, sans qu'aucun succès eût suivi tant d'efforts. Par là on reconnut enfin et l'on comprit réellement que la puissance divine pouvait seule livrer la ville de Damiette aux mains des Chrétiens. Quant à nous, insensés et oubliant les bienfaits de Dieu et ses miracles, nous appellions contre nous les regards de la Majesté divine, par le luxe et l'avidité des grands comme par les murmures des petits. Les hommes de pied reprochaient aux chevaliers leur lâcheté, et lorsqu'on faisait une sortie pour combattre les Sarrasins, les chevaliers dissimulaient les périls auxquels les hommes de pied étaient exposés. On en vit une preuve, en punition de nos péchés, le jour de la décollation de saint Jean-Baptiste ; à peine quelqu'un voulut-il demeurer dans le camp pour le garder; l'armée navale et l'armée de terre firent en même temps une sortie, pour se diriger vers le camp des Babyloniens, en un lieu où il n'était pas possible de trouver de l'eau douce pour boire. Les ennemis enlevèrent leurs tentes et feignirent de prendre la fuite, et lorsque les nôtres se furent avancés pour pouvoir reconnaître avec certitude que les Sarrasins n'avaient sur aucune de leurs lignes l'intention de s'enfuir, nos capitaines délibérèrent longuement pour savoir s'ils avanceraient ou s'ils se retireraient, et la discorde se mit entre eux. Pendant ce temps, les corps d'armée se débandèrent, à l'exception des hommes que leurs devoirs d'obéissance avaient accoutumés à respecter la discipline militaire. Sur la gauche, les chevaliers de Chypre, pris en flanc par les Sarrasins qui s'élancèrent sur eux, firent voir toute leur poltronnerie. Les fantassins italiens furent les premiers à prendre la fuite, et après eux les chevaliers de diverses nations et quelques frères de l'hôpital de Saint-Jean, malgré les vives supplications que le légat du Siége de Rome et le patriarche, qui portait la croix, leur adressèrent pour les faire tenir en place. Le soleil était brûlant, les hommes de pied succombaient sous le poids de leurs armes; la fatigue de la marche accrut encore celle qui provenait de l'excessive chaleur; ceux qui avaient porté du vin avec eux, accablés de soif, le buvaient tout pur, à défaut d'eau. Dans cette occurrence, ceux qui tinrent ferme pour se défendre.... [1], et fuyant aussi d'une course rapide sur les traces de ceux qui s'étaient sauvés les premiers, ils mouraient sans avoir reçu de blessures et succombaient d'inanition. Le roi, aidé des Templiers, de la maison des Teutons et des hospitaliers de Saint-Jean, des comtes de Hollande, de Witte, de Leicester et de Cambridge, de Gautier et de Barthélemy, tous deux français, des Pisans et d'autres chevaliers, soutint le choc des ennemis qui se lançaient à la poursuite des nôtres. Le roi fut sur le point d'être brûlé par un feu grégeois. Tous ces guerriers, faisant comme un rempart à nos fuyards, repoussèrent les Sarrasins autant de fois qu'ils se présentèrent devant eux, mais dès qu'ils reprenaient lentement leur mouvement de retraite, ils avaient à supporter les coups et les traits des ennemis. Pendant qu'ils résistaient ainsi pour défendre leurs frères, l'évêque élu de Beauvais, et son frère, André de Nanteuil, Gautier, camérier du roi de France, et son fils, le vicomte, frère de l'évêque d'Angers, et le seigneur Jean d'Arcies, homme noble et très-vaillant, furent faits prisonniers; Henri de l'Orme et beaucoup d'autres furent tués ou emmenés en captivité. Trente-trois Templiers furent pris ou mis à mort, avec le maréchal de Saint-Jean et quelques autres frères de la même maison. La maison des Teutons ne fut pas non plus sans avoir des pertes à

[1] Il y a ici une lacune.

déplorer. Les chevaliers du Temple, qui avaient été les premiers à attaquer, furent les derniers à se retirer. Tandis que ceux des nôtres qui étaient le plus en retard arrivaient sur le fossé, les Templiers demeurèrent en dehors, pour repousser, autant qu'il leur serait possible, vers leurs murailles ceux qu'ils avaient en tête. Enfin, après nous avoir poursuivi pour enlever des prisonniers et recueillir du butin, les ennemis se retirèrent et allèrent présenter au soudan cinq cents têtes de Chrétiens, comme nous l'avons appris plus tard d'un Sarrasin. Les nôtres furent saisis de tristesse et de douleur, mais ne désespérèrent point. Nous tenons pour certain que ce châtiment fut la peine de nos péchés, et certes la peine était moindre que n'eût exigé l'offense, et la vengeance fut adoucie par celui qui a dit à l'ame pécheresse : « Vous « vous êtes prostituée à des étrangers ; cependant, « revenez, enfans infidèles, dit le Seigneur, parce « que je veux vous posséder et vous unir à moi [1]. » Nous sommes assurés aussi que les Infidèles éprouvèrent des pertes douloureuses dans leurs troupes d'élite. Le lendemain le Seigneur compatissant, qui n'oublie point de prendre pitié, « dont la miséri- « corde ne cesse jamais pour toujours [2], » qui remet les péchés au milieu des tribulations, qui fait « sortir « la lumière des ténèbres [3], » changea notre deuil en joie, notre tristesse en gaîté. Le soudan, nous envoyant un de nos prisonniers, entreprit de traiter avec nous pour la paix ou pour une trêve, et pendant ces négociations nous réparâmes joyeusement notre fossé

---

[1] Lament. de Jérém., ch. 3, v. 13 et 14. — [2] Ps. 76, v. 9. — [3] IIe Ép. de saint Paul aux Corinth., ch. 4, v. 6.

et nos retranchemens. Cependant les matelots, traîtres à la chrétienté, et avec eux un grand nombre de pèlerins, plus occupés d'eux-mêmes que compatissans pour leurs frères, devançant l'époque ordinaire des passages et laissant les champions du Christ exposés au plus grand péril, détachèrent leurs voiles pour quitter le port que nous occupions, nous livrant ainsi à la tristesse et relevant le courage des Babyloniens. Ceux-ci, abandonnant alors leurs négociations de paix, la veille de la fête de saint Cosme et Damien, et le jour suivant, qui était un samedi, nous attaquèrent avec une férocité de barbares et leur impétuosité accoutumée, sur le fleuve avec leurs galères et leurs crampons de fer, sur la terre avec des mangonneaux, armés de boucliers et de bâtons, et faisant tous leurs efforts pour combler notre fossé. Mais le rude guerrier, « qui fait triompher Israel [1], » déployant sa bienveillance accoutumée, défendit son camp, en envoyant par mer Savari de Mauléon, qui arriva avec des galères armées et un grand nombre de combattans, au moment même de notre plus grand danger. Et nous, élevant nos cris vers le ciel et exempts de crainte, nous résistâmes avec vigueur, et après les avoir tués, blessés et mis en déroute, nous les forçâmes à se retirer, par la puissance de celui qui sauve ceux qui espèrent à lui, et à la suite de trois journées d'attaques continuelles.

Cependant la ville de Damiette, désolée plus qu'on ne peut le croire ou le décrire, par la longueur du siége, par le fer, la famine et l'horrible peste, mettait toute son espérance dans la paix que le soudan avait

---

[1] Rois, liv. 1, ch. 15, v. 29.

promise à ses habitans. La disette était venue à un tel point qu'on y manquait de toutes sortes de vivres et qu'on n'y avait en abondance que du pain gâté. Les grains ne se conservent pas long-temps en Égypte, à cause des terres molles qui les produisent; cependant au-dessus de Damiette et dans les environs de Babylone on les garde pendant des années à l'aide de quelques artifices. Nous avons entendu dire qu'à cette époque un coing se vendait à Damiette onze byzantins. La famine amena parmi les habitans diverses espèces de maladies; entre autres incommodités qu'ils eurent à supporter, la nuit ils étaient comme frappés de cécité, et ne pouvaient rien voir. Le soudan les berçait tous les jours de vaines promesses et les empêchait ainsi de se rendre. Enfin ils comblèrent intérieurement les abords de leurs portes, afin qu'aucun d'entre eux ne pût se rendre vers nous et nous faire savoir à quel point les jours de l'affliction s'étaient levés pour eux. S'il arrivait que quelqu'un d'eux parvînt à s'échapper par quelque fausse porte ou en descendant du haut des tours à l'aide de cordes, son corps gonflé et détruit par la faim nous prouvait évidemment à quel degré de misère étaient réduits ses compatriotes. Les Sarrasins du dehors et des environs, qui venaient aussi nous attaquer, commençaient également à n'avoir plus autant de pain et de fourrages. Le Nil, qui croît ordinairement depuis la fête de saint Jean-Baptiste jusqu'à l'Exaltation de la Croix, et qui inonde pendant ce temps toute la plaine, ne s'éleva pas cette année, selon son usage, à la hauteur que les Égyptiens ont coutume de marquer, et nous avons lieu de croire qu'il laissa à sec une grande partie

de la terre, et qu'elle ne put être labourée ni ensemencée en temps opportun.

Alors le soudan, redoutant la cherté des vivres et la famine, et desirant cependant conserver Damiette, conclut avec son frère Conradin un arrangement en vertu duquel on devait nous rendre la sainte croix, qui nous avait été enlevée par Saladin, la sainte cité de Jérusalem, tous les prisonniers qu'on trouverait vivans dans les royaumes de Babylone et de Damas, nous donner en outre une somme pour relever les murailles de Jérusalem, enfin nous restituer intégralement le royaume de Jérusalem, en se réservant seulement les châteaux de Crac et de Mont-Réal, pour lesquels le soudan offrit de payer tribut, tant que la trève durerait. Ces deux châteaux, situés en Arabie, ont sous leur dépendance sept autres citadelles très-fortes, et les commerçans sarrasins, ainsi que les pélerins qui se rendent à la Mecque ou qui en reviennent, passent devant ces châteaux; celui qui occuperait Jérusalem et qui en aurait la force et la volonté, pourrait faire beaucoup de mal aux habitans de ces châteaux et détruire leurs vignes et leurs champs.

Le roi, les Français, le comte de Leicester et les capitaines teutons furent d'avis et soutinrent obstinément qu'il fallait accepter ces propositions, qu'ils jugeaient utiles à la chrétienté; et certes il ne faut pas s'en étonner, car ils auraient accepté des conditions beaucoup moins bonnes, qu'on leur avait offertes auparavant, si on ne leur eût résisté avec une grande sagesse. D'un autre côté, le légat, le patriarche, les évêques, les Templiers, les Hospitaliers, tous les capitaines italiens et beaucoup d'autres hommes sages, s'opposèrent avec succès à la conclusion de ce traité, prouvant avec raison qu'il fallait, avant tout, prendre la ville de Damiette.

Cependant le soudan dirigea secrètement vers la ville une grande multitude d'hommes de pied, qui traversèrent les marais ; deux cent quarante d'entre eux prirent la fuite ; mais pendant que les Chrétiens étaient endormis [1]........ ils entrèrent le dimanche soir, après la Toussaint ; enfin les hommes de garde ayant donné l'éveil en poussant des cris, ils furent mis à mort et nous comptâmes plus de trois cents prisonniers.

Le 5 novembre, le Sauveur du monde régnant sur la terre et l'évêque d'Albano remplissant les fonctions de légat du Siége apostolique, la ville de Damiette fut prise par notre activité et notre vigilance, sans traité de reddition, sans résistance, sans violence, pillage, ni tumulte, afin qu'il fût évident qu'une telle victoire ne pouvait être attribuée qu'au Fils de Dieu, qui avait inspiré à son peuple la pensée d'entrer en Égypte, et qui déploya sa puissance dans ce pays. Tandis que la ville était occupée par nous, sous les yeux mêmes du roi de Babylone, celui-ci, selon son usage, n'osa pas franchir notre fossé pour attaquer les chevaliers du Christ, bien disposés à se défendre. Dans le même temps, les eaux du fleuve s'élevèrent considérablement et remplirent notre fossé. Le soudan, couvert de confusion, brûla son camp et prit la fuite. Dieu, qui, le troisième jour, « rassembla en un seul lieu les eaux de dessous

---
[1] Il y a ici une lacune qui rend ce passage un peu obscur.

« le ciel¹, » avait lui-même conduit ses guerriers vers le port de Damiette à travers les eaux de la mer, et les avait fait aborder au mois de mai, le troisième jour de la semaine. Au mois de février et également le troisième jour de la semaine, il les avait dirigés à travers le fleuve pour aller assiéger la ville. Cette ville, qui a été naguère submergée par un tremblement de terre, nous pouvons la comparer « à la gé-« nisse de trois ans, qui crie fortement². » Nous l'appelons génisse à cause de sa dissolution. Elle avait en abondance des poissons, des oiseaux, des pâturages, du grain, des jardins et des vergers; elle faisait un grand commerce, elle exerçait la piraterie, elle nageait dans les délices et dans les péchés, et elle a été consumée dans la Géhenne³. Mais l'heure de son jugement est venue⁴....... Au troisième tremblement de terre les habitans périrent, mais la ville subsista toute entière. Elle fut d'abord assiégée par les Grecs et les Latins, qui abandonnèrent leur entreprise. Cette troisième fois le Roi des rois, le Seigneur des seigneurs l'a livrée à ses serviteurs, marchant sous la conduite de Jésus-Christ, qui vit, règne, commande et triomphe, qui fit les inondations qui fécondent les semences de l'Égypte, qui jeta la confusion « parmi « ceux qui travaillent en lin, qui en font des ou-« vrages fins, et qui font des tissus de réseaux⁵. »

Les chevaliers du Christ étant entrés sous sa conduite dans la ville de Damiette, y trouvèrent les places jonchées de corps morts, que la peste et la famine

---

¹ Genèse, ch. 1, v. 9. — ² Isaïe, ch. 15, v. 5. — ³ Apocalypse, ch. 18.
⁴ Nouvelle lacune.
⁵ Isaïe, ch. 19, v. 5.

avaient épuisés ; de l'or et de l'argent en grande quantité, des étoffes de soie, propriétés des négocians, en une extrême abondance, et d'immenses richesses en toutes sortes d'effets précieux. Indépendamment de sa position naturelle, cette ville est encore fortifiée par une triple muraille et par de nombreuses tours construites en briques, et grandes ; elle est comme la clef et le rempart de toute l'Égypte, et se trouve placée entre Rassit et la plaine de Thanis, sur l'ancienne terre de Gessen [1], autant qu'il est permis de le conjecturer, laquelle est riche en pâturages, et qui, au temps de la famine de Chanaan, fut demandée à Pharaon par les enfans d'Israel. Damiette, Damiette, ville célèbre dans tous les royaumes, belle, et rivale de Babylone, qui domines sur la mer, et qui fus prise d'assaut r r tes ennemis, à l'aide de petites échelles, maintenant tu es humiliée sous la main puissante de Dieu, et ayant rejeté l'époux adultère que tu avais long-temps retenu, tu es retournée à ton premier époux. Toi, qui mettais au monde des enfans bâtards, possédée maintenant d'une manière solide par les adorateurs du Christ, tu ne donnes plus la vie qu'à des enfans légitimes, élevés pour le culte du Fils de Dieu. L'évêque d'Accon trouva chez toi les ames dont il offrit à Dieu les prémices ; et les petits enfans qu'il recueillit dans ton enceinte, pour les rendre à la vie au moment où ils étaient près de la mort, furent purifiés par ses soins et par l'eau sacramentelle du baptême. Tu as subi des châtimens multipliés ; car, sans compter ceux qui ont été pris vivans dans ton sein, on calcule que les individus des deux sexes qui mouru-

[1] Genèse, ch. 46, v. 34.

rent dans l'enceinte de tes murailles pendant le temps du siége furent au nombre de mille, et même davantage; le Seigneur les frappa sans avoir recours au fer ni au feu, ne pouvant supporter plus long-temps les impuretés qui te souillaient. Que l'Église universelle se réjouisse donc, et rende au Seigneur de justes actions de grâces pour un si grand triomphe; et non seulement à cause de la prise de Damiette, mais en outre pour la destruction de la dangereuse citadelle du mont Thabor, et pour le rétablissement de la libre communication avec Jérusalem, afin que ses murailles puissent être relevées au temps déterminé à l'avance par le Très-Haut; qu'elle rende grâces aussi pour la fondation du château des Pélerins, que les chevaliers du Temple ont construit à grands frais dans une position inexpugnable, dont nous avons déjà donné la description.

Réjouis-toi, province de Cologne, célèbre les louanges de Dieu, livre-toi à tes transports, puisque, par les bras de tes habitans, par tes instrumens de guerre, par tes guerriers et tes armes, par tes vivres et tes trésors, tu as secondé cette expédition plus que tout le reste du royaume des Teutons. Et toi, Cologne, ville de saints, dont les jardins ont donné des rejetons aux lis des vierges, aux roses des martyrs, aux violettes des confesseurs de la foi, fléchis le genou pour célébrer la dévotion de tes filles, et fais retentir hautement d'infinies actions de grâces.

Avant la prise de Damiette, nous eûmes connaissance d'un livre écrit en arabe, et dont l'auteur déclare n'être ni juif, ni chrétien, ni sarrasin. Quel qu'il eût été, il prédisait dans son livre les maux que

Saladin devait faire endurer dans sa cruauté au peuple chrétien, par la destruction de Tibériade, par la victoire qu'il remporta sur les Chrétiens, lorsqu'il emmena en captivité le roi de Jérusalem et les princes, et renversa la ville d'Ascalon, et par les efforts qu'il fit, quoique infructueusement, pour se rendre maître de Tyr ; l'auteur annonçait aussi tous les autres maux que les péchés de ce temps amenèrent bien justement. Il prédisait en outre la destruction des jardins et des palmiers de Damiette, événement que nous voyions s'accomplir en même temps que nous prenions connaissance de ce livre par des interprètes ; il annonçait que Damiette devait être prise par les Chrétiens. Le nom de Saladin ne se trouvait pas écrit dans son livre, mais il y était désigné par les yeux noirs et par les bannières jaunes. Il prédisait en outre qu'un roi chrétien devait détruire la ville de la Mecque, en Nubie, et disperser les ossemens de Mahomet, le faux prophète ; et il ajoutait quelques autres prophéties, qui ne se sont pas encore réalisées. Mais si elles viennent à s'accomplir, elles tourneront à la plus grande gloire du christianisme, et à l'abaissement des Agariens. Nous savons que quelques gentils ont eu le Saint-Esprit dans la bouche, quoiqu'ils ne l'eussent point dans le cœur, et qu'ils ont rendu des prophéties évidentes au sujet du Christ. Ainsi nous ne sommes nullement étonnés que l'eau la plus pure passe quelquefois par des canaux de pierre.

Lorsque la renommée eut répandu dans le monde entier la nouvelle que la ville de Damiette avait été prise par les Chrétiens, des lettres des Géorgiens arrivèrent bientôt au camp des catholiques. Les Géorgions disaient dans ces lettres que leur roi ayant convoqué ses princes, leur nation, indignée et remplie de courage, avait résolu et juré d'assiéger quelque ville célèbre appartenant aux Sarrasins, déclarant qu'il serait trop honteux pour eux que leurs frères des pays situés au-delà des mers et dans les régions les plus lointaines, fussent venus, à travers tous les périls de la vaste mer, assiéger longuement et prendre enfin une ville si bien fortifiée, si eux-mêmes, à qui il était beaucoup plus facile d'attaquer les Infidèles, ne s'emparaient, par la force des armes, de Damas, ou de toute autre ville ou place fameuse.

Les Géorgiens sont adorateurs du Christ, selon le rit des Grecs; ils habitent dans le voisinage des Perses, et sont séparés de la terre de promission par une longue étendue de pays. Leur territoire se prolonge jusqu'aux monts Caspiens, au milieu desquels sont enfermées dix tribus qui attendent la venue de l'Antechrist, et qui doivent à cette époque en sortir violemment et faire un grand carnage. Les Géorgiens sont belliqueux; ils ont la tonsure sur la tête, les clercs la portent en rond, les laïques en carré; leurs femmes, dans l'Ordre des nobles, sont instruites à faire la guerre. Les hommes, lorsqu'ils se rangent en bataille pour attaquer leurs ennemis, ont chacun une gourde grosse comme le poing et remplie de vin......[1] Ils en boivent rapidement, et s'élancent ensuite avec vigueur sur leurs adversaires.

Nous n'hésitons point à dire que nous devons compter parmi les bienfaits de notre Sauveur Jésus-Christ la protection qu'il accorda à nos grands, en les dé-

[1] Il y a ici une lacune.

fendant pendant le siége de Damiette des poignards des Sicaires. En effet les Assissins, et principalement leur maître, le Vieux de la montagne, étaient alors dans l'usage de diriger des poignards contre les Chrétiens, pour arracher la vie à ceux qui gouvernaient plus particulièrement les affaires de la chrétienté. Ainsi, dans le temps même d'une trève, ils avaient tué traîtreusement le fils du comte de Tripoli, jeune homme considérable, qu'ils frappèrent à Carchusa, dans l'église de la bienheureuse vierge Marie, et qui succomba au pied de l'autel. Aussi les chevaliers du Temple ne cessèrent de les poursuivre pour punir une telle violation de la loi religieuse, jusqu'à ce qu'ils les eussent asservis à leur payer tribut. Et en effet ils paient annuellement aux Templiers une somme de trois mille byzantins.

Durant le siége de Damiette, le roi d'Arménie, nommé Léon, mourut dans son pays. Melchisomaphat, fils de Saphadin, fit beaucoup de mal aux Templiers, tandis qu'ils étaient occupés au siége; il leur brûla le bourg du Château-Blanc, détruisit ses fortes tours, et ensuite, lorsqu'il retourna dans ses terres, il fut vaincu par les Sarrasins. Le soudan d'Iconium mourut aussi à cette époque; on croit qu'il avait reçu le baptême. Il eut de grandes bontés pour les Chrétiens, et après avoir rompu une trève avec les Sarrasins, il ordonna de délivrer tous les serviteurs du Christ qu'il trouva chargés de fers dans les forteresses dont il se rendit maître; puis il leur donna l'option de retourner dans leur patrie, s'ils le voulaient, ou d'entrer à son service et de combattre pour lui, en recevant une solde, s'ils l'aimaient mieux. Ce même soudan admit les Chrétiens dans son intimité, si bien qu'il leur confia la garde de sa propre personne, quoique son père eût été tué par Lascaris le Grec. Il protégea aussi, contre les fils de Saphadin, Myralin [1], fils de Saladin, et déshérité par son oncle, et le soutint, autant que le lui permit le calife de Bagdad, le pape de sa nation.

En nous ouvrant par sa puissance les portes de Damiette, le Seigneur, « terrible dans ses conseils sur « les enfans des hommes [2], brisa le bâton des impies « et la verge des fiers dominateurs [3]. » Mais lorsque nous y entrâmes, nous trouvâmes une puanteur intolérable, le spectacle le plus affreux ; les morts avaient tué les vivans. Le mari et la femme, le seigneur et l'esclave, le père et le fils se donnaient réciproquement la mort, en s'infectant les uns les autres. Non seulement les places de la ville étaient jonchées de cadavres, mais en outre on trouvait des corps morts dans les maisons, dans les chambres à coucher, sur les lits. Le mari mort, la femme ne pouvant se lever, manquant de secours ou d'amis pour se soulever, expirait dans l'impossibilité de supporter le voisinage empesté d'un cadavre. On voyait le fils à côté du père, l'esclave à côté de sa maîtresse, et réciproquement, morts du mal des cadavres qui les touchaient; les petits enfans avaient demandé du pain, et n'avaient eu personne qui le rompît pour eux. D'autres enfans, suspendus aux mamelles de leurs mères expirantes, criaient vainement dans leurs bras. Des riches délicats moururent au milieu de monceaux de grains, privés qu'ils étaient des mets dont ils avaient l'habitude, et demandant en vain des melons, de l'ail,

---

[1] Malek-el-Afdal-Noureddyn-Ali. — [2] Ps. 65, v. 5. — [3] Is., ch. 14, v. 5.

des ognons, des animaux engraissés, des poissons et de la volaille, des fruits et des légumes. Dans le peuple, un grand nombre d'individus, épuisés par les longues fatigues qu'ils eurent à endurer, se desséchèrent faute d'alimens. Il périt environ quatre-vingts personnes dans la ville, selon que nous l'avons appris par les rapports des prisonniers, depuis le moment où le siége fut complétement établi, sans parler de tous ceux que nous y trouvâmes en bonne santé ou malades à la mort, et dont trois cents des plus considérables, et des deux sexes, sont tenus en réserve par nous pour servir à la rançon de nos prisonniers. D'autres sont morts après nos victoires; il y en a qui ont été vendus fort cher, d'autres enfin ont reçu le baptême et ont été donnés au Christ.

Les murailles de la ville de Damiette s'élèvent graduellement l'une sur l'autre. La première est basse, et sert à défendre le fossé; la seconde est plus élevée, et la troisième encore davantage. Celle du milieu a vingt-huit tours principales, ayant chacune deux ou trois étages, et qui demeurèrent toutes intactes, ainsi que leurs murs, à l'exception d'une seule, qui fut un peu ébranlée par les coups réitérés dont la frappèrent les Templiers.

Notre armée se livra tellement à la paresse que les chevaliers, entièrement adonnés à l'oisiveté, négligèrent l'œuvre du Christ. Le peuple se répandit dans les cabarets, ou s'occupa d'entreprises frauduleuses de commerce. On construisit à grands frais deux machines appelées *chats* pour combler le fossé; l'une fut mise sous la garde du roi, l'autre sous la garde des Romains, et toutes deux furent brûlées. Lorsque

les ennemis étaient encore sous les armes et défendaient la ville, nous avions creusé deux fossés souterrains afin de miner les fondations des remparts; mais ces travaux devinrent inutiles après nous avoir constitués en grande dépense. Ainsi le Seigneur voulut donner la ville, toute entière et sans aucune dégradation, à ceux qui la prirent par le secours de sa puissance. Quand nous en fûmes devenus maîtres nous jurâmes tous de réunir en masse les dépouilles enlevées dans la place, afin qu'elles fussent partagées entre les vainqueurs. Le légat du Siège apostolique le commanda également, prononçant un terrible anathème contre ceux qui désobéiraient, et les déclarant infâmes à jamais et semblables à Achan, « qui avait « dérobé quelque chose de l'anathème Jéricho[1]. » Toutefois la convoitise des yeux ne laissa pas de faire beaucoup de larrons. Nous rassemblâmes cependant, dans l'intérêt général, une grande partie des richesses délicieuses de l'Égypte, de l'or et de l'argent, des perles et des grains d'ambre, des fils d'or, des amulettes de diverses espèces, de précieuses étoffes de soie, et tous ces objets dont Isaïe a fait l'énumération en disant :
« En ce jour-là le souverain maître leur ôtera leurs
« chaussures magnifiques, leurs coiffes à réseaux,
« leurs croissans d'or, leurs colliers tombant sur la
« poitrine, leurs bracelets, leurs voiles déliés et
« tremblans, leurs bonnets élevés, leurs jarretières,
« leurs chaînes d'or, leurs boîtes de parfums, leurs
« pendans d'oreilles, leurs bagues, les ornemens qui
« leur pendent sur le front, ces habits dont elles chan-
« gent si souvent, leurs écharpes, leurs beaux tabliers

[1] Josué, ch. 7.

« et leurs bourses, leurs miroirs, leur fin linge, leurs
« rubans et leur habillement léger [1], » et beaucoup
d'autres choses encore que personne ne serait en état de
compter. Nous employâmes beaucoup de temps à éva-
luer tous ces objets, et ensuite ils furent distribués à
l'armée du Seigneur avec tout le grain que l'on avait
trouvé dans la ville. Le légat du Siége apostolique
concéda à perpétuité la ville de Damiette et toutes
ses appartenances et dépendances au royaume de
Jérusalem. La mosquée de Damiette, construite en
carré, fut convertie, sous l'invocation de la sainte
Trinité, en une église de la bienheureuse Vierge.
Elle paraît avoir en largeur à peu près autant d'é-
tendue qu'en longueur; elle est supportée par cent
quarante-neuf colonnes en marbre; on y voit sept
portiques, et au milieu de l'église est une grande et
large ouverture d'où s'élève une haute pyramide. On
y a fondé quatre principaux autels; le premier, sous
l'invocation de la Vierge bienheureuse; le second,
consacré au prince des apôtres, Pierre; le troisième,
à la sainte Croix, le quatrième, à Pierre Barthélemy,
dont le jour de fête fut celui où nous nous emparâmes
de la tour située au milieu du fleuve.

On trouva à Damiette quatre grandes machines avec
beaucoup de pierriers et de petits mangonneaux, des
balistes à cornes très-fortes, un nombre infini de très-
grandes balistes et d'arcs, et enfin beaucoup d'autres
armes de toutes espèces, que l'on a conservées pour
l'usage des Chrétiens. L'or et l'argent, les perles et les
autres objets mobiliers furent distribués proportion-
nellement, non seulement entre les clercs et les che-

---

[1] Isaïe, ch. 3, v. 18 et suiv.

valiers, mais aussi entre les soldats, les femmes et les petits enfans. Les tours de la ville furent réparties entre tous les États qui avaient fourni des combattans pour cette expédition. D'abord on jugea convenable d'en mettre une en réserve, et de la donner à l'église romaine, avec sa porte, que l'on appelait auparavant porte de Babylone, et que l'on nomme maintenant porte romaine. Une autre tour a été destinée à l'archevêque de Damiette. De même qu'autrefois la cité du Dieu vivant, Jérusalem la sainte, fut enlevée aux ennemis pendant la nuit, de même aussi les Chrétiens se sont emparés de Damiette avant le point du jour.

Les Teutons et les Frisons donnèrent d'un commun accord la machine qu'ils avaient construite pour prendre la tour du fleuve, et l'on s'en est servi pour faire un nouveau pont entre la ville et le fort que l'on construit pour défendre la rive opposée à celle de la ville. On a fait en outre deux petites tours pour la défense de ce même pont. A l'extrémité des grands mâts auxquels on avait suspendu les échelles, et qu'on a placés au sommet du nouveau fort, on a établi un beffroi, destiné à signaler le port de très-loin aux yeux de ceux qui sont en mer. Le vieux pont qui touchait aux deux rives entre lesquelles l'île se trouve située, avait été fréquemment attaqué par les Sarrasins du temps du siége, et vigoureusement défendu par les Chrétiens; maintenant il a été réparé, et est employé à d'autres services.

Ce ne fut pas un moindre miracle, ce fut même un plus grand miracle, celui par lequel le Seigneur donna aux Chrétiens la ville de Thanis, pendant le mois de novembre et le jour de la fête du bienheureux Clément, qui a sa petite habitation dans la mer. On avait envoyé des éclaireurs, au nombre de mille environ, dans de petits bâtimens, sur le petit fleuve nommé le Thanis, pour enlever des vivres dans les casals, et pour observer exactement la position de cette ville. Les Sarrasins enfermés dans la citadelle en ouvrirent les portes, et prirent la fuite. Les nôtres, n'ayant que le Christ pour capitaine, enfoncèrent les portes des temples, et y entrèrent. Ils nous ont affirmé à leur retour n'avoir jamais vu une citadelle mieux fortifiée. Elle a sept tours très-solides et toutes voûtées. En outre, elle est entourée d'un double fossé, chacun d'eux garni d'une muraille, et précédé de remparts. Les eaux d'un vaste lac l'enveloppent de tous côtés, si bien qu'en hiver il serait impossible à des cavaliers d'y aborder, et très-difficile en été, et que notre armée n'eût jamais pu s'en emparer en en faisant le siége. Ce lac est très-poissonneux; et, selon ce que nous ont dit les gens âgés, le droit d'y pêcher rapportait tous les ans quatre marcs d'argent au soudan de Babylone. On y trouve beaucoup d'oiseaux et de salines, et il y a tout autour un grand nombre de casals qui dépendent de la ville. Jadis célèbre et plus grande que Damiette, elle n'a plus maintenant que son château, mais les ruines de ses édifices attestent encore sa grandeur. Le prophète fait allusion aux plaines de Thanis dans ce passage où il dit : « Vous êtes le Dieu qui opère des merveilles, vous « avez fait connaître votre puissance parmi les peu- « ples [1]. » Isaïe a dit aussi : « Certainement les prin- « ces de Thanis ont perdu le sens, ces sages conseil-

[1] Ps. 77. v. 15.

« lers de Pharaon ont donné un conseil plein de
« folie [1]. » On assure que ce fut dans Thanis que
Jérémie fut lapidé. Après la destruction de Jérusalem
par les Babyloniens, et après qu'Ismael eut mis à mort
Godolias [2], les restes du peuple qui avait été massacré s'élevèrent contre les conseils de Jérémie, l'emmenèrent en Égypte, et Jérémie habita avec eux à
Thanis. « Alors le Seigneur parla à Jérémie, lorsqu'il
« était dans Thanis, et lui dit : Prenez dans votre
« main de grandes pierres, et cachez-les dans l'argile,
« dans la tuilerie qui est à l'entrée de la maison de
« Pharaon [3]. » Et dans la suite, Jérémie leur parla :
« Écoutez la parole du Seigneur : J'ai juré par mon
« grand nom, dit le Seigneur........ que tous les hom-
« mes de Juda qui sont en Égypte périront par l'épée
« et par la famine, jusqu'à ce qu'ils soient entière-
« ment exterminés [4]. » Et alors le peuple se souleva
contre Jérémie, et le lapida avec les pierres qu'il avait
cachées dans la tuilerie. Les Égyptiens honorèrent le
prophète, et l'ensevelirent auprès des tombeaux des
rois, car, par ses prières, il avait mis en fuite les crocodiles. Alexandre le Macédonien ayant visité le sépulcre du prophète, et connaissant le mystère de cet
asile, le transféra à Alexandrie, et le fit ensevelir avec
honneur.

A Damiette, nous avons trouvé et tué des crocodiles. Cet animal aquatique et cruel dévore les
hommes et les animaux ; il fait éclore ses œufs par la
seule force de son regard, et en dirigeant vers eux

---

[1] Isaïe, ch. 19, v. 11. — [2] Rois, liv. IV, ch. 25, v. 23; et Jérémie, ch. 41, v. 2. — [3] Jérémie, ch. 43, v. 8 et 9. — [4] Ibid., ch. 44, v. 26 et 27.

ses yeux ouverts. Mais les petits, aussitôt qu'ils sont éclos, le fuient comme un ennemi; car le crocodile avale et dévore tout de suite ceux qu'il peut atteindre. Tandis que tous les autres animaux ne font mouvoir que leur mâchoire inférieure, le crocodile, par une bizarrerie de la nature, fait mouvoir sa mâchoire supérieure.

La ville de Thanis est éloignée de Damiette d'une journée de marche par mer, du côté de la terre de promission, en sorte qu'il est également facile, d'Accon ou de Damiette, d'y établir une garnison, et d'y faire passer des vivres, par terre, par mer et par le fleuve. Elle fit beaucoup de mal aux Chrétiens durant le siége de Damiette, lorsque les vaisseaux qui venaient vers nous ou qui repartaient de notre camp y étaient jetés par la force des vents. En effet, le rivage de la mer y forme un grand et large golfe, qui se dessine en arc de cercle, mais qui n'a point de port, et lorsque les vaisseaux y sont une fois engagés, il leur est impossible d'en sortir si le vent n'est très-favorable.

Conradin étant retourné en Palestine, assiégea le château de Césarée, qui avait été confié à la garde du roi, et en peu de temps il le prit et le détruisit, ceux qui étaient chargés de le défendre s'étant conduits fort négligemment. Ils se sauvèrent presque tous cependant, attendu que leurs communications avec la mer n'avaient pas été interrompues. De là Conradin se rendit avec toute son armée devant le château du Fils de Dieu; il aurait bien voulu l'assiéger et l'investir de toutes parts, mais il comprit avec habileté qu'il n'y avait pas moyen de le prendre, et de plus il trouva les Templiers déterminés à braver tous les périls, après avoir bien fortifié leur citadelle et l'avoir approvisionnée en vivres et en armes de tout genre. Dans le même temps les Templiers repoussaient vigoureusement loin d'Accon des brigands sarrasins, dont les uns furent tués et les autres retenus en captivité. Conradin leur avait demandé du secours, et ils étaient venus au lever du soleil assiéger Accon; mais ils ne purent réussir dans leur entreprise, par suite des dissensions irréconciliables qui divisaient les princes de ce pays, et qui furent infiniment utiles aux Chrétiens; le calife, pape des Sarrasins, faisait tous ses efforts pour apaiser ces haines.

L'an 1220 de l'Incarnation du Seigneur, Conradin, prince de Damas, fit détruire Saphet, château très-fort, que Saladin, le fléau des Chrétiens, avait assiégé long-temps, et avec une telle opiniâtreté, qu'à la fin ses défenseurs épuisés, et n'ayant plus de vivres, s'étaient vus obligés de le rendre au tyran, après en avoir obtenu la permission du maître des chevaliers du Temple. Quelle voix, quelle langue pourrait raconter les bienfaits multipliés du Sauveur, que sa bonté accoutumée, les sentimens de clémence qui lui sont naturels et les supplications continuelles de l'Église engagèrent à laisser tomber sur le camp des fidèles des regards pleins de bienveillance? « La prière « l'adoucit, les larmes le contraignent à se rendre. » Et comment, lorsque le cœur frappé d'étonnement ne saurait suffire à célébrer ses louanges, comment la main de celui qui écrit, ou la langue de celui qui parle, pourrait-elle y parvenir? Toutefois il est permis de récapituler et d'admirer les miracles que le Père de la lumière daigna opérer en si peu de temps. Les enfans d'Israel étaient présens, et faisaient le tour de la ville de Jéricho, portant l'arche du Seigneur, et sonnant des trompettes; et le septième jour ils poussèrent un grand cri, « et à l'heure même les murailles de Jéricho tom-« bèrent et s'écroulèrent ¹, » afin que le peuple du Seigneur pût entrer librement dans cette ville. Mais nous, lâches et remplis de crainte, nous nous endormîmes devant Damiette, et nous ne fûmes d'accord que pour nous engourdir dans l'oisiveté. Et cependant on vit tomber les murailles de Jérusalem et du mont Thabor, de Saphet et des autres forteresses qui nous résistaient. En outre, le Très-Haut nous donna Damiette, en dépit même des desirs de quelques faux Chrétiens; il nous donna le château inexpugnable de Thanis et des vivres en abondance; et celui qui fournit la manne du ciel à ses adorateurs, lorsqu'ils étaient dans le désert ², nous ouvrit aussi, sur la terre ennemie, les trésors de ses largesses. Il est donc évident aux yeux de tous, par les miracles qui furent accomplis, que ce saint pélerinage était agréable à Dieu. Qu'ils soient couverts de confusion, ceux qui reçurent, par l'Église, la solde du souverain roi, et qui, combattant négligemment ou se retirant avant le temps, ont ainsi gâté l'œuvre de leur pélerinage, car ils en rendront raison au Christ, au juge qui ne peut être ni trompé ni séduit. Que les paresseux qui n'ont pas accompli leurs vœux se réveillent, car « c'est « une ruine à l'homme de dévorer ce qui est consacré « à Dieu, et après avoir fait des vœux, de chercher à

---

¹ Josué, ch. 6, v. 11-20. — ² Exode, ch. 16, v. 13 et suiv.

« les éluder¹. » Quelle excuse donneront, au jour de la tribulation et des angoisses, ceux qui ont détruit le fruit des travaux des autres, frappant de mort les ames que les vrais prédicateurs avaient vivifiées, et qui, n'écoutant que leur propre avarice, ont enlevé le signe de la croix sur les épaules de ceux qu'ils ont forcés de méconnaître leurs vœux? Qu'ils rentrent dans le fond de leur cœur ceux qui sont accusés et convaincus par leur conscience d'avoir faussement allégué leur pauvreté ou d'autres infirmités, pour surprendre la religion de ceux qui les examinaient, puisqu'il n'appartient qu'à Dieu seul de juger selon la vérité. Ceux qui ont frauduleusement détourné les aumônes recueillies pour porter secours à la Terre-Sainte, ayant menti au Saint-Esprit et dissimulé leurs fautes, périront ayant en partage le sort d'Ananias et de Saphire², et seront livrés au feu de la gehenne comme Judas, qui était larron³, et qui trahit son Seigneur, parce que, traîtres envers la chrétienté, ils ont retenu pour eux la solde des chevaliers, livrant leur ame pour des biens passagers, que leur cupidité les a poussés à dérober. Ils ne se sont pas souvenus de Jérusalem notre mère, qui, couchée dans la poussière, desire ardemment d'être relevée par ceux qui reviendront de la captivité de Babylone. Console-toi, cité du Seigneur, car les peuples les plus éloignés viendront à toi et, t'apportant des présens, adoreront Dieu dans tes murailles⁴. Ils seront bénis et remplis de joie ceux qui t'auront relevée : « pour toi, tu te « réjouiras dans tes enfans..... Heureux tous ceux

---

¹ Salomon, Proverbes, ch. 20, v. 25. — ² Actes des Apôtres, ch. 5. — ³ Évang. selon saint Jean, ch. 12, v. 6. — ⁴ Isaïe, ch. 49 et 60.

« qui t'aiment et qui mettent leur joie dans ta paix[1]! »

Au retour de l'époque de l'année où les rois ont coutume de partir pour la guerre, il arriva que Jean, roi de Jérusalem, abandonna le camp des fidèles, alléguant de nombreux prétextes pour s'excuser de son départ, promettant de revenir promptement, mais oubliant le passé pour s'occuper de l'avenir, tandis cependant que le Seigneur, ouvrant la main, remplissait le port de Damiette de toutes sortes de richesses, en vin, en froment et en huile, et y faisait arriver une grande affluence de pèlerins et de chevaux, afin que le roi demeurât entièrement inexcusable de ne pas poursuivre le succès d'une entreprise si heureusement commencée.

On vit arriver, avec ce sixième transport de pèlerins, les archevêques de Milan et de Crète, les évêques de Gênes et de Reggio, et des députés du roi Frédéric, portant des lettres de lui avec des bulles d'or et annonçant son arrivée. Il y avait aussi l'évêque de Brescia et beaucoup de chevaliers italiens. Le légat considérant que c'était une grâce particulière de la faveur divine que de voir rassemblé, par les bienfaits du ciel, tout ce qui pouvait assurer le succès d'une expédition, était dévoré de douleur de voir qu'on perdît inutilement son temps et des circonstances si favorables. En conséquence, les grands ayant été convoqués, le légat d'abord, et après lui l'archevêque de Milan et les autres évêques firent tous leurs efforts pour les déterminer à marcher contre le soudan, qui avait campé sur les bords du Nil, à une journée de Damiette ; mais les chevaliers, ayant délibéré, repous-

[1] Tobie, ch. 13, v. 17 et 18.

sèrent ces propositions, donnant pour principal prétexte de leur refus, que le roi de Jérusalem était parti spontanément et qu'il n'y avait parmi eux aucun prince en état de conduire le peuple du Seigneur, ni à qui les hommes des diverses nations voulussent obéir. Ainsi tous s'accordèrent pour demeurer en repos, et par là s'accrurent les calamités de notre camp. Au mois de juillet on vit arriver le comte Matthieu, de la Pouille, conduisant huit galères, dont deux étaient armées en course pour attaquer les Chrétiens, et qu'il avait enlevées sur son passage.

FIN DE L'HISTOIRE DES CROISADES
PAR JACQUES DE VITRY.

LETTRE

DU GRAND JACQUES,

ÉVÊQUE D'ACCON.

ÉCRITE AUX RELIGIEUX DE SES AMIS ET DE SA CONNAISSANCE, VIVANT DANS LA LORRAINE, AU SUJET DE LA PRISE DE DAMIETTE.

A ses frères très-chéris et fidèles en Christ, à maître Jean de Nivelle et autres, Jacques, par la permission divine, humble ministre de l'église d'Accon.

> Le joug du Christ est doux à porter
> avec joie et de concert.

« Qu'ils rendent gloire au Seigneur en publiant ses « miséricordes et les merveilles qu'il a faites en fa- « veur des enfans des hommes, car il a brisé les por- « tes d'airain, et il a cassé les barres de fer qui les « fermaient [1]. Il nous a assujéti les peuples, il a mis « les nations sous ses pieds [2]. » La ville qui faisait la gloire des païens, en laquelle les incrédules met- taient leur confiance, la ville très-forte et inexpu- gnable, que beaucoup de rois et de peuples avaient

---

[1] Ps. 106, v. 15 et 16. — [2] Ps. 46, v. 4.

assiégée, sans pouvoir jamais la vaincre, de nos jours le Seigneur l'a livrée à la sainte Église et à l'armée des Chrétiens; « il a brisé la puissance des impies [1], » nous ouvrant une large porte pour subjuguer les Infidèles, et pour étendre l'empire du Christ, afin que, les petits renards étant pris et assujétis, la vigne du Seigneur des armées se propage au loin, comme une plantation nouvelle, et que le cep qui ne produisait que des fruits sauvages, produise de bons raisins; afin que, dans les lieux où a été tant de fois invoqué le nom maudit du perfide Mahomet, nom abominable qu'a inventé la bouche du démon, on n'invoque plus désormais que le nom béni de Jésus-Christ, nom glorieux qu'a prononcé la bouche du Seigneur; afin que les Égyptiens apprennent à connaître le Seigneur, et se convertissent à lui; afin que la lumière de la vérité revienne de l'Occident dans l'Orient. Car « notre puissant et invisible protecteur n'est pas « comme leurs dieux; que nos ennemis en jugent « eux-mêmes [2], » en voyant la puissance du Seigneur et les miracles qu'il a faits lors de la prise de Damiette. Je vais publier comment et par quelles merveilles cet événement a été accompli.

Après que les Sarrasins nous eurent attaqués plusieurs fois dans l'intérieur de nos barrières et de notre fossé, sans réussir dans leurs entreprises, ayant au contraire perdu un grand nombre des leurs, et s'étant retirés couverts de confusion, alors recourant aux armes accoutumées de la perversité, ils essayèrent, par un langage trompeur et par des paroles de paix, de séduire et de circonvenir les nôtres, nous pro-

---

[1] Ps. 74, v. 10. — [2] Deutéronome, ch. 32, v. 31.

mettant beaucoup de choses, si nous voulions nous retirer et abandonner le siége de Damiette. Ces offres, qui n'avaient que de l'apparence, furent jugées cependant dignes d'attention par ceux qui ne se tenaient pas suffisamment sur leurs gardes. Et d'abord ils nous promirent de nous rendre la sainte Croix et tout le pays de la plaine avec la ville de Jérusalem, le sépulcre du Seigneur et tous les Chrétiens qu'ils avaient en leur pouvoir ; et en outre, de nous donner de l'argent pour relever les murailles de Jérusalem. En second lieu, ils promirent encore de nous restituer un certain château situé auprès de la ville de Tyr, et nommé Thoron, et quelques autres forteresses, savoir Saphet, Beaufort et Bélinas, dont ils avaient renversé les murailles, se réservant en même temps les châteaux de Crac et de Mont-Réal, mais promettant de nous payer annuellement un tribut, en indemnité de ces deux forts. Beaucoup de nos pélerins jugèrent ces offres importantes et propres à nous satisfaire. Mais ceux qui connaissaient par expérience les fraudes de ces hommes qui changent sans cesse de peau, et principalement les Templiers, les Hospitaliers, les chevaliers de Sainte-Marie des Allemands, le seigneur légat, le patriarche, les archevêques, les évêques, tout le clergé et quelques-uns des pélerins, ne se fiaient nullement à leurs paroles trompeuses, pensant que les Sarrasins n'avaient d'autre intention, sous le voile de cette paix simulée, que de disperser l'armée du Christ, afin que les pélerins qui étaient avec eux s'étant retirés.........[1] et afin de pouvoir ensuite rassembler leur multitude contre nous, et, s'a-

[1] Il y a ici une lacune.

vançant dans leur force, nous enlever de nouveau Jérusalem, le mont Thabor et les autres châteaux. De plus, nous avions des raisons de croire qu'ils n'avaient point la sainte croix en leur pouvoir, car, lorsque les nôtres reprirent sur eux la ville d'Accon, Saladin et les autres Sarrasins recherchèrent très-soigneusement cette croix, pour arracher leurs compagnons à la mort, et ne purent la retrouver.

Mais alors il s'éleva entre nous des discordes et des divisions que les Sarrasins desiraient ardemment et qu'ils cherchaient à exciter par toutes sortes de moyens. Le seigneur légat, homme sage et prévoyant, qui veillait soigneusement à la conduite des affaires du Seigneur, jugea que ces dissensions retardaient beaucoup nos succès et nous mettaient en grand péril, et qu'ainsi l'on abusait de la faveur de Dieu, au moment même où le Seigneur livrait la ville entre nos mains. Cependant, ceux qui habitaient dans cette même ville étaient les uns morts, les autres consumés de faim et de misère, à tel point qu'il n'en restait qu'un petit nombre qui fussent en état de résister encore. Le soudan travaillait nuit et jour à faire entrer de nouveaux combattans dans la place, soit par terre soit par eau. Le seigneur légat ne voulut donc plus attendre, et ne révélant ses projets qu'à quelques-uns des siens, de peur que d'autres ne s'opposassent méchamment à leur exécution, ou que les éclaireurs des ennemis n'allassent leur dévoiler son secret, il se leva un peu avant le milieu de la nuit avec ses chevaliers et ses hommes de confiance, et se rendit vers le fossé de la ville. Les Sarrasins avaient détruit un pont à l'aide duquel on pouvait arriver à la première muraille et à la porte de cette muraille; le légat fit aussitôt rajuster ce pont avec des échelles et des lattes, et l'ayant bientôt franchi, il alla avec les siens mettre le feu à la porte même; ils s'élancèrent ensuite à travers les flammes et se mirent à couvert entre les deux murailles. Ceux qui marchaient les premiers, pendant qu'on brûlait la porte, dressèrent leurs échelles contre la muraille et y montèrent, et les autres franchirent la porte au milieu des flammes. Les citoyens cependant, frappés à la fois de crainte et de stupeur, ayant d'ailleurs perdu leurs forces et désespérant du succès de leur défense, ne résistèrent que faiblement à cette entreprise, et il en résulta qu'aucun des nôtres ne fut tué; quelques-uns seulement reçurent de légères blessures, mais les Sarrasins perdirent beaucoup de leurs hommes, et Dieu livra la ville entre nos mains d'une manière miraculeuse.

Ainsi donc, le 5 du mois de novembre, sous le règne du Sauveur du monde, par les soins et les veilles du seigneur évêque d'Albano, légat du Siége apostolique, l'an de grâce 1219, la ville de Damiette fut prise sans s'être rendue, sans résistance, sans violence, sans pillage ni désordre, afin que cette victoire ne pût être attribuée qu'au seul Fils de Dieu, qui inspira à son peuple le dessein d'entrer en Égypte, et répara ses forces dans le pays même, qui ne donna point sa gloire à un autre et conféra le triomphe à la sainte église romaine. Quelques-uns des nôtres qui ne recherchaient que leur propre gloire et déjà se disputaient entre eux au sujet des dépouilles et du partage de la ville, furent privés de toute gloire par le Seigneur. En effet, le jour ayant paru, le soudan et les hommes de son armée, voyant nos bannières flotter sur les tours et sur les remparts de Damiette, frappés d'une grande terreur et fuyant avec douleur, mirent le feu à leur camp et au pont qu'ils avaient construit sur le fleuve, reconnaissant bien positivement que Dieu, en réprouvant et confondant les Sarrasins, avait combattu miraculeusement pour nous. Au mois de février, le jour de la fête de sainte Agathe, vierge, nous avions franchi le fleuve du Nil, autrement appelé Gihon, tandis que les Sarrasins fuyaient devant nous; puis nous avions investi de toutes parts la ville de Damiette, tant du côté de la terre que du côté des deux îles, et plus de soixante mille Sarrasins s'étaient trouvés dès lors renfermés dans les murailles de la place. Neuf mois après, le 5 de novembre, lorsque nous fûmes maîtres de la ville, à peine y trouvâmes-nous trois mille hommes de cette armée, parmi lesquels il y en avait cent tout au plus qui fussent demeurés en bonne santé et en état de se défendre. Le Seigneur, frappant ses adversaires de la peste, avait tiré le glaive du fourreau, si bien que, lorsque nous entrâmes dans la ville, nous y trouvâmes une si grande quantité de cadavres, que le petit nombre de ceux qui leur avaient survécu étaient entièrement hors d'état de donner la sépulture à tous ces morts, tant ils répandaient autour d'eux une puanteur intolérable.

La ville ayant été nettoyée, le seigneur légat, le patriarche et tout le clergé de la ville d'Accon, portant des cierges et des luminaires, chantant des hymnes et des cantiques de louange et d'actions de grâces, entrèrent solennellement et en procession dans la place, le jour de la Purification de la bienheureuse Marie. Le seigneur légat avait fait préparer la grande basilique et il y officia en l'honneur de la bienheureuse Vierge, au milieu d'un grand concours de peuple, qui témoignait une extrême dévotion; il institua dans cette église un siége archiépiscopal ; rejetant le perfide Mahomet, il consacra plusieurs autres églises encore dans l'intérieur de la ville et célébra assidûment les offices divins, le jour et la nuit, en l'honneur de Dieu et de ses saints.

Nous ne trouvâmes à Damiette que très-peu de vivres, mais en revanche il y avait beaucoup d'or et d'argent, des étoffes de soie, des vêtemens précieux et toutes sortes d'autres effets. Cependant, comme il y avait alors dans notre armée beaucoup de voleurs et de larrons, pèlerins de nom seulement et habiles à dérober, et comme en outre les Sarrasins avaient enfoui sous terre ou jeté dans l'eau une très-grande partie de leur argent, à peine pûmes-nous ramasser, dans l'intérêt général, et répartir ensuite entre les nôtres, quatre cent mille byzantins. Aussi ce fut un grand sujet de scandale, et il s'éleva à cette occasion des rixes et des querelles au milieu de ce peuple insensé et indiscipliné. Quant aux Sarrasins que nous fîmes prisonniers dans la ville, nous mîmes en réserve quatre cents des meilleurs et des plus riches, afin de pouvoir les échanger contre les hommes que nous avions perdus; et tous les autres, comme il eût été trop dispendieux d'en nourrir un si grand nombre, nous les vendîmes aux Chrétiens, pour qu'ils s'en fissent servir à jamais; seulement on en excepta les petits enfans, et je parvins, non sans beaucoup de peine et même de dépenses, à les faire mettre en réserve; ils furent baptisés au nombre de plus de cinq cents, et après le baptême ils ont passé au Seigneur, « pour être les « prémices à Dieu et à l'Agneau [1]. Ce sont ceux qui « ne se sont point souillés avec les femmes, car ils « sont vierges; ce sont ceux qui suivent l'Agneau, « quelque part qu'il aille [2]. » Indépendamment de ceux que nous retînmes pour otages, j'en confiai d'autres encore à quelques-uns de nos amis, afin qu'ils eussent à les diriger vers le culte de Dieu, en leur apprenant à connaître les livres saints.

Le seigneur légat, du consentement des pélerins, destina la seigneurie de cette ville et de ses dépendances à l'accroissement du royaume de Jérusalem, et les conféra au roi de Jérusalem pour être possédées par lui à perpétuité. Les maisons et quelques portions du territoire furent ensuite distribuées aux pélerins, selon les diverses nations qui étaient venues en Élam. Il y avait, dans l'enceinte de la première muraille, vingt-six grandes tours et d'autres plus petites, et ces fortifications eussent rendu la ville inexpugnable, si le Seigneur ne l'eût miraculeusement livrée à son peuple des Chrétiens. En outre de cette ville, Dieu nous livra encore, par un miracle non moins grand, dit-on, que le premier, la ville de Thanis, aussi bien que le château voisin, qui contient dans son enceinte huit tours imprenables et qui ne peut être assiégé d'aucun côté. La ville de Thanis et son diocèse sont réunis à la métropole de Damiette.

Mais afin que nous ne pussions attribuer notre triomphe à nos propres forces ou à notre multi-

---

[1] Apocalypse, ch. 14, v. 4. — [2] Ibid.

tude, afin que nous fussions humiliés et que nous pussions dire avec le prophète : « Ce n'est point dans « mon arc que je mettrai ma confiance et ce ne sera « point mon épée qui me sauvera [1]; c'est le Seigneur « qui abaisse et qui élève [2], » le Seigneur permit que son peuple, avant que la ville lui fût livrée, fût affligé de beaucoup de tribulations, pour le purifier de ses péchés et pour relever la gloire des élus. Un jour, comme les nôtres sortaient en foule, tant chevaliers qu'hommes de pied, pour aller combattre le soudan, marchant comme s'ils n'avaient aucune crainte et se confiant en leurs forces, n'ayant point le Seigneur présent à leurs regards, un grand nombre d'entre eux se portèrent en avant sans humilité, dans leur orgueil et avec fierté, et marchèrent contre les ennemis dans l'espoir d'un gain temporel. Le soudan, qui avait appris par sa propre expérience qu'un petit nombre des nôtres, lorsqu'ils se confient en l'assistance de Dieu, pouvaient vaincre sans aucune difficulté un grand nombre des siens, n'osa pas attendre notre armée et se retira peu à peu, fuyant avec tous ses bagages devant les Chrétiens qui le poursuivaient. Or, lorsque notre armée fut arrivée en dedans du fossé dont le soudan avait environné son camp, nos hommes, un peu fatigués, s'arrêtèrent un moment, et alors..........[3] Mais alors, les ennemis étant survenus, quelques-uns des nôtres tournèrent le dos et se sauvèrent sans être mis en fuite. A cette vue, quelques-uns de nos chevaliers, fermes de cœur, s'étonnant et s'affligeant à la fois de la fuite des leurs, et se formant

---

[1] Psaume 43, v. 7. — [2] Rois, liv. 1, ch. 2, v. 7.
[3] Il y a ici une lacune.

en bon ordre pour protéger les derrières de l'armée, marchaient à la suite en serrant leurs rangs, selon les principes de la science militaire, afin que du moins l'armée pût faire son mouvement de retraite sans éprouver beaucoup de mal. En cette circonstance, quelques hommes ne pouvant soutenir le choc des Sarrasins qui les poursuivaient et qui blessaient les chevaux des nôtres à coups de flèches, abandonnèrent leurs compagnons et échappèrent ainsi aux ennemis. Il en résulta que, le premier jour, avant que nous fussions rentrés dans notre camp, nous perdîmes plus de mille hommes, dont quelques-uns tombèrent sous le glaive et d'autres furent faits prisonniers, après avoir eu leurs chevaux blessés ou morts par l'excès de la chaleur. Beaucoup d'hommes de pied succombèrent aussi à l'ardeur brûlante du soleil; quelques-uns, frappés de folie, par un juste, mais secret jugement de Dieu, moururent seulement de frayeur. Dans la première bataille nous perdîmes plus de deux cents chevaliers, dont quelques-uns furent tués et d'autres emmenés en captivité. Parmi ces derniers on remarquait des hommes nobles, l'évêque élu de Beauvais et son frère, André de Nanteuil, Jean d'Arcies, chevalier vaillant; André d'Espeisse, Gautier, officier de la chambre du roi de France, et son fils, le vicomte de Beaumont; le frère de l'évêque d'Angers, Eudes de Châtillon, et beaucoup d'autres qu'il serait trop long d'énumérer. D'autres encore, recevant en ce jour la couronne des bienheureux, se rendirent dans le sein du Seigneur.

Pour moi, en cette même journée, j'étais sorti sans armes, revêtu seulement de ma cape et de mon surplis avec le seigneur légat et le patriarche, celui-ci portant la sainte croix. Il ne plut pas à Dieu de m'appeler à lui, moi, misérable et indigne, avec les martyrs, et il voulut me réserver encore pour le travail et la douleur.

Le Seigneur rabattit notre orgueil par beaucoup d'autres tribulations. Ayant conduit plusieurs fois tout près de la ville et du côté du fleuve nos vaisseaux armés de leurs échelles, nous fûmes plusieurs fois repoussés. Les Sarrasins nous jetaient des feux grégeois; et leurs machines de guerre, que l'on appelle des pierriers, nous lançaient des pierres qui tuaient quelques-uns de nos hommes. Du côté de la terre, nous fîmes des fouilles, non sans beaucoup de peine et de grandes dépenses; mais les eaux du fossé nous opposèrent des obstacles, qui empêchèrent le succès de cette entreprise. Une autre fois, tandis que nous conduisions vers les nôtres certaines machines de guerre, les Sarrasins lancèrent des feux grégeois en abondance, et les brûlèrent, après nous avoir tué beaucoup de monde. En outre, il arrivait souvent que, malgré nous, ou à notre insu, des ennemis pénétraient dans la place, quelquefois en passant par des souterrains, d'autres fois en traversant le fleuve sous les eaux, apportant ainsi de grands secours à ceux qui habitaient dans la ville. Alors les nôtres tendirent un grand filet au travers du fleuve; et se faisant *pêcheurs d'hommes,* ils saisirent parfois des Sarrasins. Cependant, ayant fait vainement toutes sortes de tentatives, nous en étions presque réduits à ne plus imaginer ce que nous pourrions faire, et la ville avait beaucoup plus de forces un peu avant le moment où elle fut prise, que lorsque nous commençâmes à l'assiéger. Mais le Seigneur se réserva pour lui seul la victoire, et ne nous refusa point la récompense de nos efforts, car nous étions pleins de confiance en Christ, qui nous a ouvert miraculeusement les portes d'Égypte, jetant la lumière au milieu des ténèbres, et poussant son Église jusqu'aux extrémités de la terre.

Quant à vous, priez sans interruption pour l'armée de Jésus-Christ, afin que sa vigne se propage dans la terre de promission, que les églises soient reconstruites, les Infidèles rejetés, la foi restaurée, et que les murailles de Jérusalem, renversées par nos ennemis, soient enfin relevées.

Nos compagnons et amis Jean de Dionant, Jean de Cambrai, notre chantre, et Henri, sénéchal de notre église, vous saluent. Le seigneur Reinier, prieur de Saint-Michel, est entré dans l'Ordre des frères Mineurs; cet Ordre fait de rapides progrès dans le monde entier, parce qu'il reproduit exactement la forme de la primitive Église, et imite en toutes choses la vie des apôtres. Le supérieur de ces frères se nomme frère François; il est tellement aimable, que tous les hommes l'ont en vénération. Lorsqu'il fut arrivé à notre armée, embrasé du zèle de la foi, il ne craignit point de se rendre à l'armée de nos ennemis; après qu'il eut prêché la parole du Seigneur aux Sarrasins pendant plusieurs jours, mais sans beaucoup de succès, le soudan, roi d'Égypte, lui demanda en secret d'adresser pour lui ses supplications au Seigneur, afin que lui, soudan, pût, par l'effet d'une inspiration divine, s'attacher à la religion qui serait la plus agréable à Dieu. Colin, l'Anglais, notre clerc, et deux autres de nos compagnons, savoir Michel et le seigneur Matthieu, à qui j'avais confié le soin de la sainte Église, sont également entrés dans l'Ordre des frères Mineurs, et je puis à peine retenir le chantre Henri et tous les autres. Quant à moi, faible et le cœur contrit, je desire finir ma vie en paix et repos. Nous vous envoyons deux petits enfans sauvés de l'incendie de Babylone, et en outre, quelques étoffes de soie et d'autres lettres. Faites lire celle-ci à l'abbé de Villar et à nos autres amis. Adieu, portez-vous bien.

FIN.

TABLE DES MATIÈRES

CONTENUES

DANS CE VOLUME.

JACQUES DE VITRY, HISTOIRE DES CROISADES.

                                                        Pages.

Notice sur Jacques de Vitry.   vij
Préface.   1

LIVRE PREMIER.

Ce livre n'est point divisé en chapitres.   7

LIVRE II.

De la corruption des contrées de l'Occident et des péchés des Occidentaux.   267
Chapitre Ier. Des avares et des usuriers.   272
Chap. II. Des rapines et des exactions des puissans par eux-mêmes et par leurs satellites, et de leurs crimes divers.   274
Chap. III. Des diverses espèces d'hommes et des divers crimes qui les tenaient enlacés.   278
Chap. IV. De la négligence et des péchés des prélats.   281
Chap. V. De la visitation de l'église d'Occident, et de la vie et prédication du prêtre Foulques.   287
Chap. VI. De la situation de la ville de Paris.   289
Chap. VII. De maître Pierre, chantre de Paris.   294
Chap. VIII. De maître Jean de Nivelle et autres vrais prédicateurs.   303

	Page
Chap. ix. Des faux prophètes.	305
Chap. x. Du renouvellement de l'église d'Occident.	310

LIVRE III.

Ce livre n'est point divisé en chapitres. 313

LETTRE DU GRAND JACQUES,

Evêque d'Accon, écrite aux religieux de ses amis et de sa connaissance, vivant dans la Lorraine, au sujet de la prise de Damiette. A ses frères très-chéris et fidèles en Christ, à maître Jean de Nivelle et autres, Jacques, par la permission divine, humble ministre de l'église d'Accon. 391

FIN DE LA TABLE.

EXTRAIT DU CATALOGUE

DE

J.-L.-J. BRIÈRE, LIBRAIRE,

RUE SAINT-ANDRÉ-DES-ARTS, No 68, A PARIS.

Classiques français.

* COLLECTION DES CLASSIQUES FRANÇAIS, dirigée par L.-S. AUGER, de l'Académie française; 50 vol. grand in-32, sur pap. vél. d'Annonay, satiné : imprimés par J. Didot l'aîné, et ornés du portrait de chaque auteur.

Cette collection, dont il parait vingt-huit volumes, sera composée des ouvrages suivans :

MALHERBE, ses Poésies, 1 vol.
CORNEILLE, Chefs-d'œuvre dramatiques, 5 vol.
RACINE, OEuvres complètes, 4 vol.
BOILEAU, OEuvres complètes, 5 vol.
MOLIÈRE, OEuvres complètes, 8 vol.
LA FONTAINE, ses Fables, 2 vol. — Ses Contes, 2 vol.
J.-B. ROUSSEAU, ses Poésies, 2 vol.
VOLTAIRE, Chefs-d'œuvre dramatiques, 4 vol.
— La Henriade, 1 vol.
— Poésies diverses, 2 vol.
PASCAL, Pensées et Provinciales, 4 vol.
BOSSUET, Discours sur l'Histoire universelle, 3 vol.
— Oraisons funèbres, 1 vol.
FLÉCHIER, Oraisons funèbres, 1 vol.
MASSILLON, Petit Carême, 1 vol.
FÉNELON, Télémaque, 2 vol.
LA BRUYÈRE, ses Caractères et ceux de Théophraste, 3 vol.
LA ROCHEFOUCAULD, ses Maximes, 1 vol.

En tout 50 volumes ornés de 15 portraits.

En vente.

DISCOURS SUR L'HISTOIRE UNIVERSELLE, par Bossuet, précédé d'un Avertissement, par M. AUGER, et augmenté de la partie de cet ouvrage nouvellement découverte; 3 vol., avec portrait. 7 f.
Le même Ouvrage, grand papier jésus vélin. 14 f.
OEUVRES POÉTIQUES DE J.-B. ROUSSEAU, précédées d'un Essai biogra-

---

N. B. Cette collection se distingue des autres entreprises du même genre par le travail de M. Auger, et par le soin apporté à la collation des meilleurs textes.

phique et critique sur J.-B. Rousseau, accompagné de Notes pour l'intelligence du texte. 2 forts vol. avec portrait. 6 f.
— Le même Ouvrage, grand papier jésus vélin. 12 f.

La Henriade, poëme épique, par Voltaire; précédée des Préfaces de Marmontel et du roi de Prusse; d'un Exposé des événemens sur lesquels est fondé cet ouvrage; et suivie des Notes de Voltaire lui-même. 1 fort volume. 3 f.
— Le même Ouvrage, grand papier jésus vélin. 6 f.

Le Petit Carême, par Massillon; 1 volume, orné du portrait de l'auteur. 2 f. 75 c.
— Le même Ouvrage, grand papier jésus vélin. 5 f. 50 c.

Les Caractères de La Bruyère et de Théophraste, précédés d'une Notice par M. Suard; avec des Notes et un Avertissement sur La Bruyère, par M. Auger; et des Notes de Schweighæuser sur Théophraste. 3 vol. avec portrait. 8 f.
— Le même Ouvrage, grand papier jésus vélin. 16 f.

Œuvres de J. Racine, 4 vol., ornés d'un beau portrait. 10 f.
— Les mêmes, grand papier jésus. 20 f.

Les Aventures de Télémaque, par Fénelon; 2 vol. 5 f.
— Les mêmes, grand papier. 10 f.

Les Provinciales, par B. Pascal, 2 vol. 5 f.
— Le même Ouvrage, grand papier jésus vélin. 10 f.

Les Pensées de B. Pascal, 2 vol., avec portrait. 6 f.
— Les mêmes, grand papier. 10 f.

La Fontaine, Fables, 2 vol., avec portrait. 5 f.
— Les mêmes, grand papier. 10 fr.

La Fontaine, Contes, 2 vol. 6 f.
— Les mêmes, grand papier. 12 f.

Œuvres complètes de Boileau, 5 vol., avec portrait. 12 f. 50 c.
— Les mêmes, grand papier. 25 f.

Sous presse.

Maximes de La Rochefoucauld, 1 vol.

On vend séparément chaque ouvrage.

Ouvrages d'une exécution semblable, mais qui ne font pas partie nécessaire de la Collection.

Œuvres complètes de Bertin, avec les passages imités du latin. Paris, 1823, 2 vol. in-32, sur grand papier vélin satiné, et ornés d'un joli portrait. 5 f.

Œuvres de Bernard (choisies). Paris, 1823, 1 vol. in-32, grand-raisin vélin satiné, et orné d'un portrait. 3 f.

Œuvres de Gilbert, avec Notes et Variantes. Paris, 1824, 2 vol. in-32, grand-raisin vélin satiné. 6 f.

Œuvres complètes de Gresset, précédées d'une Notice biographique. Paris, 1824, 4 vol. in-32, ornés d'un portrait et de plusieurs vignettes, d'après les dessins de Moreau. 9 f.

Fables de Florian, nouvelle édition, augmentée de fables inédites. Paris, 1824, 1 vol. in-32, orné d'un portrait et imprimé sur grand papier vélin. 3 f.

www.ingramcontent.com/pod-product-compliance
Lightning Source LLC
Chambersburg PA
CBHW071237240426
43671CB00031B/1043